전심법요 —

傳 心 法 要

흔적 없이 나는 새

흔적 없이 나는 새

1판 1쇄 발행 2014. 9. 29.
1판 7쇄 발행 2023. 6. 26.

지은이 수불 스님

발행인 고세규
편집 강지혜 디자인 조명이
발행처 김영사
등록 1979년 5월 17일 (제406-2003-036호)
주소 경기도 파주시 문발로 197(문발동) 우편번호 10881
전화 마케팅부 031)955-3100, 편집부 031)955-3200, 팩스 031)955-3111

값은 뒤표지에 있습니다.
ISBN 978-89-349-6903-7 03220

홈페이지 www.gimmyoung.com   블로그 blog.naver.com/gybook
인스타그램 instagram.com/gimmyoung   이메일 bestbook@gimmyoung.com

좋은 독자가 좋은 책을 만듭니다.
김영사는 독자 여러분의 의견에 항상 귀 기울이고 있습니다.

傳心法要

修 弗 禪 師 禪 解

흔적 없이 나는 새

황벽 스님 설하고

수불 스님 다시 보다

김영사

덕민 스님

불국사 학장

수불선백修弗禪伯의《전심법요》강의와 설명 중에는

염화미소의 영산풍류靈山風流와 확연무성廓然無聖의 소림곡

조少林曲調가

종으로 횡으로 깊은 파문을 수놓으며 흐르고 있다.

강의 중에는 이심전심 시공을 넘어

천여 년 전의 선교禪橋를 연결고리로 맺기 위하여

재차 홍주 폐허된 황벽사지黃檗寺址를 참알參謁하기도 했다.

그리하여 대숲에 가려진 선사의 탑묘塔墓와

허물어진 법당 정면에 비스듬히 걸린《전심법요》글자글자가

툭 트인 허공에 진언처럼 펼쳐졌던 청정한 광경들을

성성惺惺한 선리선경禪理禪境에 담아

독자에게도 각인시켜주고 감지하게 하고 있다.

수불선백은 포교현장 일선에서

재가불자 선禪 지도편달에 대승보살의 원력을 세워

이십여 년 철두철미하게 조사어록을 연마 자득하여

일상의 활구선活句禪으로 달구어오면서,

일찍이 즉심시불卽心是佛과 견성성불見性成佛은 산중 선승들

만의 독점 전유물이 아니라고 갈파하여

선을 일반화하는 데 앞장서왔다.

원래 존귀한 사람은 존귀한 자리에 앉지 않는다.

수미정상須彌頂上에서 볼 수 없는 진불眞佛을

우리들 삶 백초안두百草岸頭에 상봉하게 하여

평상심 속에 무실무허無實無虛의 중정中正을 바로 잡는 데

함께 정진해왔다.

이심전심이 고일착高一着되어 무심으로써 무심을 전할 때,

우리는 아침저녁으로 진불을 만난다.

누가 전하며 누가 득得하겠는가.

그러나 태허공太虛空에 대일륜大日輪이 걸리고

이어 삼라만상의 한 모습 한 모습이 진불로 드러날 때,

전지득지傳之得之와 설자청자說者聽者에 능소能所가 양망兩亡하여

이로사로理路事路에 거리낌 없는 선문禪門이 열리어

《전심법요》의 선관禪關을 두드릴 수 있다.

《전심법요》는 황벽 선사와 재가제자인 배휴 거사가

　　조사서래의祖師西來意와　육조불성항청정六祖佛性恒清淨　등의

돈교선사상頓教禪思想에 대해

　　묻고 답한 내용으로 이루어진 어록이다.

　　간삽艱澁한 격외언구를 사용하지 않으면서

　　선문중심禪門中心의 이치를 간명하고 평이하게 전개하여

　　조계정전曹溪正傳의 정통사상을 이해하는 데 요긴한 어록교

재이다.

　　계원류溪源流에 도달하기 위해서는

　　《전심법요》 문정門庭을 통과해야만 한다.

출판에 즈음하여 몇마디 써달라는 부탁을 받았다.

쓰다보니 갈등에 갈등을 더하여

두상안두격頭上安頭格이라 허물이 많다.

달은

솔 그림자 높고 낮은 가지 까불어대고

해는

연못 속 위아래 하늘을 비춘다.

만고萬古에 푸른 호수

보름달 내려와 몸을 헹구니

달을 건지고 건져본 사람만이

깊고 밝은 맛을 알진저!

추천사

미산 스님
한국간화선연구소 소장

인류의 역사를 통해서 볼 때, 생명의 온전함을 천명하고 가장 명철하게 깨닫게 해준 분은 석가모니 부처님이다. 범어로 '붓다Buddha'란 깨달은 분이란 뜻으로, 인간은 본래 이대로 깨달은 존재임을 나타내는 말이다.

온전한 깨달음 법, 즉 불법佛法은 인도의 보리달마에 의해 중국으로 전승되었고, 육조혜능에 이르러 본래 갖춘 깨달음이 곧 바로 드러나도록 하는 돈오선법頓悟禪法이 제창되었다.

황벽 스님은 마조, 백장, 임제와 더불어 돈오선법을 철저하게 펼쳐서 조사선의 전성기를 열었다. 조사어록의 백미로 알려진 《전심법요》는 조사선이 표방한 돈오의 입장을 견지

하면서 어떻게 돈수頓修를 이어갈 것인가를 인내심 있게 보여준다.

당대 최고 지성을 대표했던 배휴가 기록하여 전승한 이 어록은 지적인 성향을 가진 공부인들이 범하기 쉬운 오류를 아주 세심하게 바로 잡아주며 안목이 훤칠하게 열리도록 한다.

현대는 최첨단 정보 문명시대이다. 이 시대는 정교한 개념화와 과학적 사고를 미덕으로 삼는다. 수불 스님이 강설한 《흔적 없이 나는 새》는 이성적 사고에 중독되어 있는 공부인들을 언어개념 이전의 세계로 안내한다.

언어개념과 이성의 중독은 마음을 오염시킨다. 마치 녹음된 음반에 포함된 불필요한 소음은 동일한 주파수를 넣으면 쉽게 제거되듯이, 언어로 인한 오염은 언어를 통해 효과적으로 제거할 수 있다.

수불 스님의 강설은 방棒이나 할喝, 혹은 격외의 선문답이나 오묘한 게송을 사용하지 않고 현대인들이 알아듣고 바로 계합할 수 있는 평범한 언어를 사용한다. 오랫동안 대중들을 상대로 간화선 수행을 지도해온 풍부한 경험을 바탕으로 공

부 중에 나타날 수 있는 여러 가지 장애들을 어떻게 극복해야 하는지 자상하게 제시해준다.

특히 배휴같이 본래 깨달음의 입장을 잠깐 맛본 수행자들이 더 이상 헤매지 않고 돈오의 입장을 더욱더 심화하고 구체화할 수 있도록 이끌어준다. 공부인들이 맑고 밝은 본래의 모습을 회복하기 시작하면서 오히려 지금까지 보지 않고 지나쳤던 의식들을 선명하게 볼 수 있게 된다.

그 과정에서 무의식 깊이 각인된 업식들이 표면으로 떠오르면서 강렬한 저항이 느껴지거나, 깨달음에 대한 갈망과 조급함, 분노와 절망 등 감당하기 힘든 어려움을 겪기도 한다. 지금까지 잘하던 공부에 대해 회의감을 느껴 다른 수행법을 찾아다니며 방황하기도 한다. 《흔적 없이 나는 새》는 이런 돈오선법에 대한 의혹과 어려움에 직면한 공부인들에게 좋은 길라잡이이다.

수불 스님은 2010년 서울 안국선원에서 《전심법요》를 명쾌하게 선해하여 공부에 대한 여러 가지 의혹과 어려움에 처해 있던 공부인들에게 중도정견中道正見의 길과 향상일로向

上一路의 문을 열어주었다.

안국선원의 많은 공부인들이 이 책의 선해를 통해서 환희심을 내었고, 돈오선법에 대한 확신을 갖게 되었다. 이 소중한 선해를 책으로 펴내게 된 것을 진심으로 찬탄하며, 이 책을 통해서 많은 공부인들이 일대사인연—大事因緣을 마치고 전법도생傳法度生의 길로 나아가기를 바란다.

끝으로 출판을 위해 수고해주신 한국간화선연구소 김홍근박사와 연구위원들께 감사드린다.

IT 기술의 발달로 오늘날 동서양 간 정신문화의 교류는 급속도로 이루어지고 있다. 이에 따라 인류의 보편적인 인지人知는 광범위한 분야에서 전례가 드물 정도로 빠르게 깨어나고 있다. 인지가 깨어나면 깨어날수록 과학기술문명을 포함한 인류의 정신세계도 획기적인 변화를 겪을 것으로 예상된다. 분명한 것은 그 변화가 객관적이고도 보편적인 가치에 부합하는 방향으로 나아갈 것이라는 점이다.

현재 철저하게 가치중립적인 인터넷 세상이 보여주고 있는 바와 같이, 앞으로는 보편타당하고 합리적인 진실만이 살아남을 것이다. 인류의 집단지성이 밝은 햇살처럼 환히 깨어날수록, 맹목적이거나 기복적이며 어둡고 구태의연한 기존

의 정신적 가치들은 필연적으로 도태될 것이다.

선禪은 존재의 궁극적인 진실을 있는 그대로 드러내는 인류의 고결한 정신문화유산 중 하나이다. 진리는 본래부터 우리의 눈앞에 분명히 드러나 있지만, 보통사람들은 알아차리기 어렵다.

따라서 선은 흔히 '공개된 비밀'이라고 부르는 절대적 진리를 직접 가리킨다. 하지만 대부분의 현대인들은 복잡한 일상과 잡다한 고정관념에 얽매여, 이 실상實相을 보지 못하고 있다.

그동안 기라성 같은 천재들에 의해 실증되어온 선불교의 역사를 토대로, 현재 동서양의 많은 지성인들이 선에 깊은 관심을 보이고 있으며, 나아가 참선수행을 통해 진리를 직접 맛보고 있는 분들도 적지 않다.

그들은 대체로 선이야말로 정신의 어둠을 물리치고 밝음을 되찾는 가장 빠르고 정확하며 쉬운 가르침이라고 인정하고 있다. 그런데 이 소중한 공부법이 사실 알고 보면 우리 모두에게 매우 가까이 와 있는 것이다.

선 공부는 우리 모두의 당면한 과제이지만, 보통사람들은 대개 이런 진리가 있다는 사실도 모른 채, 일상의 번잡함에

쫓겨 쳇바퀴 돌듯이 어둠 속을 방황하고 있다. 그러므로 우선 일반인들에게 선이 무엇인지 알리고, 선 공부의 필요성을 스스로 느낄 수 있도록 관련 정보를 제공해야 할 때이다.

지금부터 약 1200년 전에 이런 고민을 대화로 치열하게 풀어간 두 분의 선각자가 있었다. 당唐나라의 사대부이며 지식인이었던 재상宰相 배휴裴休(791~870)가 진리를 깨달은 당대의 대표적인 선지식인 황벽 선사에게 줄기차게 묻고 또 물은 기록이 《전심법요》이다.

동시대를 대표하는 유학자이자 불교교학에도 정통한 재상 배휴는 황벽 스님을 만나자마자 바로 마음이 열렸다. 그는 진리에 대한 자신의 공부를 완성하기 위해, 황벽 스님을 가까이에 모시고 틈날 때마다 법문을 청했다.

궁극적인 진리는 그대로 절대이기 때문에 언제나 상대를 넘어선다. 분별지식은 이분법적인 상대성 속에서 형성되므로, 이분법을 넘어서는 절대의 불이법不二法을 소화할 수 없다. 그렇기 때문에 지혜가 열려야만 불이법을 깨달을 수 있다.

배휴는 지식인으로 진리를 추구해왔으므로, 기존의 이분법의 습관 속에서 존재의 진실에 대해 물었다. 이에 대해 황

벽 선사는 언제나 상대를 넘어서는 불이법의 입장에서 절대를 드러냈다. 한 사람은 줄기차게 상대의 입장에서 묻고, 또 한 사람은 철저하게 절대의 입장에서 답했다. 현대인들은 상대적 이분법에 익숙하므로, 배휴의 질문이 마치 절대진리에 대한 자신의 의문처럼 느껴질 것이다.

선사들은 대개 분별망상으로 인한 제자들의 질문을 바로 무찔러버린다. 하지만 황벽 선사는, 재가 지식인인 배휴가 남긴 이 기록의 미래적 가치를 내다보았는지는 몰라도, 질문이 아무리 어리석더라도 일일이 꼭닥스럽게 응해주었다.

이 점이 바로 《전심법요》가 동양에서는 물론 서양에서도, '절대진리'를 '상대언어'로 풀어낸 드문 수작으로 평가받는 이유이다.

상대적인 지식은 '알' 수 있지만, 절대에 대한 지혜는 직접 '깨달아야만' 한다. 제자가 근본 진실에 대해 풀리지 않는 의문을 간절하게 물을 때, 스승은 절대의 자리를 바로 지적해준다. 이때 인연 있는 사람이라면 말끝에서 절대와 계합契合하고 깨달음을 얻게 되는 것이다.

이 '돈오견성頓悟見性'의 선법은 부처님의 가르침을 중심으로 중국 선종의 초조初祖 달마대사에 의해 창시되었고, 육조

六祖 조계대사에 이르러 대성하였다. 이렇게 역대 조사들이, 누구나 갖추고 있는 절대성품을 바로 눈앞에 제시하여, 제자로 하여금 정법의 안목을 체득케 하는 수행법을 '조사선祖師禪'이라고 한다.

참고로 우리나라의 선불교는 중국의 오가칠종 중에서 특히 임제종 양기파를 받아들여서 계승해오고 있다. 양기파에서 대혜종고 선사가 나와 간화선 수행법을 확립했는데, 간화선은 현재 한국 조계종단의 공식 수행법이다.

임제종은 종지종통을 확립하기 위해 마조-백장-황벽-임제의 《사가어록》을 선양하였는데, 이 시대야말로 가히 '조사선의 황금기'라고 할 수 있다.

이 중에서도 특히 황벽 선사의 어록인 《전심법요》는 간명하고 평이한 언어로 선의 이치를 매우 논리적으로 드러내고 있어 크게 환영받았다. 배휴가 숙세의 영골이 있어 황벽 선사의 말끝에 대의를 알아챘지만, 그후 스승에게 질문하는 내용을 보면 그가 아직도 상대적 이분법의 입장에서 의문을 일으키고 있음을 알 수 있다.

그래서 이 책은 단순히 스승과 제자 사이의 문답을 넘어서, 한 번 절대를 맛보았지만 아직 상대세계의 분별적 습관

으로 절대를 헤아리는 제자에게 눈밝은 스승께서 향상일로의 지침을 제시한 기록이기도 하다.

우리는 이 책을 통해, 다행히 '돈오'를 체험했지만 아직 '점수漸修'의 입장에 처한 수행자에게 선지식께서 '돈수頓修'의 길을 제시하는 대목을 주의 깊게 살펴봐야 할 것이다.

이것은 비단 배휴만이 겪는 일은 아니다. 눈뜰 수 있는 인연이 닿아 그 순간만큼은 분명한 변화를 느꼈어도, 이후 묵은 습기에 의한 업이 정신없이 일어나 자기도 모르게 오히려 체험 전보다 더 심하게 끄달리는 일이 벌어질 수도 있는 것이다. 그럴 때 미혹되지 않기란 쉽지 않다.

이런 입장에 있는 공부인이라면 《전심법요》를 통해 참선 공부 중의 많은 의혹을 해소할 수 있을 것이다.

이 책의 '선해禪解'는 소납이 2010년 서울 안국선원에서 법문한 내용이다. 제1부에 해당하는 '전심법요'는 소납의 상좌인 허산 스님이 맡아 정리하였고, 제2부인 '완릉록'은 한국 간화선연구소의 김홍근 박사가 편집해주었다.

본문을 번역한 한국간화선연구소, 한문의 토와 번역을 감수하고 추천사를 써주시며 격려해주신 불국사 학장 덕민 큰

스님, 기꺼이 추천사를 써주신 한국간화선연구소 소장 미산 스님과 출판을 맡아준 김영사에 감사드린다.

번뇌망상은 직접 부딪쳐서 돌파해내는 방법 외에, 그것을 해소할 다른 길은 없다. 많은 분들이 이 책을 읽고 발심하여, 근본진리에 대한 안목을 여시기를 기원한다. 실상에 눈떠서 지혜가 열리면, 저절로 삶의 질이 향상되어 풍요롭고 보람찬 인생을 살게 될 것이다.

선공부는 인간이라면 누구나 부딪쳐봐야 할 가장 높은 차원의 공부이다. 이 책이 많은 분들에게 깨달음의 인연을 심어드리는 작은 씨앗이 되기를 진심으로 기원한다.

불기 2558년(서기 2014년) 9월

금정총림 수불 합장

《전심법요》 해제

　《전심법요傳心法要》는 배휴 거사가 황벽희운黃蘗希運(?~850) 선사에게 법을 묻고 이에 답한 내용을 기록한 것이다. 황벽 스님의 어록은 보리달마의 '일심법一心法'과 육조혜능의 '돈교법문頓敎法門'을 투철하게 설파했다고 평가될 만큼 선문의 귀한 자료다. 달마의 일심법은 흔히 '문자를 세우지 않고 교 밖에 따로 전하며, 사람의 마음을 바로 가리켜 성품을 보아 부처를 이룬다[不立文字 敎外別傳 直指人心 見性成佛]'는 가르침으로 요약된다. 육조의 돈교법문은 '돈오견성頓悟見性'을 근본으로 삼는다는 말이다.

　황벽 스님은 육조-남악-마조-백장-황벽-임제로 이어 지는 당대唐代 조사선의 황금기에 선풍을 크게 드날렸던 분

이다. 이 조사들께서는 '평상심이 곧 도'라고 하여 일상생활 가운데서 간단명료하게 불법을 실천해 보임으로써, 선의 대중화에 크게 성공했다. 이 가풍은 임제 스님이 깨달았을 때, 스승인 황벽 스님의 불법을 "간단하구나[無多子]." 하고 평한 데서 잘 드러난다.

팔만대장경의 '교敎'가 부처님의 말씀이라면, '선禪'은 부처님의 마음에 해당된다. 이 선법禪法은 인도에서 28대로 이어져서 보리달마 대사에게 전해지고, 달마 대사는 중국으로 건너와 선종의 초조初祖가 되었다. 이 법이 육대로 면면히 이어져 육조혜능 대사에 이르러 활짝 꽃피었다. 그 아래에서 남악회양과 청원행사의 양대 맥이 나뉘고, 남악의 제자인 강서江西의 마조 도일과 청원의 제자인 호남湖南의 석두희천에 의해 널리 퍼져 소위 '강호제현江湖諸賢'의 조사선 전성기가 열렸다.

8~9세기에 마조계에서 위앙종潙仰宗, 임제종臨濟宗이 나오고, 석두계에서 조동종曹洞宗, 운문종雲門宗, 법안종法眼宗이 나와서 오가五家가 성립되었다. 11세기에 이르러 임제종에서 양기파楊技派와 황룡파黃龍派가 분리되니, 이로써 한·중·일을 포함한 천하에 오가칠종五家七宗의 대선림大禪林을 이루었다.

황벽 스님의 공부 이력은 《조당집》에 전한다. 스님은 복주福州 민현閩縣 사람으로, 어릴 때 고향 근처의 황벽산에서 출가하였다. 천태산을 거쳐 당나라 수도 장안長安에서 행각하던 어느 날, 걸식을 나가 어느 대문 앞에서 소리쳤다.

"집에서 늘 먹는 음식이라도 괜찮소."

그러자 노파가 나와서 꾸짖었다.

"참으로 염치없는 화상이구려."

스님은 이 말을 듣고 이상하게 여겨 항의했다.

"밥을 주지도 않고, 어찌 염치없다고 하시오!"

"겨우 그 모양이니, 어찌 염치없는 게 아니겠오?"

스님이 이 말에 가만히 서서 미소를 지으니, 노파는 황벽의 얼굴과 거동이 당당하여 예사 스님들과는 다름을 알고 곧 안으로 모시고 공양을 대접했다. 노파는 공양을 마친 스님에게 공부한 과정[參學行止]을 자세히 물었다. 스님이 그동안 공부한 견해를 모두 털어놓으니, 노파는 다시 미묘한 진리의 관문을 제시하며 일러주었다. 황벽 스님은 그 말끝에 현현한 관문을 활짝 깨달아 정중한 말로 감사의 인사를 드렸다. 이에 노파가 말했다.

"저는 다섯 가지 장애가 있는 몸, 법기法器가 아닙니다. 내

듣건대 강서에 백장百丈 대사는 선림의 선지식으로서, 뭇 봉우리 위에 우뚝 솟았다 합니다. 스님은 그리로 가서 묻고 배우십시오. 뒷날 인천의 스승이 되실 분이니, 스스로 가볍게 여겨서는 안 됩니다."

뒷사람들이 전하는 말에 의하면, 이 노파는 젊어서 남양혜충南陽慧忠 국사를 섬기고 공부를 배웠다고 한다. 황벽은 마침내 백장 선사를 찾아가 물었다.

"화상께서는 위로부터 전해오는 법을 어떻게 사람들에게 가르치십니까?"

백장 선사가 잠자코 있으니[良久], 황벽 스님이 말했다.

"뒷사람이 끊기게 해서는 안 될 것입니다."

이에 백장 선사가 말했다.

"장차 그대가 그런 사람이 되겠구나."

그러고는 일어서서 방장으로 들어가 문을 닫으려고 하자, 황벽 스님이 말했다.

"저는 그 말씀을 듣고자 일부러 찾아온 바, 이로써 만족합니다." 하고 절을 올리자, 백장 대사가 말했다.

"그렇다면 뒷날 나를 저버리지 않도록 하라."

이로부터 황벽 스님은 백장산에 여러 해를 머물면서 가르

침을 받았다.

당대 일류 지식인이었던 배휴는 이전에 규봉종밀圭峰宗密
의 여러 책에 서문을 쓸 정도로 도연이 깊었지만 깨닫지 못
하다가, 황벽 스님과의 첫 만남에서 바로 깨달음의 기연을
얻게 되었다고 《완릉록》은 전한다. 그리고 가까이 모시고 조
석으로 법을 물으며 선지를 더욱 깊이 단련해갔던 것이다.

배휴는 842년 강서의 종릉에서 관찰사로 재임할 때, 스승
인 황벽 스님을 가까운 용흥사에 모시고 시간 날 때마다 참
배하고 가르침을 청했다. 육 년 후 안휘의 완릉에서 관찰사
로 재임할 때도, 스님을 개원사에 모시고 법을 물었다. 배휴
는 스승의 소중한 어록을 기록해두었다가, 선사께서 돌아가
시자 그 제자들에게 증명을 얻어서 세상에 공개했다.

종릉에서의 어록을 '전심법요'라 하고 완릉에서의 어록을
'완릉록'이라고 했으나, 일반적으로는 둘을 통칭하여 《전심
법요》라고 부른다. 오늘날까지 많은 선수행자들이 이 책을
통해 중도정견을 확립하였는 바, 황벽 스님의 심요心要를 세
상에 전한 배휴 거사의 공이 크다 하겠다.

'전심법요'는 배휴 자신이 묻는 것으로 기록되어 있어서,

직접 집필한 것임을 알 수 있다. 반면에 '완릉록'은 "배상공이 물었다." 하고 삼인칭으로 기술되어 있어서, 황벽 스님의 어느 제자가 후에 편집한 것으로 추측된다. 두 책의 내용 중 일부가 중복되는 것도 이러한 이유 때문일 것이다. 그리고 '완릉록'의 17장부터는 원래 본에는 없던 행록行錄으로서, 11세기에 임제종에서 종지종통을 확고히 하기 위해 마조-백장-황벽-임제 선사의 어록을 모아 펴낸 《사가어록》을 펴낼 때 추가된 것이다.

본 책은 명본明本 《사가어록》을 모본으로 삼아 번역하였기에 전체를 모두 수록하였다. 우리나라의 경우 '전심법요'와 '완릉록'은 경허 스님이 편집하여 1908년 범어사에서 간행한 《선문촬요》에 포함되어 있다. 서양에는 1958년 영국인 존 블로펠드의 번역으로 소개되었다.

고위관료인 배휴가 정중하게 여쭤본 덕분인지, 황벽 스님은 이 책에서 격외의 게송이나 선문답을 제시하지 않고 곧이 곧대로 알아들을 수 있는 범위 내에서 간명직절하게 대답해 주었다. 덕분에 우리는 조계정전正傳의 정통 선사상을 최대한 논리적으로 파악할 수 있게 된 것이다.

황벽 스님의 '박비향' 게송은 많은 사람들이 좋아하는 절 창이다.

번뇌를 벗어나는 일은 예삿일이 아니니塵勞逈脫事非常

고삐를 단단히 잡고 한바탕 공부할지어다緊把繩頭做一場

추위가 한 번 뼛속 깊이 사무치지 않으면不是一番寒徹骨

어찌 코를 찌르는 매화 향을 맡을 수 있으랴.爭得梅花撲鼻香

서문

당나라 하동 배휴가 모으고 아울러 서문을 쓴다.

대선사가 계셨으니 법휘는 희운이고, 홍주 고안현 황벽산 취봉 아래 주석하셨다. 조계 육조의 적손이요, 백장의 사법 제자이며, 서당의 법질이시다.

唐河東裵休集幷序.

有大禪師 法諱 希運 住洪州高安縣黃檗山鷲峰下. 乃曹溪六祖之嫡孫 百丈之子西堂之法姪.

▬▬ 홍주는 지금의 장시[江西] 성 남창으로, 황벽산 황벽사는 장시 성 이평에 있다. 선종 사찰은 대부분 깊은 산꼭대기, 농사를 지을 수 있는 분지에 자리 잡고 있는데, 황벽사 또한 예외가 아니다. 얼마 전에 방문했을 때, 황벽사는 허름한 창고 같은 건물이었다. 옛 법당은 이미 허물어졌고, 마을 사람들이 문화혁명 때 홍위병의 눈을 피해 창고처럼 법당을 지었다고 했다.

법당 안으로 들어가니 흙바닥이었고, 정면에는 '전심법요'라고 쓴 글자가 주련처럼 크게 걸려 있었다. 법당 앞 넓은 분지의 한복판엔 거대한 대웅전을 중창불사 중이었다. 아마 지금쯤은 완공되었을 터인데, 규모는 크겠지만 급작스럽게 짓느라 격을 갖추려면 시간이 좀 걸릴 것이다.

육십대 중반인 순박한 인상의 주지 심공心空 스님과 황벽 촌 불자들의 환대를 지금도 잊을 수가 없다. 논둑길 너머 산자락 대숲에 있는 황벽 선사의 묘탑을 참배하며, 《전심법요》를 전해주신 은혜에 감사했던 기억이 새롭다.

황벽 스님은 육조혜능의 4세다. 육조의 법은 남악을 거쳐 마조에게 전해졌다. 마조의 많은 제자 중에 서당, 백장, 남전 등이 뛰어났다. 우리나라 신라 구산선문의 대부분이 마조 문하에서 개창되었다. 특히 대한불교조계종 종조로서 추앙받는 도의 국사께서 맏상좌 서당지장의 법을 우리나라로 가져왔고, 이는 조계종의 뿌리가 되었다.

백장 선사는 "강서의 선맥이 모두 동국으로 가는구나!" 하고 탄식했다고 한다. 서당의 직계로 홍척洪陟의 실상산문(남원 실상사)과 혜철惠哲의 동리산문(곡성 태안사) 그리고 도의 국사의 손상좌인 체징體澄의 가지산문(장흥 보림사)이 있다.

한편 《마조록》에는 다음과 같은 일화가 전한다.

서당, 백장, 남전이 마조 스님을 모시고 달구경을 하던 차에 스승이 말하였다.

"바로 지금 같은 땐 무얼 했으면 좋겠는가?"

서당 스님은 "공양하기에 좋겠습니다." 했고, 백장 스님은 "수행하기에 좋겠습니다." 하였다. 남전 스님이 소매를 뿌리치면서 그냥 가버리자, 스승이 말하였다.

"경經은 서당에게 들어가고, 선禪은 백장에게 들어가는데, 남전만은 격외格外로 벗어났구나!"

스님은 단지 최상승만을 지니고, 문자의 그림자를 여의셨다. 오로지 한마음만을 전했을 뿐, 다시 다른 법은 없었다. 마음의 체가 비어서 만 가지 인연이 모두 공적했다. 마치 큰 태양이 허공 가운데 떠올라 광명을 비추는 것처럼, 티끌 하나 없이 깨끗하셨다.

獨佩最上乘離文字之印. 唯傳一心 更無別法. 心體亦空 萬緣俱寂. 如大日輪 昇虛空中. 光明 照曜 淨無纖埃.

■ '최상승'이란 달마가 직접 전한 불법의 본령이자, 조계정전의 정통선을 말한다. 더 구체적으로는 남종선의 돈오법문을 가리킨다. 초조 달마 대사로부터 지금까지, 선禪은 오직 한마음—心만을 전할 뿐, 달리 다른 일이 없다. 왜냐하면 모든 깨달은 분들이 본 우주법계의 실상은 단지 한마음이기 때문이다.

이 법을 깨닫는 데는 오늘과 옛날이 없고, 얕고 깊음도 없다. 이 법을 설하는 데도 알음알이를 세우지 않고, 종주宗主를 세우지 않으며, 파를 형성하지도 않는다. 즉시 이것이며, 생각을 움직이면 곧 어긋난다. 그런 뒤라야 본래의 부처가 되는 것이다.

그 말씀은 간명하고, 그 이치는 곧다. 그 도는 준엄하고, 그 행은 고고하시다. 사방의 수행자들이 황벽산을 바라보고 달려와 운집했다. 선사를 뵙고 깨치니, 왕래하는 대중의 수가 항상 천 명을 넘었다.

내가 회창 2년(842) 종릉의 관찰사로 재임하면서, 스님을 산중에서 고을의 용흥사에 모시고 조석으로 도를 여쭈었다. 대중 2년(848) 완릉의 관찰사로 재임할 때, 다시 정중히 개원사에 모시고 조석으로 법을 받았다. 곧 물러나와 기록하였는데, 열 가운데 한둘밖에는 얻지 못하였다.

이를 심인心印으로 삼아 지니고 다니면서, 감히 드러내어 발표하지 못했다. 이제 신령스런 경지에 드신 그 정밀한 뜻이 미래에 전해지지 못할까 두려워서, 마침내 이 기록을 꺼내 문하생인 태주, 법건 스님께 드리고 황벽산의 광당사로 돌아가 장로들과 청법 대중에게 지난날 친히 듣던 가르침과 차이가 없는지 알아보았다.

때는 당나라 대중 11년(857) 10월 8일에 쓴다.

證之者 無新舊無淺深. 說之者 不立義解. 不立宗主 不開戶
牖. 直下便是 動念卽乖. 然後 爲本佛故. 其言簡 其理直 其道
峻. 其行孤 四方學徒 望山而趨. 覰相而悟 往來海衆 常千餘
人. 予會昌二年 廉于鍾陵 自山迎至州. 憩龍興寺 旦夕問道.
大中二年 廉于宛陵. 復去禮迎至所部 安居開元寺. 旦夕受法
退而紀之 十得一二. 佩爲心印 不敢發揚. 今恐入神精義 不聞
於未來. 遂出之 授門下僧太舟法建. 歸舊山之廣唐寺 問長老
法衆. 與往日常所親聞 同異何如也. 時唐大中十一年十月初
八日序.

1
한마음 깨치면
부처

━

황벽 스님이 배휴에게 말씀하셨다.

"모든 부처님과 일체 중생은 한마음일 뿐, 다시 다른 법은 없다. 이 마음은 무시無始 이래로 일찍이 생긴 적도 없고, 없어진 적도 없다. 푸르지도 않고, 누렇지도 않다. 형체도 없고, 모양도 없다. 있고 없음에 속하지도 않는다. 새롭다거나 낡았다고 헤아릴 수도 없다. 길지도 않고, 짧지도 않다. 크지도 작지도 않다. 모든 한계와 계량, 이름과 언어, 자취와 상대성을 넘어서 있다. 당체가 곧 그것이어서, 생각이 움직이면 즉시 어긋난다.

師謂休曰 諸佛與一切衆生 唯是一心 更無別法. 此心 無始已來 不曾生不曾滅. 不靑不黃 無形無相. 不屬有無 不計新舊. 非長非短 非大非小. 超過一切限量名言縱跡對待. 當體便是 動念卽乖.

▬▬ 오직 한마음일 뿐, 더 이상 또 다른 법이 없다! 이것이 바로 양변을 떠난 중도인 것이다. 양변이 있으면 중간도 있을 텐데, 양변을 떠나고 중간이라고 할 것도 없는 이 도리를 깨달으면 생사를 해탈하는 데도 걸림이 없다.

　황벽 스님이 '이 마음은 본래부터 생긴 적도 없고, 없어진 적도 없다'고 한 것도 역시 중도를 말한 것이다.

생각이 움직이면 곧 어긋나버린다. 즉 '이 마음이 도대체 무엇인가?' 하고 확인하기 위해 한생각 움직이면, 마음에 그림자가 일렁거려서 본심을 잃어버리고 만다는 뜻이다. 근본자리에서의 즐거움이란, 때때로 고통이 따를 수밖에 없는 세속적인 즐거움과는 비교할 수 없다.

마음을 알고 인연 따라 순리에 어긋나지 않는 입장에서 시간을 보내야지, 항상 세속적인 즐거움에 빠져 지낸다면 그것만큼 어리석은 행동은 없을 것이다.

마치 허공과 같아서 끝이 없으며, 가히 재어볼 수도 없다.

猶如虛空 無有邊際 不可測度.

━━ 마음이란, 언제 어디서 비롯되었는지 도무지 종잡을 수가 없어서 그 한계를 설명할 수가 없다. 무한정이라 할 수도 없고, 한계가 있다고 할 수도 없다.

그렇다면 도대체 이 마음이란 어떤 것일까?

한생각 돌이키면 누구나 알 수 있는 것인데, 어리석은 사람들은 이치에만 머물고 집착하면서 스스로 착각하니, 이는 곧 자신을 속이는 어리석은 행위이다.

이 한마음 그대로 부처일 뿐, 부처와 중생이 새삼 다를 바가 없다.

唯此一心 卽是佛 佛與衆生 更無別異.

■■■ '이 한마음 그대로 부처'라는 이 말은 이치로 이해하는 것을 넘어, 자기의 마음이 곧 부처라는 것을 돈오頓悟한 입장에서 그대로 드러낸 것이다.

황벽 스님이 이렇게 말하는 배경에는 이미 배휴가 돈오를 체험하였음을 전제로 하였기에, 근본당처를 그대로 드러낸 것이다.

배휴는 규봉종밀과의 인연으로 이미 교학에 상당한 지견이 있었지만, 깨달음을 체험하지 못하다가 황벽 스님과의 첫 만남에서 안목이 바뀌었던 것이다.

결국 황벽 스님께 귀의하여 자신의 공부됨을 드러내고 가르침을 청했다.

우리는 황벽 스님의 귀한 법문이 설해진 상황을 이해하고 이 글을 읽으면 도움이 될 것이다.

다만 중생은 모양에 집착하여 밖에서 찾으므로, 찾으면 찾을수록 더욱 멀어진다. 부처로 하여금 부처를 찾게 하고 마음으로 마음을 붙잡게 한다면, 겁劫이 지나고 몸이 다할지라도 끝내 얻을 수 없다.

但是衆生 着相外求 求之轉失. 使佛覓佛 將心捉心. 窮劫盡形 終不能得.

━━━ 사람들은 대부분 겉으로 드러난 형상에 집착하고 분별한다. 하지만 육안으로 실상을 볼 수는 없다.

　부처를 찾는 이 마음이 바로 부처다.

　그런데 부처로 하여금 다시 부처를 구하게 한다면, 이 어찌 허망한 일이 아니겠는가?

생각을 쉬고 도모하지 않으면, 부처가 저절로 눈앞에 나타난다는 것을 모르고 있다.

不知息念忘慮 佛自現前.

━━━ 한생각 돌이키면 저절로 쉬게 되고 비워지는 법이다. 그런데 이 도리를 모르고 온갖 사량분별에 사로잡혀, 찾고 또 구하려고 한다.

그러나 '마음을 쉬고 생각을 잊으라'는 말에 속아, 아무 일도 안 하거나 일어나는 생각을 일부러 없애려고 해서는 안 된다. 그것은 어리석은 행동일 뿐만 아니라, 선지식의 가르침을 능멸하는 것과 같다.

이 마음 그대로가 부처고, 부처가 곧 중생이다. 그러므로 중생이라 해서 이 마음이 줄지 않고, 부처라 해서 이 마음이 늘지 않는다.

此心 卽是佛 佛卽是衆生. 爲衆生時 此心不減. 爲諸佛時 此心不添.

━━ 마음이란 늘거나 줄어드는 것이 아니다. 마음은 부처나 중생이나 상관없이 함께하고 있다. 단지 '마음'이라고 이름 했을 뿐, 어떤 형태로 존재하거나 모양으로 그릴 수 있는 것이 아니다.

'마음을 깨달으면 부처요, 미혹하면 중생'이라 했듯이, 깨달은 사람만이 이 일단의 일을 증거할 수 있다.

깨닫지 못한 사람은 말을 듣고 이치만을 좇지, 실제로 근본과 계합하여 변화를 수용할 수 없다.

또한 육도만행과 항하사 같은 공덕이 본래 스스로 구족되어 있으니 닦아 더할 필요가 없다.

乃至六度萬行 河沙功德. 本自具足 不假修添.

━━━ 본래부터 육도만행과 온갖 공덕이 다 갖추어져 있어서 더 이상 공덕을 지을 필요가 없다는 뜻이다.

본인이 깨달아봐야 '아, 이런 것이구나!' 하는 법의 기쁨, 곧 법희선열락法喜禪悅樂을 알게 된다.

이 즐거움을 조금이라도 맛보게 된다면, 세상을 사는 것이 좀 더 여유롭고 넉넉해질 것이다.

그렇지 못하면, 당장 눈앞의 생사고해에 빠져 허우적거릴 수밖에 없다.

인연을 만나면 곧 베풀고, 인연이 그치면 그대로 고요하다. 만일 결정코 이것이 부처임을 믿지 않고, 겉모습[相]에 집착하여 수행하려 하며, 구함으로써 공부로 삼는다면, 그 모두가 망상일 뿐 도와는 서로 어긋나게 된다.

遇緣卽施 緣息 卽寂. 若不決定信此是佛. 而欲着相修行 以求功用. 皆是妄想 與道相乖.

━━ 무엇인가 보고 들은 것에 흔들려 분별하는 생각을 일으켜서는 안 된다. 만일 도를 깨닫게 되면, 그대로 믿고 내려놓게 된다.

사실은 내려놓을 것도 없지만, 자기도 모르게 무언가를 구하기 때문에, 흔한 말로 '내려놓으라' '마음을 비우라'고 표현한 것일 뿐이다.

본래 비울 것도 없는 것을 어떻게든 비워보려고 몸부림친다면, 실상을 깨닫기는커녕 오히려 공부하고는 영영 멀어지게 된다.

이 마음이 곧 부처요 다시 다른 부처가 없으며, 또한 다른 마음도 없다.

此心 卽是佛 更無別佛 亦無別心.

━━ 이미 깨달은 바가 있다면, 이 말을 그대로 믿고 내버려둘 줄 알아야 한다. 마음먹은 대로 되든 안 되든, 흐름 따라 내버려두면 언젠가 쓰임새에 따라 다 드러날 것이다.

　세월의 흐름 속에 무르익어 자연스럽게 드러나는 것이다.

　이미 자신의 마음이 본래 고요함을 확인했다면 무엇을 더 걱정할 것인가.

이 마음은 밝고 깨끗하며 허공 같아서 한 점의 모양도 없다.

此心明淨 猶如虛空 無一點相貌.

━━━ 지혜로운 사람은 본마음이 따로 있는 것이 아니라는 것을 깨닫고, 주저 없이 방황을 끝낸다.

그렇지만 어리석은 이들은 자기 안에서 일어나는 미혹의 그림자에 흔들려 허튼짓을 하게 되는 것이다.

마음을 일으켜 생각을 움직이면, 즉시 법체法體와 어긋나고
모양에 집착하게 된다.

擧心動念 卽乖法體 卽爲着相.

━━ 어리석은 이들은 한생각 잘못 일으키는 순간, 생사에
함몰되고 만다. 중생의 한생각 한생각은 생멸의 반복이어서
무명에 뒤덮여 본질을 잃는다. 이것은 금생의 일만이 아니
다. 과거 생부터 지금까지 이렇게 지냈다.

또한 중생은 공부를 하면 원하는 바가 만사형통 다 이루어
지는 줄 착각한다. 그것은 인과를 무시하는 것과 다를 바 없
다. 표주박은 물결이 일면 이는 대로 덩달아 흔들리고, 물결
이 없으면 없는 대로 가만히 있을 뿐이다. 이미 지어놓은 원
인에 대한 결과가 일어났을 때, 표주박과 같이 흐름을 수용
하고 스스로를 내맡길 줄 알아야 한다.

무시無始 이래로 모양에 집착한 부처란 없다. 육도만행을 닦아서 부처가 되고자 한다면, 곧 차제次第를 두는 것이다. 무시 이래로 차제를 밟은 부처란 없다.

無始已來 無着相佛. 修六度萬行 欲求成佛. 卽是次第 無始已來 無次第佛.

▬▬ 우리가 부처를 보지 못하는 것은 모양에서 부처를 찾기 때문이다. 이 마음은 허공과 같이 맑고 깨끗하여 어떤 형상도 가지고 있지 않다. 무엇에도 흔들리지 않는 무심삼매야말로 진정한 부처의 모습이다.

육도만행은 여섯 가지 수행으로 육바라밀이라고도 한다. 이 여섯 가지를 잘 닦아야 부처가 된다는 것은 곧 차제를 말함이다. 따라서 덜 닦은 사람, 모두 닦은 사람 등 차별을 두게 된다. 이는 원래 비어서 닦을 것이 없는 부처의 마음과는 어긋난다.

어쨌든 난행, 고행 끝에 부처가 된다는 말도 이해 못할 바는 아니지만, 어디까지나 방편으로 한 말이라는 점을 알아야 한다. 그 정도의 근기를 가진 사람에게는, 먼저 점점 나아지는 차제를 두고 점차漸次를 보여줘서 믿음을 내도록 유도하는 것이다. 그런 방편은 마침내 시절인연이 도래하였을 때, 한생각 돌이켜 본래 부처였음을 자각토록 하기 위한 수단일 뿐이다.

 부처란 모양이 없기 때문에 차별도, 평등도 없다는 점을 명심해야 한다.

단지 한마음을 깨치면 다시 조금이라도 얻을 수 있는 법이
없으니, 이야말로 참된 부처다.

但悟一心 更無少法可得 此即眞佛.

━━━ 이런 말은 공부한 분상에서는 소화가 가능하지만, 아
직 깨닫지 못한 사람에게는 해당이 되지 않는다. 그들에겐
먼저 화두를 들고 의심하게 해서, 눈앞의 은산철벽銀山鐵壁을
깨뜨리게 해야 한다.

부처와 중생은 모두 한마음으로 다를 바가 없다. 허공과 같아서 잡됨도 무너짐도 없다. 마치 태양이 온누리를 비추는 것과 같다.

佛與衆生 一心無異 猶如虛空. 無雜無壞 如大日輪 照四天下.

━━ 허공은 그 자체로 맑고 투명하여 과거 허공, 현재 허공, 미래 허공이 따로 있지 않다. 동서남북의 허공도 없다. 허공은 투명하여 본래 색이 없지만, 인연 따라 이런저런 모양의 구름이 만들어질 뿐이다.

만약 그 모양에 집착하면 구름의 실체가 있다고 착각하게 된다. 그것을 즉시 깨닫고 내려놓으면 그만이다.

그러나 이것 또한, 본래 내려놓을 것도 없는데 짊어지고 있다고 착각하고 있기 때문에 내려놓으라고 하는 것이다.

해가 떠올라 온 천하가 두루 밝아지더라도 허공은 일찍이 밝은 적이 없다. 해가 져서 온 천하가 어두워질지라도, 허공은 한 번도 어두운 적이 없다.

日升之時 明遍天下 虛空 不曾明. 日沒之時 暗遍天下 虛空不曾暗.

━━ 허공 스스로 밝아지거나 어두워진 적이 없듯이, 마음도 밝거나 어두움에 아무 관계가 없다. 인연 따라 밝음이 오니 밝아진 것이고, 어두워지니 어두워진 것일 뿐이다. 밝음에 더 이상 머물거나 집착할 필요가 없다. 밝음과 어둠에 관계하지 않으면서 동시에 포용하기 때문이다.

밝고 어두운 경계가 서로 바뀐다 해도, 허공의 성품은 툭 트여 변하지 않는다. 부처와 중생의 마음도 이와 같다.

明暗之境 自相凌奪 虛空之性 廓然不變. 佛及衆生 心亦如此.

—— 《화엄경》에 '심불급중생心佛及衆生 시삼무차별是三無差別'이라고 했다. 마음과 부처와 중생, 이 셋은 차별이 없다는 뜻이다. 단지 부처, 중생, 마음이라고 이름을 붙여 구분을 지을 뿐, 깨달은 사람의 안목으로는 그것보다 더한 것이 뒤엉킨다 하더라도 결코 분별하지 않는다.

허공이 온갖 구름을 만들어낸다고 해도 허공 본래의 모습은 단 한 번도 변한 적이 없다.

비록 부처와 중생이 수없이 많은 그림자를 만든다고 해도 그 본바탕인 체성은 둘이 아니다.

만약 부처를 관觀하면서 청정하고 광명한 해탈의 모습을 떠올리거나, 중생을 관하면서 더럽고 어두우며 나고 죽는 모습을 떠올릴 수도 있다. 하지만 이렇게 이해하고 있는 사람은 겉모양에만 집착했기 때문에, 수많은 세월이 지나더라도 깨달음을 얻을 수 없다. 오직 이 한마음일 뿐, 다시 티끌만큼의 어떤 법도 없으니, 이 마음이 곧 부처다. 지금 도를 배우는 이들은 이 마음의 본체를 깨닫지 못하니, 곧 마음에서 마음을 일으켜 밖으로 부처를 구하며 모양에 집착하여 수행하고 있다. 이 모든 것은 악법이지 깨달음[菩提]의 도가 아니다."

若觀佛 作淸淨光明解脫之相. 觀衆生 作垢濁暗昧生死之相. 作此解者 歷河沙劫. 終不得菩提 爲着相故. 唯此一心 更無微塵許法可得 卽心是佛. 如今學道人 不悟此心體. 便於心上生心 向外求佛. 着相修行 皆是惡法 非菩提道.

■■■ 부처와 중생의 차이는 자기를 바로 깨달으면 부처요, 깨닫지 못하면 중생이다. 부처와 중생의 차이는 이렇게 간단하다.

본래 부처인 줄 알면 부처의 행을 할 것인데, 어리석기 때문에 스스로 중생이 되어 괴로워하고 분별하고 있다.

한생각 돌이켜 바로 '이것이다'라는 것을 깨닫고 미련 없이 내려놓을 줄 알아야 한다.

그런데 이것을 모르고 우왕좌왕하며 지나친 욕심을 내니, 본심을 잃어버릴 수밖에 더 있겠는가.

2
무심

시방의 모든 부처님들께 공양하는 것이 무심도인 한 분께 공양하는 것만 못하다.

供養十方諸佛 不如供養一箇無心道人.

── 《금강경》에서 말하고 있듯이, 칠보로 삼천대천세계의 부처님께 공양 올리는 것이 한 분의 무심도인에게 공양 올리는 것만 못하다는 뜻이다. 지극정성으로 부처님께 불공드리고 공양 올리는 우리 불자들로서는 이런 말이 혼란스러울 수도 있겠다. 한생각 돌이켜 깨달은 이라면 이해하지 못할 바도 아니지만, 근기가 하열한 중생이라면 이 말에 '옳다·그르다' '좋다·나쁘다' 시비할 수밖에 없다.

바다가 일체 강물의 흐름을 다 받아들이듯, 무릇 불자라면 소화하지 못할 말이 없을 정도로 훤칠해야 한다.

어째서 그런가? 무심한 사람에게는 일체의 마음이 없기 때문이다.

何故 無心者 無一切心也.

━━ 이것은 참으로 묘한 말이다. 마음이 있다고 해도 안 되고, 없다고 해도 안 된다. 어떠한 말도 다 소화할 수 있어야 한다. 그러면서 "일체의 시비논란을 부정하는 사구백비四句百非를 여의고 한마디 일러라!"고 했을 때, 그 즉시 해결할 수 있어야 알 수 있는 말이다.

여여한 본체가 안으로는 목석같아서 움직이거나 흔들리지 않으며, 밖으로는 허공 같아서 어디에도 막히거나 걸리지 않는다. 주관과 객관도 없고, 방위와 처소도 없다. 또한 모양이나 자태도 없고, 얻고 잃음도 없다. 후학들이 감히 이 법에 들어오지 못하는 까닭은 공空에 떨어져 의지해서 쉴 곳이 없을까 두려워서다. 막상 벼랑을 보고는 물러나서, 대개 널리 지견知見을 구하는 것이다. 자고로 지견을 구하는 자는 털처럼 많아도 정작 도를 깨친 이는 뿔같이 드물다.

如如之體 內如木石 不動不搖. 外如虛空 不塞不碍. 無能所無方所 無相貌無得失. 趣者 不敢入此法 恐落空無棲泊處. 故望崖而退 例皆廣求知見. 所以 求知見者 如毛 悟道者 如角.

■■■ '목석같아서 움직이거나 흔들리지 않으며'는 무심도인의 경지를 그대로 말한 것이다. 아예 공부가 무엇인지 모르는 입장에서는 두려울 것도 없겠지만, 눈은 열었는데 아직 애매모호한 미세망념이 남아 있는 입장에서는 경우에 따라 두려움에 사로잡힐 수 있다.

이해가 되는 것만큼은 감당할 수 있는데, 이해되지 않는 것이 자꾸 다가오면 당황하여 아찔한 생각에 벼랑 끝에서 헤매게 되는 것이다. 그러다 보면 자신도 모르는 사이 급한 마음에 이치를 구하게 된다.

그런데 완벽하게 다 벗어던진 입장에서는, 어떤 생각들이 일어나든지 말든지 전혀 관계하지 않는다. 무심도인은 그 어느 것에도 물들지 않기 때문이다.

문수보살은 이치에, 보현보살은 실행에 해당한다. 이치란 진실로 텅 비어 걸림 없는 도리이고, 실행이란 상相을 여의고 끝없이 실천하는 것을 말한다.

文殊 當理 普賢 當行. 理者 眞空無礙之理 行者 離相無盡之行.

━━ 불법佛法은 어떤 모습을 가지고 쓰는 것이 아니다. 안목을 갖춘 입장의 실천이란 부처님 법과 이웃해서 그대로 사용하는 것이기 때문에, 눈을 떠야 비로소 문수, 보현을 알고 실천할 수 있다. 이것이 보현보살의 행이라고 말하는 순간, 배워서 이해한 것을 이치로 말하는 소리에 불과할 뿐이다.

진정한 보현보살의 행은 깨닫기 전에는 알 수가 없다. 안목을 열어서 원만구족한 모습을 스스로 살필 수 있는 힘을 가진 사람은 언제 어디서나 말하고 행동하는 것이 문수, 보현의 삶과 같다.

하지만 깨달음 없이는 하루 종일 육바라밀을 실천하며 보현행을 한다 하더라도, 아직 상相이 떨어지지 않았기 때문에 위선일 뿐이다.

그렇지만 이미 그 수준을 능가한 힘을 가진 사람에게 '해라' '말아라' 하는 것은 마치 대학생에게 초등학생 문제를 풀라고 하는 것과 같다.

관세음보살은 큰 자비를, 대세지보살은 큰 지혜를 상징한다. 유마는 '정명淨名'이란 뜻이다. 청정[淨]이란 성품을 말하고, 이름[名]이란 모습을 말한다.

觀音 當大慈 勢至 當大智. 維摩者 淨名也 淨者 性也 名者 相也.

━━━ 사실 보살은 모습이 없다. 모습 없이 작용하는 것을 세상에 말하려다 보니 이름을 빌려 관세음보살, 대세지보살 하고 드러냈을 뿐이다. 그 까닭을 알기 위해서는 불법의 올바른 눈을 떠야 한다. 눈을 뜨지 않고서는 이치만 드러낼 뿐, 실질적인 가치를 알고 믿는 모습이라고 할 수 없다.

자비, 지혜 그리고 청정이 모두 따로 있는 것이 아니라, 본래 자기 성품 안에 갖추어져 있음을 알아야 한다.

성품과 모습이 다르지 않으므로, 정명이라 한 것이다. 여러 대보살들로 표현된 덕도 사람마다 모두 가지고 있어 한마음을 여의지 않으니, 깨치면 곧 그대로다.

性相不異故 號淨名. 諸大菩薩所表者 人皆有之 不離一心 悟之卽是.

━━━ 관세음보살, 문수보살, 보현보살 그리고 유마 거사 등은 모두 성품의 현현일 뿐이다. 시작과 끝이 동시인 모습 없는 모습에서 비롯된 인연 따라 관세음보살도 되고, 보현보살도 되고, 문수보살도 된다. 이렇게 천차만별인 모습이 되기도 하지만, 모두가 성품을 여의지 않았음을 알아야 한다.

그 까닭을 알면 받아들이겠지만, 모르면 찾고 구하는 행동을 한다. '관세음보살님을 친견해야지' 혹은 '염불, 기도 열심히 해서 염피관음력으로 모든 것을 다 이뤄야지' 하는 생각은 모두 스스로 분별한 것이다. 경전에 나와 있는 이런 말들은 모두 처음 믿는 이들의 믿음을 끌어올리기 위해 시설한 장치에 불과한데, 경의 실체를 모르는 입장에서 자기 식대로 보고 따라 하면 되는 것으로 착각하고 있다.

깨달음은 한생각 돌이켜서 본래 여여한 성품 자리를 확인하는 것이다. 어떤 모습이 어떻게 비친다 하더라도, 모두 그 속의 일인 줄 알아서 담담하게 수용할 뿐이다.

모든 중생들이 갖고 있는 성품이 둘이 아님을 깨닫고, 인 연을 소중하게 생각해야 한다. 남을 도와가면서 열심히 살 수 있는 마음바탕을 쓰되, '열심히 해야지'가 아니라 저절로 그렇게 하고 살아가야 된다. 그러면 그것이 바로 염피관음력 으로, 보현보살의 행원으로, 문수보살의 지혜로 전환되어서 중생에게 이익을 주게 될 것이다.

지금 도를 배우는 사람들은 자기 마음에서 깨달으려 하지 않고, 마음 밖의 모양에 집착하고 경계를 취하면서 모두 도를 등지고 있다.

今學道人 不向自心中悟. 乃於心外 着相取境 皆與道背.

━━ 깨닫지 못하면 부처와 보살께 매달리면서 도와 등지는 줄도 모르고 등지게 된다. 본래 여여한 성품의 근본 실상을 한생각 돌이켜서 자각하는 순간, '자기도 모르는 허망한 모습에 사로잡혀 이런저런 모양을 짓고 살았구나' 하고 알게 될 것이다.

갠지스 강의 모래에 대해 부처님께서 말씀하셨다. 이 모래는 모든 불보살과 제석, 범천 및 천신 들이 밟고 지나가도 기뻐하지 않는다. 또한 소, 양, 벌레, 개미 등이 밟고 지나가도 성내지 않는다. 이 모래는 진귀한 보물이나 향도 탐하지 않고, 분뇨와 오물이라고 싫어하지도 않는다. 이런 마음이 곧 무심의 마음이다. 모든 모습을 떠난 곳에는 중생과 부처가 다시 차별이 없다. 단지 무심할 수만 있다면, 그것이 바로 구경究竟이다. 도를 배우는 사람이 당장 무심할 수 없다면, 여러 겁 동안 수행해도 도를 이루지 못할 것이다. 그것은 성문·연각·보살 삼승의 단계적인 공부에 얽매여 해탈하지 못하는 것이다.

恒河沙者 佛說是沙. 諸佛菩薩 釋梵諸天 步履而過 沙亦不喜.
牛羊虫蟻 踐踏而行 沙亦不怒. 珍寶馨香 沙亦不貪 糞尿臭穢
沙亦不惡. 此心 卽無心之心. 離一切相.
衆生諸佛 更無差別. 但能無心 便是究竟.
學道人 若不直下無心 累劫修行 終不成道. 被三乘功行拘繫
不得解脫.

━━━ 성품은 본래 무심이다. 무심이라는 것은 모든 것을 수

용할 수 있는 완성된 상태를 말한다. 본래 무심을 깨닫지 못하면, 아무리 수많은 시간을 닦는다 해도 도를 이룰 수 없다. 흔히 평상심이 도라고 한다.

그렇지만 어떤 평상심을 따로 만들거나 찾고 구하면, 이미 평상심과는 멀어지고 만다. 본래 갖고 있는, 때 묻거나 물들지 않는 순수한 마음이 평상심이며 무심이자 본래면목이고 성품의 근원이다. 여기에서 비롯된 인연들이 천차만별로 온갖 차별된 경계를 만들었을 뿐이다. 한생각 돌이켜서, 불보살과 내 성품이 본래 둘이 아니었음을 자각해야 한다.

수행의 차제를 따라 공부할 수도 있어야 하겠지만, 이것만이 올바른 길이라고 고집해서는 안 된다. 본래 무심을 깨닫지 않으면 어리석은 모습만 더하게 될 뿐이다.

그러나 이 마음을 증득하는 데는 더디고 빠른 차이가 있다.

然 證此心 有遲疾.

■■■ '나는 어리석은데, 어떻게 내가 부처와 조금도 다름이
없을 수 있는가?' 하는 생각은 몸뚱어리에 집착한 소리다.
실상자리에서 보면 조금도 다르지 않다는 것을 믿어야 한다.
믿어야 할 것을 믿지 않고 쓸데없는 것을 따르니, 그만 마구
니가 되고 귀신에게 홀리게 된다. 이 자리는 오직 성품만을
논했다. 차별된 경계가 나타나든지 말든지 근본을 따르면 그
만일 뿐, 만들어진 경계에 더 이상 끄달려서는 안 된다.

이 법문을 듣는 즉시 한생각에 무심이 되는 사람도 있고, 십신 · 십주 · 십행 · 십회향에 이르러서 무심이 되는 사람도 있으며, 십지에 이르러서야 비로소 무심을 얻는 사람도 있다. 더디거나 빠르거나 무심을 얻으면 그만이지, 거기에 더 닦고 증득할 것이 없다. 참으로 얻을 것도 없어서 진실하고 허망하지 않다.

有聞法 一念 便得無心者. 有至十信十住十行十廻向 乃得無心者. 有至十地 乃得無心者. 長短得無心 乃住 更無可修可證. 實無所得 眞實不虛.

━━━ 본래 무심을 확연히 깨닫고 보면 이미 성품을 쓰고 있었기 때문에, 또 다른 무언가가 있다고 착각하지 않는다.

당장 한생각에 깨달은 것이나 십지를 거쳐 깨달은 것이나 그 효용에 있어서는 마찬가지다. 다시 깊고 얕음의 차이는 없다. 그렇지 않으면, 다만 영겁의 세월 동안 헛되이 괴로움을 받을 뿐이다.

一念而得 與十地而得者 功用恰齊 更無深淺. 祗是歷劫 枉受辛勤耳.

━━ 어떤 문제를 해결하고자 할 때, 한 번에 되는 사람도 있고 수많은 시행착오를 거쳐서 되는 사람도 있다. 하지만 한 번에 올라간 것이나 여러 단계를 거쳐서 올라간 것이나, 근본문제를 해결했다는 것에는 차이가 없다.

그래서 오랫동안 애쓰는 사람을 보고 둔하다고 하는 것이다. 한 번에 확철대오하면 그만인 것을, 두 번, 세 번 체험해서 더 크게 깨닫는다고 하면 어리석다고 할 수밖에 없다. "처음에 안 것은 얕은 데에 머물렀는데, 다시 깨닫고 보니 깊은 데에 들어갔다"는 말은 한편 일리는 있지만 허망한 소리다. 이렇게 깨친 사람은 단계에 천착해서 뒷사람도 같은 방법으로 가르치려고 한다.

악이나 선을 짓는 것은 모두 모양에 집착하기 때문이다. 모양에 집착하여 악을 짓게 되면, 왜곡되어 윤회를 받게 된다. 모양에 집착하여 선을 짓게 되면, 왜곡되어 수고만 더하게 된다.

造惡造善 皆是着相. 着相造惡 枉受輪廻. 着相造善 枉受勞苦.

━━ 너와 나의 구분이 생긴 이상, 분별심이 없을 수 없다. 황벽 스님은 단계를 거치지 않고 조사선 도리로 배휴 거사를 만나자마자 깨닫게 했다. 한생각 돌이켜서 날 때부터 가지고 있는 것을 보는 순간, 변화가 일어났다.

그렇지만 공부하고 난 뒤에도 부처가 되고 싶고, 보살이 되고 싶은 생각을 일으킨다면, 스스로 어지러워져서 자기 공부도 뒤집고 선지식의 가르침도 무시하는 꼴이 되고 만다.

그 무엇도 말끝에 이 법을 곧바로 깨닫는 것만 못하다. 이 법이 곧 마음이요, 마음 외에 따로 법이 없다. 이 마음이 곧 법이요, 법 외에 따로 마음이 없다. 마음 스스로 무심이 되면, 무심이라 할 것도 없다.

摠不如言下 便自認取本法. 此法 卽心 心外無法. 此心 卽法 法外無心. 心自無心 亦無無心者.

━━ 실상은 뭐라고 이름 붙이고 설명할 만한 것이 전혀 드러나 있지 않다.

그런데 그것을 설명하려다 보니 '마음'이라 했지만, 이미 확인한 사람은 의연하게 수용하면 그뿐이다.

때가 되면 밥을 먹고, 때가 되면 잠을 자는 것이 그대로 신통묘용인 것이다.

마음을 가지고 무심해지려고 하면 도리어 마음이 있게 된다.

將心無心 心却成有.

■■■ 본래 다 드러났는데 무엇을 또 없애려고 하는가?

공부에 천착해서 생각을 일으키지 않으려고 하면 잘못된 것이다.

하루 종일 생각을 일으켜도 일으킨 바가 없다는 것을 알았다면, 일어나는 생각을 그대로 내버려 둘 뿐, 집착하거나 없앨 필요가 없는 것이다.

다만 묵묵히 계합할 따름이다. 모든 생각과 추론이 끊어졌다. 고로, '언어의 길이 끊기고, 마음 가는 곳이 멸했다'고 한 것이다. 이 마음이 본래 청정한 부처이며, 모든 사람들은 그것을 지녔다. 꿈틀거리는 벌레까지도 불보살과 한몸으로 다를 것이 없다. 다만 망상분별 때문에 갖가지 업과를 지을 뿐이다.

默契而已 絶諸思議故. 曰 言語道斷 心行處滅. 此心 是本源淸淨佛 人皆有之. 蠢動含靈 與諸佛菩薩 一體不異. 祗爲妄想分別 造種種業果.

━━ 확철대오하였다면, 무엇이 부처님과 다르지 않는지, 또 무엇이 차별된 모습을 갖게 했는지를 자연히 알게 된다.

부처님께서 세상에 출현하셔서 길을 열어 보여주셨고, 조사들께서 이어오지 않았다면 우리가 어떻게 알 수 있었을까! 그저 감사하고 감사할 뿐이다.

3
본래 청정한
마음

———

본래 부처자리에는 실로 한 물건도 없다. 툭 트이고 적정寂靜
하며, 밝고 오묘하며 안락할 따름이다.

本佛上 實無一物. 虛通寂靜 明妙安樂而已.

▬▬ 마음은 밝음이 오면 밝아지고, 어둠이 오면 어두워진
다. 밝고 어두운 모습은 아니지만, 밝다고 하면 가장 밝고
어둡다고 하면 가장 어두운 모습이다.

스스로 깊이 깨달아 들어가면, 직하에 그것이다. 원만구족하여 다시 모자람이 없다.

深自悟入 直下便是. 圓滿具足 更無所欠.

━━ 깨닫고 깨닫지 않고에 상관없이 본래 성품을 가지고 있다고 했다. 그 까닭을 모르고 지내다가 다행히 부처님 가르침을 만나 밝게 사무쳐 알게 되었지만, 과거 습기로 인한 어리석음이 아직 남아 나도 모르게 '공부가 되었는데도 왜 망상이 일어나는가?' 하고 생각이 일어날 수 있다. 하지만 그것을 없애려고 하거나 쫓아가지 말아야 한다.

설사 삼아승지겁을 정진 수행하여 모든 지위를 거치더라도, 한생각 증득하는 순간에 이르러서는 원래 자기 부처를 깨달을 뿐이다.

縱使三祇精進修行 歷諸地位. 及一念證時 祇證元來自佛.

▬▬ 수없는 세월을 수행한다 하더라도 결국은 본래부처임을 깨닫는 데 불과하다. 어떠한 모습을 정진하는 것이라고 착각하면 안 된다. 지금 우리가 하고 있는 정진이란, 과거에 업을 지었다는 사실을 인정하기 때문에 하는 것이다.

그러므로 마음을 일으켜서 하는 정진은 어리석은 것이다. 그렇다고 정진할 필요가 없다고 한다면 더 어리석다.

그렇다면 어떻게 정진해야 할 것인가?

그 위에 다시 한 물건도 보탤 것이 없다.

向上 更不添得一物.

▬▬ 성품은 늘거나 줄거나 하지 않는다. 성품이 변화해서 부처도 되고 보살도 되고 성문·연각·벽지불도 된다. 모양이 있는 것도 되고, 모양이 없는 것도 된다. 천차만별의 모습으로 일체처일체시에 끝없이 나투면서도, 나투되 나툰 바 없이 늘 여여부동한 본래면목을 잃지 않는다.

그것을 자각하는 순간, 내려놓으면 그만이다. 다만 어리석은 곳에 빠져 허망한 시간을 보냈던 흔적이 남아 있다 하더라도, 성품은 늘 여여한 모습이다.

깨닫고 난 뒤에 지난 오랜 세월의 수행을 돌이켜보면, 모두 꿈속의 허망한 짓일 뿐이다. 그래서 여래께서는, "내가 아뇩다라삼먁삼보리에서 실로 얻은 것이 없다. 만약 얻은 것이 있다면, 연등불께서 나에게 수기를 주지 않았을 것이다"라고 하셨다.

또 말씀하시기를, "이 법은 평등하여 높고 낮음이 없으니, 이것을 보리(깨달음)라 한다"고 하셨다.

却觀歷劫功用 摠是夢中妄爲. 故 如來云 我於阿耨菩提 實無所得. 若有所得 燃燈佛 卽不與我授記.

又云 是法 平等 無有高下. 是名菩提.

■ 성품자리를 여의지 않고 그대로 수용하는 모습을 지녔기 때문에 연등부처님께서 수기를 주셨지, 억겁의 수행을 통해 부처가 될 수 있는 공부를 했기 때문에 부처가 된 것이 아니다. 수기를 받으려고 공부한 것이 아니라, 때가 되어 방편으로 연등부처님께 증명을 받은 것이다. 알고 보면 수기를 주고받는 모습은 일체 모든 중생들이 부처와 둘이 아니라는 사실을 말하고 있는 것이다.

그러므로 '부처를 이루는 것은 억겁의 세월 동안 노력해야 하는 것이므로 나와는 상관없다'는 식으로 현애상縣崖想(저 높은 언덕 위에 있어 도저히 만질 수 없다는 생각)을 낸다면 그것은 잘못된 견해이다.

본래 성품자리에는 멀고 가까움이 있을 수 없다. 깨닫고 말고 할 것이 없는 본래면목을 등지고 살다가, 그 입장을 전환해서 늘 함께했었다는 것을 믿게 되었다.

처음에는 설명을 들어도 이해가 안 되고 제대로 공부한 것인지 아닌지 갈등이 적지 않았는데, 인연 따라 부처님이나 조사들의 가르침을 돌이켜보니, 그 까닭을 뼈저리게 느끼게 된 것이다.

본래 청정한 이 마음[本源淸淨心]은 중생과 부처세계, 산하대지, 모양 있는 것과 없는 것 등 시방법계가 다 함께 평등하여 너다 나다 하는 상이 없다.

卽此本源淸淨心 與衆生諸佛世界 山河有相無相. 遍十方界一切平等 無彼我相.

━━ 일체가 과거 현재 미래에 관계없이 성품의 바다여서, 이 일 외에 다른 것이 존재한 적이 없다.

참고로 눈뜨지 못한 공부인에게는 설명을 할 것이 아니라, 근본문제를 직접 해결할 수 있도록 막다른 골목으로 몰아넣어야 된다.

본래 청정한 이 마음은 항상 뚜렷이 밝아 두루 비추고 있다. 세상 사람들은 깨닫지 못하여 다만 '견문각지見聞覺知'로 마음을 삼고, 그것에 덮여 끝내 정밀하고 밝은 본체를 보지 못한다.

此本源淸淨心 常自圓明徧照. 世人不悟 祗認見聞覺知爲心. 爲見聞覺知所覆 所以不睹精明本體.

━━ 여기서의 근원은 바로 우리들의 마음이다. 뚜렷이 밝고 두루 비추어 만물을 제대로 구별하는 마음바탕이 바로 성품이다. 다만 견문각지, 즉 보고 듣고 느끼고 아는 것에 마음이 가려서, 견문각지 하게 하는 놈을 놓치고 있는 것이다.

아주 미묘한 것이지만, 알고 모르고의 차이는 엄청나다. 본인 스스로 벗어나지 않고서는 알 도리가 없다.

그러나 당장 무심하면 본 마음자리가 스스로 나타나서, 밝은 햇살이 공중에 떠오르듯 시방법계를 두루 비추어 장애가 없게 된다. 그러므로 도를 배우는 사람이 견문각지만을 인지하며 행하고 움직이지만, 이 견문각지를 텅 비워버리면 즉시 마음길이 끊어져서 들어갈 곳이 없어진다.

但直下無心 本體自現. 如大日輪 昇於虛空 徧照十方 更無障礙. 故 學道人 唯認見聞覺知施爲動作. 空却見聞覺知 卽心路絕 無入處.

▬▬▬ 무심하기만 하면 즉시 근본이 드러난다.

그런데 본래 마음자리를 등진 채, 견문각지하고 있는 놈을 마음이라고 착각한다. 마음이 작용하는 그 찰나, 즉 한생각이 일어나기 전과 일어날 때를 돌이켜볼 수 있어야 한다. 그럴 때 시절인연 따라 벽이 깨지게 되는 것이다. 텅 비워버린다는 것도, 따로 어떻게 비운다는 것이 아니다. 본래부터 비어 있었기 때문에 그저 내버려두면 되는 것이다.

공부의 맛을 좀 봤다고 하더라도, 이것이 쉽지 않다. '내버려둔다'는 말은 삼키지도 못하고 뱉지도 못한다는 말이다. 공부할 때의 입장은 그렇다 쳐도, 공부한 후의 입장에서는 또 다른 것이 있다.

　이와 같은 말을 소화하기 힘들다고 하지만, 힘들다고 하는 그것이 힘든 것이므로 그것조차 내려놓아야 한다.

　예를 들어 "어떻게 내버려두는 것입니까?" 할 때 "나도 몰라. 알아서 해!"라고 하면, 당장 무책임한 말이라고 한다.

　그러나 이것은 무책임한 말이 아니라, 책임 있는 입장에서 바로 찔러서 정확하게 드러낸 것임을 알아야 한다.

다만 견문각지 하는 곳에서 본심을 인식할지라도, 본심은 견문각지에 속하지 않으며 그렇다고 해서 그것을 떠나 있지도 않다. 견문각지하는 가운데 견해를 일으켜도 안 되고, 견문각지하는 중에 생각을 움직여도 안 된다. 또한 견문각지를 떠나 마음을 찾아서도 안 되고, 견문각지를 버리고 법을 취해서도 안 된다. 그리하면 즉即하지도 않고 여의지도[離] 않으며, 머물지도 않고 집착하지도 않으며, 종횡으로 자재하여 어느 곳이든지 도량道場 아님이 없게 된다.

但於見聞覺知處 認本心. 然 本心 不屬見聞覺知. 亦不離見聞覺知. 但莫於見聞覺知上 起見解. 亦莫於見聞覺知上 動念. 亦莫離見聞覺知覓心 亦莫捨見聞覺知取法. 不卽不離 不住不着. 縱橫自在 無非道場.

━━ 이 마음이 곧 부처다. 다른 곳에서 부처를 찾으면 안 된다.

일체처일체시에 성품과 둘이 아닌 것이 청정도량이다. 이 도량을 등지고 도량을 찾아 헤매는 어리석음을 범하지 말아야 한다.

세상 사람들은 모든 부처님께서 마음법[心法]을 전했다는 말을 듣고, 마음 위에 따로 깨닫고 취할 만한 법이 있다고 여긴다. 그리하여 마음을 가지고 법을 찾으면서, 마음이 곧 법이고 법이 곧 마음인 줄 알지 못한다. 마음을 가지고 다시 마음을 찾아서는 안 된다. 그래서는 천만 겁이 지나더라도 끝내 얻을 날이 오지 않을 것이다.

世人 聞道諸佛 皆傳心法. 將謂心上 別有一法可證可取. 遂將心覓法 不知心卽是法. 法卽是心 不可將心更求於心. 歷千萬劫 終無得日.

━━ 견문각지, 즉 보고 듣고 느끼고 아는 이것이 마음인 줄 알면 한결 쉬울 텐데, 마음이 무엇인지 모르니 자기도 모르게 찾고 구하게 된다. 처음부터 지금까지 함께했고, 앞으로도 영원히 함께할 것이라는 사실을 모른다.

　'이것이 바로 마음이다'라는 것을 알아도, 실제로 깨닫지 못하면 헤맬 수밖에 없다.

당장 무심함만 못하니, 무심이 곧 본래의 법이다. 마치 힘센 장사가 자기 이마에 보배구슬이 있는 줄 모르고 밖으로 찾아온 시방세계를 두루 다니며 찾아도 끝내 얻지 못하다가, 지혜로운 이가 그것을 지적해주면 본래부터 구슬이 있었음을 바로 알아보는 것과 같다. 도를 배우는 사람도 자기 본심에 미혹하여 그것이 부처임을 알지 못하고, 밖으로 찾아다니면서 수행을 하며 차제를 밟아서 깨달으려고 해서는 안 된다. 그러면 억겁 동안 애써 구한다 해도 영원히 도를 이루지 못할 것이며, 당장 무심함만 못하다.

不如當下無心 便是本法. 如力士 迷額內珠 向外求覓 周行十方 終不能得. 智者指之 當時 自見本珠如故. 故 學道人 迷自本心 不認爲佛. 遂向外求覓 起功用行 依次第證. 歷劫勤求 永不成道 不如當下無心.

━━━ 소승에서는 중생의 근기를 봐서 단계별로 법을 설했지만, 대승과 최상승은 단계가 방편인 줄 알아서 본래 무심을 그대로 드러냈다. 한생각에 깨달으면 따로 차제로 찾고 구하는 일 없이 즉시 성품을 보고 뜻을 이루지만, 그렇지 못한 입장에서는 "먼 거리를 가려면 한 걸음부터인데, 어찌 단번에

도착한단 말인가?"라고 한다. 누구나 '가고' '가지 않고'에 관계없이 본래 마음을 갖고 쓰고 있지만, 스스로 멀어질 수밖에 없는 인연으로 그렇게 되었음을 알아야 한다. 이미 알고 있는 사람이 깨달음을 통해서 '그 자리가 바로 마음'이라는 사실을 눈뜨게 해주면, 이런 말을 수용할 수 있는 힘이 생긴다. 한편 눈을 떴다 하더라도, 처음에는 이치를 수용하지 못하는 경우도 있다.

공부가 된 것 같은데, 오히려 더 갑갑해졌다며 갈팡질팡하는 이들도 있다. 자칫 공부를 등지고 다른 수행을 할 수도 있다.

《대반열반경》〈여래성품〉에 이런 우화가 전한다. 어떤 왕실에서 시중을 들던 힘센 장사[力士]가 있었는데, 미간에는 금강석이 박혀 있었다. 그는 수시로 다른 장사들과 씨름을 했는데, 어느 날 이마를 부딪쳐 금강석이 피부 속으로 함몰되고 말았다. 자랑스러운 금강석이 보이지 않자, 그는 잃어버린 줄 알고 슬피 울며 사방으로 찾아다녔다. 나중에 현명한 의사를 통해 금강석이 이마 속에 있다는 사실을 알게 된 그는 부사의不思議한 도리를 깨달았다고 한다. 일체 중생이 본래부터 불성을 지니고 있음을 일깨워주는 우화라 하겠다.

일체의 법이 있다 할 것도 없고, 얻었다 할 것도 없음을 알아야 한다. 의지할 것도, 머무를 것도 없다. 주관이니 객관이니 할 것도 없다. 망념을 일으키지 않으면, 즉시 보리를 깨닫게 될 것이다.

決定知一切法 本無所有 亦無所得. 無依無住 無能無所. 不動妄念 便證菩提.

━━ 망념이 일어날 때, 거기에 끄달리면 깨달음을 등지게 된다. 즉시 알아차려서 망념을 일으키게 하는 모습을 볼 수 있다면, 더 이상 끄달리지 않고 그대로 내버려둘 수 있는 여유를 갖게 될 것이다. 이것이 바로 원력바라밀이 된다. 이런 바라밀을 자기 안에서 활용할 수 있어야 중생계와 더불어 함께하는 것이지, 스스로도 제도하지 못하면서 남을 위해서 바라밀을 행한다고 쫓아다니는 것은 쓸데없이 더 많은 그림자를 만들어내는 것에 불과하다.

바라밀행을 하는 것만을 말하자면, 타 종교인들도 잘한다. 자기 몸을 아끼지 않고 많은 사람들과 이익을 나누기 위해 열심히 노력한다. 하지만 이러한 바라밀행은 일시적인 편안함만 줄 뿐, 고의 원인을 알아서 본래부터 망상이 없었다는 사실을 깨달았을 때의 편안함과는 비교할 수도 없다.

'망념을 일으키지 않으면, 바로 보리를 깨닫게 된다'는 말은 분명 맞는 말이지만, 듣는 입장에 따라서는 혼란스러울 수 있다. 깨달음을 바탕으로 하여 믿음을 낸 입장에서는 이 말이 그림자를 쫓아준다. 그러나 망념을 일부러 없애려고 하니 문제다. 망념을 없애고 깨달음에 들어가는 것이 아니다. '망념이 있고, 없고'에 관계없이 사실을 증명할 수 있다면, 일어나는 망상에 더 이상 끄달리지 않고 흘려보낼 수 있다.

도를 깨닫는 때에 이르러서는, 다만 '본래 마음인 부처[本心佛]'를 깨달을 뿐이다. 오랜 세월을 거친 노력은 모두 헛된 수행일 뿐이다. 마치 힘센 장사가 구슬을 얻은 것은 본래부터 이마에 있던 구슬을 얻은 것일 뿐, 밖으로 찾아 다녔던 노력과는 상관이 없는 것과 같다. 그러므로 부처님께서는 말씀하셨다. "내가 아뇩다라삼먁삼보리를 실제로는 얻은 것이 없다." 다만 사람들이 믿지 않을까 염려하여, 오안五眼을 가져다 보이시고, 오어五語를 말씀하신 것이다. 이 도리는 진실되어 허망하지 않으니, '최고의 진리'다.

及證道時 祇證本心佛. 歷劫功用 並是虛修. 如力士得珠時 祇得本額珠 不關向外求覓之力故. 佛言 我於阿耨菩提 實無所得. 恐人不信故 引五眼所見 五語所言. 眞實不虛 是第一義諦.

━━ 이치를 설파하더라도 아는 사람에게 해야지, 모르는 사람에게 말하면 제대로 소화하지 못한다. 심하면 자기 식대로 받아들이는 잘못까지 저지르게 된다.

그래서 함부로 말하지 말라고 한 것이다. 공부한 입장에서 보면, 믿음을 바탕으로 이런 말을 들으면서 마음의 여유를 찾아나간다. 반면 공부한 바가 없는 입장에서 보면, 지적 호기심을 충족시키기 위해 궁금증이 하나씩 깨지는 것에서 즐거움을 구할 뿐, 진정한 즐거움은 놓치고 만다.

《금강경》의 부처님 말씀에 오안과 오어가 나온다. 오안은 육안肉眼, 천안天眼, 혜안慧眼, 법안法眼, 불안佛眼이다. 오어는 진어眞語, 실어實語, 여어如語, 불광어不誑語, 불이어不異語다.

4
지혜의 양식

도를 배우는 사람은 의심하지 말아야 한다. 사대四大로 몸을 삼으나, 사대에는 '나[我]'가 없고, 그 '나'에도 또한 주재主宰가 없다.

學道人 莫疑. 四大 爲身 四大無我 我亦無主.

━━ 물질을 구성하는 지수화풍地水火風의 사대원소가 임시로 화합한 것을 몸으로 삼으나, 그 안에는 주재하는 '나'라고 할 근거가 없다.

그렇지만 '주인공'을 찾으라고 말하는 까닭은, 그렇게라도 드러내지 않으면 근본문제를 해결하려고 하지 않기 때문이다.

이것을 그대로 믿으라고 한다고 해서, 안목을 바꾸지 않고 말만 배워서는 곤란하다. 근원을 꿰뚫는 눈높이를 갖추고 있는 분의 점검을 받지 않은 채, 말만 배워서는 안 된다.

일체 변화하는 삶 속에서 변하지 않는 근본실상을 다시는 놓치지 않을 수 있는 근거에 눈을 떠야, 나도 속지 않고 남도 속이지 않는다.

그러므로 이 몸에는 '나'도 없고, '주재'도 없음을 알아야 한다. 또한 오음五陰으로 마음을 삼지만, 이 오음 역시 '나'도 없고 '주재'도 없다.

故知此身 無我亦無主. 五陰 爲心 五陰 無我亦無主.

━━ 이 몸뚱이가 내 것 같지만, 실제로는 내 것이 아니요, 나라고 할 만한 것도 없다. 흔히 '오온五蘊'이라고도 하는 '색수상행식色受想行識'의 오음을 마음으로 삼지만, 그것에도 나라고 할 만한 것은 없다.

그렇다면 나를 움직이게 하는 것은 무엇인가? 그 근본 모습을 깨닫게 하기 위한 문제를 제기하여 "송장 끌고 다니는 놈이 뭐꼬[拖死屍句]?" 하고 물은 것이다.

그런데 여기서 이치에만 매달리면, 영원히 쪼갤 뿐이어서 찾는 것에 세월 다 보내는 어리석은 삶을 살게 된다.

그래서 더 이상 이치에만 매달리지 말고 눈뜨게 해줄 수 있는 선지식을 찾으라고 하는 것이다.

지금 이렇게 해설하는 것이 모두 임제 스님이 말한 삼구법문三句法門이다. 삼구에서 깨치면 자기 스스로도 제도 못한다고 했다. 이치만 가르치고 배우는 것이기 때문이다.

활구活句로 전환해서 "송장 끌고 다니는 놈이 뭐꼬?" 같은 이구二句에서 깨달으면, 인천人天의 스승은 될 만하다고 했다. 그렇지만 뼈저린 의심 끝에 선지식의 방棒과 할喝에 힘입어 온몸으로 계합할 때는, 일구一句 도리에서 안목이 열렸다고 할 수 있다.

　"시작도 끝도 없는, 뭐라고 설명할 수 없는 근본 실상을 입도 쓰지 않고 말해보라!"는 물음을 당하면, 입을 써도 쓴 바가 없다는 근거를 가지고 있는 사람이라야 그 까닭을 소화하고 남한테 전할 수 있는 것이다. 그렇지 못하면, 우왕좌왕하다가 뭐가 뭔지도 모르고 헤매는 사이 끝나고 마는 것이다.

그러므로 마음 또한 '나'도 '주재'도 없음을 알아야 한다. 육근·육진·육식이 화합하고 생멸하는 것도 또한 이와 같다. 18계가 이미 공空하여 일체가 모두 공하다. 오직 본래의 마음이 있을 뿐이어서 호호탕탕 청정하다.

故知此心 無我亦無主.

六根六塵六識 和合生滅 亦復如是. 十八界旣空 一切皆空. 唯有本心 蕩然淸淨.

━━ 여기서의 '없다'는 우리가 평소에 인식하는 개념과는 다른 차원의 '없다'다. 같은 청정이라도 일반적인 청정과 종교적인 청정이 다르듯이, '없다' 하는 말도 표현만 같이 했을 뿐이지, 그 내용은 완전히 다르다는 것을 알아야 한다. 그러면 '조주의 무無' 자도 소화할 수 있을 것이다.

한생각 돌이켜보니, 눈 귀 코 혀 몸 생각의 육근과 색성향미촉법의 육진과 안식 이식 비식 설식 신식 의식의 육식이라는 열여덟 가지 인식론적 구성요소가 모두 그림자일 뿐, 본래 공하다는 것이다.

'분별의 양식[識食]'과 '지혜의 양식[智食]'이 있다. 즉 사대로 된 몸은 주림과 질병이 근심거리인데, 알맞게 영양을 공급하여 탐착을 내지 않는 것이 '지혜의 양식'이다. 반면에 제멋대로 허망한 분별심을 내어, 입에 맞는 것만 구하면서 싫어하여 버릴 줄을 모르는 것을 '분별의 양식'이라 한다. 성문聲聞이란 소리를 듣고 깨닫기 때문에 붙여진 이름이다.

有識食有智食. 四大之身 飢瘡 爲患 隨順給養 不生貪著 謂之智食. 恣情取味 妄生分別 唯求適口 不生厭離 謂之識食. 聲聞者 因聲得悟故 謂之聲聞.

━━ 성문·연각·벽지불은 소승 계열의 수행자로 홀로 수행해서 깨달은 이들이다. 본인 혼자만 깨달음을 즐기는 소승의 입장을 넘어서, 다른 사람도 깨닫게 해줄 수 있는 대승의 보살로 전환하지 않으면 안 된다. 보살은 남을 제도할 수 있는 능력을 갖추었지만, 성문·연각은 자기 공부는 해도 남을 제도하기에는 실로 한계가 있다. 그러나 불보살은 원력을 바탕으로 한 방편이 출중해서, 성문·연각이 베푸는 것과는 천양지차다.

그러므로 스스로 눈뜬 바가 있더라도 다른 사람을 깨닫게 해줄 수 있는 근거를 지닐 때까지, 대승보살의 가르침을 가까이하면서 시간을 보낸다면 좋아질 수밖에 없을 것이다.

보살이 되면 나누려고 하지 않아도 나눌 수 있는 힘이 생기지만, 생각을 불러일으켜 다른 사람과 나누려고 하는 것은 다 업에 불과하다.

이 정도 수준의 나눔은 우리 주변에도 많이 있다. 재산을 보시하고 봉사활동을 하면서 결코 자기희생을 두려워하지 않는 이들을 볼 수 있다.

그렇지만 종교에서 말하는 나눔은 이러한 나눔조차 초월한 나눔이다. 종교적인 관점에서 남과 이익을 나누려면 먼저 안목부터 바꿔야 한다.

그들은 자기 마음을 깨닫지 못하고, 설법을 듣고 거기에 알음알이를 일으킨다. 혹은 신통이나 상서로운 모양, 언어, 동작 등에 의지하여 보리열반이 있다는 설법을 듣고 삼아승지겁을 수행하여 불도를 이루려고 한다. 이것은 모두 성문의 도道에 속하는 것이며, 그것을 성문불聲聞佛이라 한다.

但不了自心 於聲教上 起解. 或因神通 或因瑞相言語運動. 聞有菩提涅槃 三僧祇劫修成佛道. 皆屬聲聞道 謂之聲聞佛.

━━ 성문은 아직 닦아야 할 무엇이 있는 줄 알고 계속 수행의 힘을 빌리려고 노력한다. 그러나 노력을 하거나 하지 않거나에 관계없이, 또 굉장한 업을 지녔든 업을 지니지 않았든, 그 본바탕 성품은 둘이 아니다. 다만 업식의 작용에 따라 변한 모습을 이런저런 인연으로 쓸 뿐이다.

이것을 알면 내려놓으면 되는데, 성문은 수행을 통해 업식을 없애야 한다고 생각한다.

그러나 그런 줄 모르면, 자기 안의 독한 것을 드러내 억지로 없애려고 한다.

다만 당장에 자기의 마음이 본래 부처임을 단박 깨달으면 한 법도 얻을 것이 없으며, 한 행도 닦을 것이 없다. 이것이 바로 '위없는 도[無上道]'이며, 이것이 바로 진여불眞如佛이다.

唯直下 頓了自心 本來是佛. 無一法可得 無一行可修. 此是無上道 此是眞如佛.

■■■ 불법의 바다[法海]에서 파도는 천차만별로 온갖 차별된 경계를 이루지만, 그 바탕은 한 번도 뒤바뀐 적이 없는 절대평등의 대원경지大圓鏡智다.

여읠 것도, 취할 것도 없는 것이 마음이다. 그런데 거기에 업식이 붙어서, 때가 묻었다고 하는 것이다. 알고 보면 때가 묻었다는 것도 착각이다. 본래 때 묻은 적이 없는데, 그림자가 자기도 모르는 순간 만들어지면서 그 속에서 버무려지는 것을 반복하는 윤회의 삶을 짓고 살아온 것이다.

그러나 실제로는 한 번도 윤회를 한 적이 없다. 윤회하는 모습에 속으면 어리석은 중생이 되는 것이고, 본래 열반의 참다운 실상을 바로 눈떠서 윤회한 적이 없음을 알면 어지러운 속에서도 의연한 자세로 살아갈 것이다.

도를 배우는 사람이 한생각 일어나는 것을 두려워하면, 곧 도와는 멀어진다. 생각마다 상이 없고, 생각마다 '함이 없음[無爲]'이 곧 부처다.

學道人 祗怕一念有 即與道 隔矣. 念念無相 念念無爲 即是佛.

━━ 하루 종일 생각해도 생각한 바가 없는 것이다. 본래 그 자리는 인과를 초월해서, '인'이라 할 것도 없고 '과'라고 말할 수 있는 어떤 흔적도 없다. 그런 상태에서 홀연히 바람이 일어나 모양을 만들면서 시공이 생긴 것이다. 이와 동시에 우리는 원인을 짓고 그에 따른 과보를 받는 것을 반복하면서 생사에 출몰한다. 누구도 예외는 없다.

그러나 단 한 가지 예외가 있는 것을 부처님께서 깨닫고 우리에게 알기 쉽게 드러낸 것이다. 이것이 묘법이다. 묘한 법의 가르침은 다 드러나 있지만, 내가 몰라서 비밀처럼 착각하고 있는 것이다. 모르는 사람에게는 묘한 것일는지 몰라도, 아는 사람에게는 항상 가지고 쓰고 있어 묘할 것도 없다.

도를 배우는 사람이 부처를 이루고자 한다면, 불법을 모조리 배울 것이 아니라 오직 '무구無求'와 '무착無着'을 배워야 한다. 구함이 없으면 마음이 일어나지 않고, 집착이 없으면 마음이 없어지지 않는다. 불생불멸不生不滅이 곧 부처다.

學道人 若欲得成佛 一切佛法 摠不用學 唯學無求無着. 無求 即心不生 無着 即心不滅. 不生不滅 即是佛.

━━━ 찾고 구하고 머물고 집착하는 것이 사라지면, 늘 여여 부동한 모습이 함께한다. 구하지 말라는 말은 설명하기도 어렵고 소화하기도 힘든 말이다. 하지 말라는 말로 이해하면, 무기공無記空에 빠진 것이다.

그래서 할 수 없이 '하되 한 바 없이 한다' 혹은 '어디에도 머물거나 집착하지 마라'고 한 것이다.

5
법신은
허공과 같다

팔만사천 법문은 팔만사천 번뇌를 다스리기 위한 것이다. 다만 대중을 교화 인도하는 방편일 뿐, 본래 일체의 법은 없다. 여의는 것이 곧 법이요, 여읠 줄 아는 이가 곧 부처다.

八萬四千法門 對八萬四千煩惱. 祇是教化接引門 本無一切法. 離即是法 知離者是佛.

━━ 본래는 한 법도 세운 바가 없지만, 미혹한 사람을 제도하기 위한 방편으로 팔만사천 법문이 나왔다.

하루 종일 일으켰지만, 일으킨 바가 없다. 마치 구름이 뭉게뭉게 일어나지만 일으키는 실체를 찾아볼 수 없듯이, 법이란 따로 정해진 모습을 가진 것이 아니며, 고정된 실체가 아니다. 세속적인 법은 지키기 위해서 만든 법이지만, 여기서 말하는 법은 지키고 말고를 벗어난 것을 말한다.

일체 번뇌를 여의기만 하면, 얻을 만한 법이 없다.

但離一切煩惱 是無法可得.

━━━ 이런 말을 들으면, 번뇌를 여의려고 자꾸 애를 쓴다. 본래 법이란 일체 번뇌를 만들기도 하고, 변화시키고 없애기도 하는 것이다.

그렇지만 거기에 어떤 것이라고 일컬어질 수 있는 근거는 하나도 없다. 하루 종일 번뇌를 일으켰지만, 한 번도 번뇌를 일으킨 적이 없는 것이다.

허공이 과거의 허공이나 현재의 허공이나 미래의 허공 할 것 없이 변한 적이 있었던가? 변하지 않는 가운데, 단지 구름이 일어났다 사라졌다 하는 형상만 오고 갈 뿐이다.

도를 배우는 사람이 깨닫는 비결을 터득하고자 한다면, 단지 마음 위에 한 물건도 덧붙이지 말아야 한다. '부처님의 참된 법신은 마치 허공과 같다'고 한 비유가 바로 이것이다.

學道人 若欲得知要訣. 但莫於心上 著一物. 言佛眞法身 猶若虛空 此是喩.

━━ 이 말에도 집착하면 안 된다. 이 말을 증명할 수 있는 깨달음이 필요한 것이지, 말만 배우고 이치에 머물러서는 안 된다. 남다른 지식과 설득력을 지녔다면 세상 기준에서는 똑똑한 사람이지만, 다른 사람을 이해시키고 호기심을 충족시켜주는 것만으로는 실상을 알았다고 할 수 없다.

　일체 모든 그림자를 포용할 수 있는 허공과 법신은 닮았다고 한다. 이와 같은 법신이란, 어떤 정해진 모습이 아니다. 천차만별의 모습을 하고 있지만, 그 모든 것을 다 망라하여 둘이 아닌 모습 없는 모습을 법신이라고 한다.

법신이 곧 허공이며 허공이 곧 법신인데도 '법신이 허공계에 두루 한다'고 하면, 사람들은 허공 가운데 법신이 포함된다고 생각하여 법신 그대로가 허공이며 허공 그대로 법신임을 모른다.

法身卽虛空 虛空卽法身. 常人 謂法身 遍虛空處 虛空中 含容法身. 不知法身卽虛空 虛空卽法身也.

▬▬ 성성적적惺惺寂寂 공적영지空寂靈知를 빌려 법신자리를 설명하곤 한다. 모양은 허공과 같지만 허공은 차고 더운 것을 모르고, 법신은 차면 찬 줄 알고 뜨거우면 뜨거운 줄 안다.

만약 결정코 허공이 있다고 한다면, 허공은 법신이 아니다. 또한 결정코 법신이 있다고 한다면, 법신은 허공이 아니다. 허공이라는 알음알이를 내지 마라. 허공이 곧 법신이다. 법신이라는 알음알이를 내지 마라. 법신이 곧 허공이다. 허공과 법신이 서로 모양이 다르지 않다. 부처와 중생도 서로 모양이 다르지 않다. 생사와 열반도 서로 모양이 다르지 않다. 번뇌와 보리도 서로 모양이 다르지 않다. 일체의 모양을 여윔이 곧 부처다.

若定言有虛空 虛空 不是法身. 若定言有法身 法身 不是虛空. 但莫作虛空解 虛空 即法身. 莫作法身解 法身 即虛空. 虛空 與法身 無異相 佛與衆生 無異相. 生死與涅槃 無異相 煩惱與 菩提 無異相. 離一切相 即是佛.

▬▬ 일체의 모양 가운데 모양을 여윈 실상묘법이 있다. 허상을 없애야 실상이 드러나는 것이 아니다. 허상과 실상이 함께하고 있다.

그런데 실상을 놓치고 허상에 끄달려서 따로 찾고 구하면 안 된다. 허상 그대로가 실상임을 알아야 한다.

범부는 경계를 취하고 공부인은 마음을 취하나, 마음과 경계를 함께 잊어야 참된 법이다.

凡夫取境 道人取心. 心境雙忘 乃是眞法.

▬▬ 경계도 마음도 다 내려놓을 수 있어야 한다. 내려놓는다고 하지만, 내려놓고 말고에 관계없이 본래부터 내려놓을 것이 없음을 알아야 된다. 따로 내려놓으려고 하는 것이 큰 허물이다.

경계를 잊기는 오히려 쉬우나 마음을 잊기란 매우 어렵다. 사람들이 마음을 감히 잊어버리지 못하는 까닭은 공空에 떨어져 잡을 곳이 없을까 두려워서다. 이는 공이 본래 공이라 할 것도 없고, 오로지 한결같은 참된 법계[一眞法界]임을 몰라서 그런 것이다.

忘境猶易 忘心至難. 人不敢忘心 恐落空無撈摸處. 不知空本無空 唯一眞法界耳.

━━━ 객관인 경계를 버리기보다 주관인 마음을 버리기가 더 어렵다. 주관인 마음이 없어지면, 마치 자기가 죽는 것처럼 여겨지기 때문이다. 사람들은 자기중심적으로 생각하기 쉽기 때문에 자기라는 주관의 마음을 놓기는 무척 어렵다.

　주객이 모두 탈락하면 그대로가 '일진법계'였음을 알게 된다.

이 신령스런 깨달음의 성품은 비롯함이 없는 옛날부터 허공과 수명이 같아서, 일찍이 생기거나 없어진 적이 없으며, 일찍이 있은 적도 없은 적도 없다.

此靈覺性 無始已來 與虛空同壽. 未曾生未曾滅 未曾有未曾無.

━━ 진공은 공 이전이어서 있고 없고의 모습이 아니다. 진공은 어디서 어디까지의 한계가 있는 것도 아니고, 만들어지거나 없어지는 모습이 아니다.

종교에서는 철학처럼, '존재한다'고 말하지 않는다.

그 가운데 무언가 움직이게 할 수 있는 것을 말하는데, 이름하여 부처, 마음, 열반, 불성 등으로 표현한 것일 뿐이다.

일찍이 더럽거나 깨끗한 적도 없고, 시끄럽거나 고요한 적도 없으며, 젊지도 늙지도 않고, 방위와 처소도 없으며, 안팎의 구분도 없다. 수량도 없고, 형상도 없으며, 색상도 없고, 음성도 없다. 그러므로 찾을 수 없고, 구할 수 없으며, 지혜로써 알 수도 없고, 언어로 표현할 수도 없으며, 대상으로서 파악할 수도 없고, 또한 애써 노력한다고 해도 이를 수 없다.

未曾穢未曾淨 未曾喧未曾寂. 未曾少未曾老 無方所無內外. 無數量無形相 無色象無音聲. 不可覓不可求 不可以智慧識. 不可以言語取 不可以境物會. 不可以功用到.

━━ 그 자리는 지혜로도 다다를 수 없다. 지혜조차 허물이 되기 때문이다. 지혜라는 것도 번뇌를 없애기 위해 잠시 빌려온 약일 뿐이지, 본래는 병도 약도 없는 것이다. 본래 그림자도 없는 것이지만, 그림자를 실제로 여기는 사람에게 짐짓 없앨 수 있는 수단을 보여준 것이다.

그림자가 없어진 뒤에는 수단까지 버리도록 기회를 제공했음에도, 사람들은 쉽게 내려놓지 못한다. 이것이 경계는 벗어났어도 마음에 집착하여 매달려 있다고 하는 것이다.

모든 불보살과 일체의 꿈틀거리는 벌레까지도 이 대열반의 성품을 똑같이 지니고 있다. 이 성품이 곧 마음이고, 마음이 곧 부처이며, 부처가 곧 법이다. 한생각 참됨을 여의면 모두 망상이 된다. 마음으로써 다시 마음을 구하지 말고, 부처를 가지고 다시 부처를 구하지 말 것이며, 법을 가지고 다시 법을 구하지 마라. 그러므로 도를 배우는 사람은 당장에 무심하여 묵연히 계합할 뿐, 마음으로 헤아리면 곧 어긋난다.

諸佛菩薩 與一切蠢動含靈 同此大涅槃性. 性即是心 心即是佛 佛即是法. 一念離眞 皆爲妄想. 不可以心 更求於心 不可以佛 更求於佛 不可以法 更求於法. 故 學道人 直下無心 默契而已 擬心即差.

━━ 알면 저절로 이렇게 되지만, 모르면서 이렇게 되려고 하는 것은 어리석음을 부른다. 어떻게 해야 이렇게 될 수 있는지 그 방법을 모르다 보니, 이치를 배워서 이해한 대로 받아들이고 머물게 되는 것이다.

마음에서 마음으로 전하는 이것이 정견이니, 밖으로 경계를 좇으면서 그것을 마음이라고 잘못 알지 않도록 조심해야 한다. 이것은 도둑을 자식으로 잘못 아는 것과 같다.

以心傳心 此爲正見. 愼勿向外逐境 認境爲心. 是 認賊爲子.

■■■ 전해야 할 어떤 마음이 있어서 주고받는 것이 아니라, 주되 준 바 없이 주고, 받되 받은 바 없이 받은 것이다. 주고받는 모습이 눈에 보이는 것이 아니다. 일체 모든 대대待對가 끊어진, 절대평등의 경지에서 일련의 일들을 소화해야 한다.

탐·진·치가 있기에 계·정·혜를 세워 말씀하신 것이다.
애초부터 번뇌가 없다면 깨달음인들 어디 있겠는가?

爲有貪嗔癡 即立戒定慧. 本無煩惱 焉有菩提.

━━ 탐·진·치 삼독三毒이 곧 계·정·혜 삼학三學의 다른
모습이다. 본래는 제도해야 할 모습이 따로 없지만, 제도해
야 할 무언가가 있다는 것을 전제로 한 말이다.

　　방편으로 제도할 것을 전제로 단계를 시설해서 근본문제
를 해결하게 하려는 것이다.

그러므로 조사께서 말씀하시기를, "부처님께서 일체 법을 말씀하신 것은 일체의 마음을 없애기 위함이다. 나에게 일체의 마음이 없거늘, 일체 법이 무슨 소용이 있겠는가?" 하셨다. 본래 청정한 부처 위에 다시 한 물건도 덧붙이지 마라.

故 祖師云. 佛說一切法 爲除一切心. 我無一切心 何用一切法. 本源清淨佛上 更不着一物.

━━ 아무리 덧붙이지 말아야 한다고 일러줘도, 중생은 자기도 모르게 자꾸 덧붙이려 한다. 덧붙이든 덧붙이지 않든 모두 소화하고 넘어갈 수 있을 정도가 되면, 그 어떤 변화가 와도 허공과 같이 수용할 수 있을 것이다.

그렇지 않다면, 조그마한 가시가 박혀도 견디지 못하고 뒤집어질 것이다. 그래서 공부는 선지식의 지남指南 아래 도반들과 함께해야 한다고 하는 것이다.

이것은 마치 허공에 수없이 진귀한 보배를 장엄할지라도, 마침내 유지할 수 없는 것과 같다. 불성도 허공과 같아서 비록 무량한 공덕과 지혜로써 장엄한다 하더라도 끝내 머무를 수 없는 것이다. 다만 본성에 미혹하여 더더욱 보지 못할 뿐이다.

譬如虛空 雖以無量珍寶莊嚴 終不能住 佛性. 同虛空 雖以無量功德智慧 莊嚴 終不能住. 但迷本性 轉不見耳.

━━ 본래 청정한 마음에 한 물건도 덧붙이지 못하는 것은 마치 아무리 귀한 보배구슬일지라도 허공에 머무르게 할 수가 없는 것과 같다. 보배구슬에 한눈팔면, 허공과 같은 본성을 보지 못하고 더 미혹될 뿐이다.

이른바 심지법문心地法門이란 만법이 이 마음에 의지하여 건립된다는 말이다. 경계를 만나면 마음이 있고, 경계가 없으면 마음도 없는 것이다. 따라서 청정한 성품 위에 경계에 대한 알음알이를 짓지 마라. 소위 정혜定慧의 비추는 작용이 역력하다는 '적적성성寂寂惺惺'이나 '견문각지見聞覺知'등의 말은 모두 경계 위에서 알음알이를 짓는 것이다. 중 · 하근기의 사람들을 위하여 설법하는 경우면 몰라도, 몸소 깨닫고자 하는 사람은 이와 같은 견해를 지어서는 안 된다.

所謂心地法門 萬法 皆依此心建立. 遇境即有 無境即無. 不可於淨性上 轉作境解. 所言定慧 鑑用 歷歷 寂寂惺惺 見聞覺知 皆是境上作解. 暫爲中下根人說 即得. 若欲親證 皆不可作如此見解.

━━ 심지법문이란 마음이 만법의 근원이라는 뜻으로, 만물이 대지에서 생성되듯 만법이 마음자리에서 생겨남을 비유해서 하신 말씀이다. 그 마음자리는 본래 청정하므로 새삼 경계에 대한 알음알이를 붙일 필요가 없다.

깨닫지도 못하고 '적적성성'이니 '견문각지'니 하는 쓸데없는 견해를 내면서 공부에 장애를 일으켜서는 안 된다.

이것은 모두 경계에 얽매인 것이다. 법이 떨어지는 곳이 있다고 한다면, 그것은 있다는 생각에 떨어진 것이다. 일체 법에 대해서 있다거나 없다는 견해를 짓지만 않으면, 곧 법을 보는 것이다.

盡是境法 有沒處 沒於有地. 但於一切法 不作有無見 即見法也.

━━ 진실된 법이란 상대를 뛰어 넘은 것이어서 있다거나 없다는 견해에 속하지 않는다.

이 양변의 견해만 여의면, 곧 법이 드러난다.

6
마음과 경계가
한결같다

9월 1일 황벽 선사께서 배휴에게 말씀하셨다.

"달마 스님께서 중국에 오신 이후로, 오로지 '한마음'만을 말씀하셨고 '한 법[一法]'만을 전하셨다. 또한 부처에서 부처로 전하실 뿐, 다른 부처를 말씀하지 않으셨다. 법에서 법으로 전하시고, 다른 법을 말씀하지 않으셨다. 법이란 설명될 수 없는 법이며 부처란 취할 수 없는 부처로서, 곧 본래 청정한 마음이다. 오직 이 하나만이 사실이고, 나머지 상대적인 것은 진실이 아니다.

九月一日 師謂休曰. 自達摩大師到中國 唯說一心 唯傳一法. 以佛傳佛 不說餘佛. 以法傳法 不說餘法. 法卽不可說之法 佛卽不可取之佛. 乃是本源清淨心也. 唯此一事實 餘二則非眞.

━━ 오직 마음, 법, 부처만이 진실될 뿐이다. 그것은 본래 청정한 마음이다. 나머지는 참됨이 될 수가 없다.

역대 불조께서 전등해온 법은 오직 이 마음뿐임을 분명히 알아야 한다.

반야는 지혜라는 뜻으로 이 지혜란 곧 무상無相의 본심이다. 범부는 도道에 나아가지 않고, 단지 육정六情만을 함부로 하여 육도六道를 떠돈다.

般若爲慧 此慧 即無相本心也. 凡夫 不趣道 唯恣六情 乃行六道.

■■■ 근원을 살펴볼 수 있는 힘을 반야라고 한다. 깨닫지 못한 중생은 안·이·비·설·신·의眼耳鼻舌身意에서 흘러나오는 인연을 따라 견문각지하며 무명을 두텁게 한다.

그 결과 천상·인간·아수라·축생·아귀·지옥의 육도를 윤회하게 되었다.

도를 배우는 사람이 한생각 생사를 헤아리면 곧 마구니의 길에 떨어지고, 한생각 여러 견해를 일으키면 곧바로 외도에 떨어진다. 또한 생生이 있음을 보고 멸滅하려고 하면 성문도聲聞道에 떨어지고, 생이 있음은 보지 않고 오로지 멸만 보려고 하면 연각도緣覺道에 떨어진다.

學道人 一念計生死 即落魔道. 一念起諸見 即落外道. 見有生趣其滅 即落聲聞道. 不見有生 唯見有滅 即落緣覺道.

━━ 한생각 출몰하는 모습이 있다고 하면, 성문에 떨어지는 것이다. 일어나고 사라짐을 관찰하라고 하면, 늘 생각이 일어나고 사라지는 모습을 관찰하는 것이 공부하는 것인 줄 알고 머무르기 쉽다. 이것은 성문에 떨어지는 것이다.

관법을 부정하는 것이 아니라, 머무르거나 집착하지 말라는 말이다. 수식관, 자비관, 부정관과 같은 것들이 모두 참다운 공부를 하도록 유도하기 위한 방편이다.

여기에 머무르면 대승의 눈을 뜰 수가 없다.

법은 본시 생한 것도 아니고 또한 이제 와서 멸하는 것도 아니다. 이 두 분별심을 일으키지 않고, 싫어하지도 좋아하지도 않아야 한다. 일체의 모든 법이 오직 한마음인데, 이것이 불승佛乘을 이루는 것이다. 범부는 모두 경계를 좇아 마음을 내므로, 좋고 싫음이 생긴다. 만일 경계가 없기를 바란다면 그 마음을 잊어야 하고, 마음을 잊으면 경계가 텅 비며, 경계가 비면 곧 마음이 없어진다.

法本不生 今亦無滅. 不起二見 不厭不忻. 一切諸法 唯是一心 然後 乃爲佛乘也. 凡夫 皆逐境生心 心逐忻厭. 若欲無境 當忘其心. 心忘 即境空 境空 即心滅.

━━ 《원각경》〈보안보살장〉에 이런 말이 나온다. "환幻인 몸이 멸하면 환인 마음도 멸하고, 마음이 멸하면 경계도 멸하고, 경계가 멸하면 환의 멸도 멸하고, 환의 멸도 멸하니 환이 아닌 마음은 멸하지 않는다."

하지만 이와 같은 말에 떨어져, '이 마음이 바로 그 마음과 똑같아서, 또 다른 마음을 가져다 쓸 것이 없다'는 식으로 분별하면, 연각승에 머물러 조그마한 깨달음은 얻을지언정, 큰 깨달음으로 나아갈 수 없으니 잘 살펴야 한다.

만약 마음을 잊지 않고 경계만 없애려 한다면, 경계는 없어지지 않고 어지러움만 늘어날 뿐이다. 고로 만법은 오직 마음일 뿐이며, 그 마음조차도 얻을 수 없거늘 다시 무엇을 구하겠는가?

若不忘心而但除境. 境不可除 祇益紛擾. 故 萬法 唯心 心亦 不可得 復何求哉.

━━ 일체 만법이 다 마음으로 인연해서 만들어졌기 때문에, 마음을 떠나서 만들어진 것이란 있을 수 없다.

홀연히 댓돌 맞듯 맷돌 맞듯[築著磕著] 계합할 때, 얻고 못 얻고 할 것이 본래 없었음을 알게 될 것이다.

그런데 깨달았다 하더라도 확실하지 않거나 자칫 경계에 집착하면 공부에 방해가 된다.

그렇지만 이와 같은 방해도 공부를 했기 때문에 나타나는 것이다.

반야를 배우는 사람은 얻을 수 있는 그 어떤 법도 없는 줄 알기에, 삼승三乘에는 뜻이 끊어지고 오직 하나의 진실만 남는다. 증득할 것이 없는데도, '나는 능히 증득하여 얻었다'고 한다면 모두 증상만增上慢을 내는 사람이다.

學般若人 不見有一法可得. 絶意三乘 唯一眞實. 不可證得 謂我能證能得 皆增上慢人.

━━ 방편으로 깨달음을 드러내는 것은 그때의 일이지만, 반짝하는 경계를 보고 도를 깨쳤다고 하면 다 증상만을 내는 것이다. 공부인은 서푼어치도 안 되는 것에 머물지 말고, 그어떤 경계라도 모두 내려놓아야 한다. 지금까지 흘러왔듯이 앞으로도 시간을 보내다 보면, 변화는 자연스럽게 수용된다.

그러므로 공연히 생각을 불러일으켜, 변화를 만들어서는 안 된다. 특히 조그마한 이익을 얻은 것 가지고, 나와 상대의 인연을 살피지도 않은 채, 억지로 가르치려고 하는 것은 위험하다.

특히 선禪공부하는 사람에게는 금물이다. 큰 믿음을 바탕으로 그저 흘러가도록 내버려두어 세월 따라 변화하는 것을 수용하면, 다른 사람과 이익을 나누려 하지 않아도 자연스럽게 이익을 줄 수 있게 된다.

《법화경》 회상에서 옷을 떨치고 떠나간 사람들이 모두 이러한 무리들이다.

法華會上 拂衣而去者 皆斯徒也.

▬▬ 영산회상에서 부처님 말씀을 소화한 사람들은 그 가르침에 희열을 느끼면서 동참하였지만, 그렇지 못한 성문 제자들은 일어서서 나갔다. 그런 귀한 기회를 만나고도 동참하지 못한 것이다. 불법을 소화할 수 있는 눈을 가졌다면 영산회상에 머물 수 있지만, 혜안에 머물러 불법을 눈뜨지 못한 입장에서는 소화가 안 되기 때문에 스스로 떠난 것이다.

그러므로 부처님께서는 '내가 보리[無上正等覺]에 있어서 실로 얻었다 할 것이 없다'고 하셨으니, 그저 묵묵히 계합할 따름이다.

故 佛言 我於菩提 實無所得 默契而已.

■■■ '본래열반'이다, '본래무심'이다, '평상심이 도다'라는 말들을 소화했다는 뜻이다. 이와 같은 입장을 바르게 이해한 것을 '중도 정견'의 눈을 떴다고 하는 것이다.

돈오하면 중도를 쉽게 이해할 수 있다.

범부 중생들은 임종 시에 다만 오온五蘊이 공하고 사대四大는 무아임을 본다. 그러나 진심은 모양이 없어서[無相], 가지도 않고 오지도 않는다. 태어났다고 해서 성품이 오는 것이 아니고, 죽었다고 해서 성품이 가는 것이 아니다. 담연湛然하고 원적圓寂해서 마음과 경계가 한결같다[一如]. 다만 이와 같이 단박에 깨친다면, 삼세에 얽매이지 않고 세간을 뛰어넘은 사람이 될 것이다.

凡人 臨欲終時 但觀五蘊皆空 四大無我. 眞心無相 不去不來. 生時 性亦不來 死時 性亦不去. 湛然圓寂 心境一如. 但能如 是 直下頓了. 不爲三世所拘繫 便是出世人也.

━━ 오온과 사대는 인연 따라 생겼다가 사라지는 구름과 같다. 그러나 성품은 허공과 같아서 구름이 일어났다고 같이 일어나는 것도 아니고, 구름이 사라졌다고 같이 사라지는 것도 아니다. 늘 담연하고 원적하며 불생불멸이다.

그리고 세간을 뛰어넘은 이라고 한다면, 불성佛性을 철견徹見해야 다시는 속지도, 속이지도 않게 된다.

간절히 바라건대 털끝만큼이라도 다가가려고 해서는 안 된다.

切不得有分毫趣向.

━━ 완벽함 그 자체이기 때문에 방소方所가 없다. '어느 방향으로 나아가야 한다'는 것은 미혹한 사람들을 위해 짐짓 하는 말이다. 실로 주관도 객관도 없는 줄 알면, 그저 흔적 없이 정진하며 오직 한마음이 분명할 뿐이다.

만일 모든 부처님께서 맞이해주시는 것 같은 가지가지 신기한 모습을 보게 될지라도, 또한 따라가는 마음이 없어야 한다. 만약 가지가지 나쁜 모양들이 나타날지라도, 역시 두려운 마음이 없어야 한다. 다만 스스로 마음을 잊고 법계와 같아지면 바로 자재自在를 얻은 것이니, 이것이 곧 요긴한 대목이다."

若見善相 諸佛來迎 及種種現前 亦無心隨去. 若見惡相種種現前 亦無心怖畏. 但自忘心 同於法界. 便得自在 此即是要節也.

━━ 구름의 모양이 어떻게 변하든지, 그 바탕은 허공이 분명하여 그림자에 속을 일이 없다.

여기서 '자재'란 신통을 말하는 것이 아니다. 천안天眼의 어리석은 수준에서 말하는 것이 신통이다. 본래 다 구축되어 있는 것인데, 생각을 일으켜 그런 업을 익히면 욕심이 생긴다.

상대가 나를 높이고 거기에 우쭐해지는 것은 제바달다의 경우에 잘 나타나 있다. 제바달다가 마치 부처님을 넘어서는 것처럼 신통을 부리니, 아직 깊은 뜻을 알지 못하는 성문 제자들은 그 모습에 휘둘려 자기도 모르는 사이에 속아 넘어갔다. 이렇게 스스로도 속고, 남도 속이게 되는 것이다.

7
일승의
참된 법

10월 8일 대사께서 배휴에게 말씀하셨다.

十月八日 師謂休曰.

━━ 배휴 거사는 황벽 스님을 한 달에 한 번 정도 찾아간 것 같다. 한 나라의 상공임에도 큰 신심이 있다 보니, 찾아가서 법을 묻고 가르침을 받을 수 있었던 것이다.

그 덕분에 황벽 스님의 가르침이 기록으로 남아 오늘날 우리에게까지 참고가 되고 있다.

"화성化城이란 이승二乘 및 십지十地·등각等覺·묘각妙覺을 말한 것이다. 이것은 모두 중생을 이끌어주기 위한 방편으로 세운 가르침이므로 화성이라 한다.

言化城者 二乘及十地等覺妙覺. 皆是權立接引之教 並爲化城.

━━ 성문·연각·벽지불·십지보살·등각·묘각 등이 전부 법신의 화현으로, 대각을 이룬 완벽한 입장이 아니면 열반이 아니라는 말이다.

또한 '보배로운 장소[寶所]'란 진심眞心, 본불本佛이며, 자기 성품의 보배를 말한다. 이 보배는 사량 분별에 속하지 않으니, 그 자리에는 아무것도 세울 수 없다.

言寶所者 及眞心本佛 自性之寶 此寶. 不屬情量 不可建立.

━━ 법은 만들어지거나 없어지는 것이 아니다. 본래 완벽하기 때문에, 무엇을 따로 세우는 순간 어지러워진다.

마치 허공에 아무것도 세울 수가 없는 것과 같다.

'보배의 장소'에는 부처도 없고 중생도 없으며 주관도 없고 객관도 없는데, 어느 곳에 성城이 있겠느냐? 만약 '이곳이 이미 화성化城이라면, 어느 곳이 보배의 장소인가?' 하고 묻는다면, 보배의 장소는 가리킬 수 없다. 가리킨다면 곧 방위와 처소가 있게 되므로, 참으로 보배의 장소가 될 수 없는 것이다. 그래서 고인께서 말씀하시기를, '가까이 있다'고만 했을 뿐이다. 그 거리가 얼마라고 정해서 말할 수 없으니, 오로지 당체에 계합할 뿐이다.

無佛無眾生 無能無所 何處有城. 若問此旣是化城 何處 爲寶所. 寶所 不可指 指即有方所 非眞寶所也. 故云 在近而已. 不可定量言之 但當體 會契之 即是.

■■ 가까이 있다고 하지만, 멀고 가까움이 없는 가까움이다. 동시에 멀다면 우주보다도 멀고, 가깝다면 눈[眼]보다도 가깝다. "자기 안에 있다"고 전해 들었어도, 이치로만 알고 실제로 알지 못한다면, 자기도 모르게 찾고 구하게 된다.

이미 완벽하게 구축된 사실을 알면, 찾고 말고의 일이 아니다. 만일 그렇지 못하면, '찾아야 한다'는 어지러움을 범할 수밖에 없다.

천제闡提란 믿음이 갖추어지지 않은 사람이다. 육도의 모든 중생들과 이승二乘들은 불과佛果가 있음을 믿지 않으니, 그들을 모두 선근善根이 끊긴 천제라 한다.

言闡提者 信不具也. 一切六道衆生 乃至二乘 不信有佛果. 皆謂之斷善根闡提.

■■■ '일천제一闡提는 성불하지 못한다'는 말도 있지만,《열반경》에서는 일천제도 종국에는 성불한다고 했다. 천제는 "우리가 아무리 애쓰고 노력해도 부처가 될 수 없다"고 하며 인과를 믿지 않는다. '누구나 부처가 될 수 있는 원인을 갖고 있다'는 믿음이 철두철미한 계합을 통해 형성되어야 하는데, 천제는 이러한 믿음이 없다.

보살은 불법이 있음을 굳게 믿고, 대승과 소승을 차별하지 않으며, 부처와 중생을 같은 법성法性으로 본다. 이들을 가리켜 '선근이 있는 천제'라 한다. 대개 부처님의 설법을 듣고 깨달은 사람을 성문聲聞이라 하고, 인연을 관찰하여 깨달은 사람을 연각緣覺이라 한다. 그러나 자기 마음에서 깨닫지 못한다면, 비록 부처가 된다 하더라도 역시 성문불이라 한다. 도를 배우는 사람들이 대개 법法에 있어서는 깨닫는 것이 많으나, 마음[心]에 있어서는 깨닫지 못하고 있다. 이렇게 하면 비록 영겁 동안 수행을 한다 해도, 마침내 본래의 부처가 될 수는 없다.

菩薩者 深信有佛法 不見有大乘小乘. 佛與衆生 同一法性 乃謂之善根闡提. 大抵因聲教而悟者 謂之聲聞. 觀因緣而悟者 謂之緣覺. 若不向自心中悟 雖至成佛 亦謂之聲聞佛. 學道人 多於教法上 悟 不於心法上 悟. 雖歷劫修行 終不是本佛.

■■■ 대상으로서의 법을 아무리 많이 알아도 본래 구족한 이 마음을 깨닫지 못하면, 밖으로 향해 헐떡이는 치구심馳求心을 그칠 수 없다. 부처는 어떤 수행도 하지 않는다. 수행하고 있다면 부처가 아니다.

만약 마음에서 깨닫지 못하고 교법에서 깨닫는다면, 마음을 가벼이 여기고 가르침만 중히 여겨 '흙덩이나 쫓는 개' 꼴이 되고 말 것이다. 이것은 본마음을 잊었기 때문이다. 본래 마음에 계합하면 될 뿐, 법을 구할 필요가 없으니, 마음이 곧 법이다.

若不於心 悟 乃至於敎法上 悟. 即輕心重敎 遂成逐塊 忘於本心故. 但契本心 不用求法 心即法也.

━━ 돈오하는 순간 "이것이다!" 하는 것을 확인하면 된다. 마치 꼭지까지 말라비틀어진 것을 시절인연 따라 살짝만 건드려도 툭 떨어지는 것과 같다.

그런데 사람들은 완전히 익지 않은 상태에서 억지로 따려고 덤빈다. 그렇기 때문에 꼭지 덜 떨어진 것을 가지고 계속 흔적을 남기고 다니는 것이다.

"한나라 개는 흙덩이를 쫓고, 사자는 사람을 문다[韓盧逐塊 獅子咬人]"고 한다.

보통 사람들은 대개 경계로 인해 마음에 장애가 생기고, 현상[事]으로 인해 이치에 장애가 생긴다. 그래서 늘 경계로부터 도망쳐 마음을 편히 하고자 하고, 현상을 물리쳐 이치를 보존하고자 한다.

凡人 多爲境礙心事礙理. 常欲逃境以安心 屛事以存理.

━━━ 흔히 '눈앞에 어른거리는 경계가 다 마음을 방해하는 그림자여서, 없애버려야 내 마음이 편하고 분별을 덜 할 것이다'라고 생각하지만, 그럴수록 스스로를 조율하는 기회로 삼아야 한다. 나에게 아직도 이런 그림자가 남아 있다는 것을 각찰覺察하면 그만이다.

하지만 사람들은 '공부가 되었다면, 일어나는 생각을 없애고 끄달리지 않을 수 있어야 한다'고 생각하기 쉽다. 또 '없애려 해도 없애지 못하는 것은 공부가 안 된 것이다'라며 스스로 분별하는 경우가 허다하다. 일어나든지 일어나지 않든지 그대로 지나갈 수 있어야 하는데, 앙금이 남아서 자기도 모르게 발자국을 남기는 것이다. 이런 것들이 무명과 합쳐져서 다시 태어날 때 허물을 뒤집어쓰고 나오는 것이다.

그러나 이들은 오히려 마음이 경계를 가로막고, 이치가 현상을 흐리게 한다는 사실은 모르고 있다. 마음을 비우기만 하면 경계는 저절로 비고, 이치를 고요하게만 하면 현상은 저절로 고요해지므로, 거꾸로 마음을 쓰지 말아야 한다.

不知乃是心礙境理礙事. 但令心空 境自空 但令理寂 事自寂. 勿倒用心也.

━━━ 공부가 안 된 사람에게 이와 같은 말을 들려주면, 돈오할 생각은 하지 않고 비우는 것에 몰두한다.

그런데 공부된 사람은 생각을 내려놓거나 비우려고 하지 않는다.

사람들이 보통 마음을 비우려고 하지 않는 까닭은, 공空에 떨어질까 두렵기 때문이다. 이는 자기 마음이 본래부터 비었음을 모르는 것이다. 어리석은 사람은 경계를 없애려고 하면서도 마음은 없애지 않는다. 그러나 지혜로운 이는 마음을 없애지 경계를 없애지 않는다. 나아가 보살은 마음이 허공과 같아서 모든 것을 다 버리고 자기가 지은 복덕마저도 탐착하지 않는다.

凡人 多不肯空心 恐落於空 不知自心本空. 愚人 除事不除心. 智者 除心不除事. 菩薩 心如虛空 一切俱捨 所作福德 皆不貪着.

━━━ 보살은 무상無相의 모습으로 공부할 수 있는 인연에 나아갔기 때문에, 경계든 마음이든 다 버릴 줄 안다. 불법을 알지 못하면 보살이 공부하는 모습을 알려고 해도 엿볼 수 없다.

그래서 《법화경》에서는 부처님께서 설하시는 것을 불보살만 들을 뿐, 설사 혜안을 뜬 제자라 할지라도 아직 법안을 뜨지 못했다면 들을 수 없다. 처음부터 업식이 적고 믿음이 크면 내려놓는 순간에 그 말뜻을 이해하고 그대로 실천하지만, 그렇지 못하면 무언가 해야 할 일이 있는 줄 알고 생각을 불러일으켜 어지럽게 만든다.

그런데 이 버림에는 세 등급이 있다. '큰 버림[大捨]'은 안팎의 몸과 마음을 다 버려 허공과 같아져서 어디에도 집착하지 않은 다음에, 곳에 따라 중생에게 응하되 제도하는 주체도 제도될 대상도 모두 잊어버리는 것이다. '중간 버림[中捨]'은 한편으로 도를 행하고 덕을 펴면서 한편으로는 대가를 놓아버리고 바라는 마음이 전혀 없는 것이다. '작은 버림[小捨]'은 착한 일을 널리 행하면서 바라는 바도 있다가, 마침내 법을 듣고 공空을 알아서 집착하지 않는 것이다.

큰 버림은 밤길을 가는데 마치 등불이 바로 앞에 있는 것과 같아서, 더 미혹될 것도 깨달을 것도 없다. 중간 버림은 등불이 옆에 있는 것 같아서, 밝기도 하고 어둡기도 하다. 작은 버림은 마치 등불이 등 뒤에 있는 것 같아서, 눈앞의 구덩이나 함정을 보지 못한다.

그러므로 보살의 마음은 허공과 같아서 일체를 다 버린다. 과거의 마음을 얻을 수 없음이 과거를 버린 것이고, 현재의 마음을 얻을 수 없음이 현재를 버린 것이며, 미래의 마음을 얻을 수 없음이 미래를 버린 것이다. 이것이 이른바 삼세를 함께 버린 것이다.

然 捨有三等. 內外身心 一切俱捨 猶如虛空 無所取着. 然後

隨方應物 能所皆忘 是爲大捨. 若一辺行道布德 一辺旋捨 無
希望心 是爲中捨. 若廣修衆善 有所希望 聞法知空 遂乃不着
是爲小捨. 大捨 如火燭在前 更無迷悟. 中捨 如火燭在傍 或
明或暗. 小捨 如火燭在後 不見坑穽. 故 菩薩 心如虛空 一切
俱捨. 過去心不可得 是過去捨. 現在心不可得 是現在捨. 未
來心不可得 是未來捨. 所謂三世俱捨.

■■■ 버려서 버린 것이 아니다. 다만 취하지 않을 뿐이다.
취하고 버림을 다 놓아버렸는데, 무엇을 취하고 무엇을 버리
겠는가. 버림에도 입장 차이가 있다는 것을 보여주어, 한생
각 돌이켜 취하거나 버릴 것이 없는 근본자리, 즉 버리되 버
린 바 없음으로 나아갈 것을 권선하고 있다.

여래께서 가섭에게 법을 부촉한 이래로 마음에서 마음으로
인가하였으니, 마음과 마음이 서로 다르지 않다.

自如來付法迦葉已來 以心印心. 心心不異.

━━ 마음에서 마음으로 전했다고 하지만 전해준 것도, 전
해 받은 것도 없이 흘러온 것이다. 모양이 있어야 전해주고
전해 받을 수 있지만, 법은 그런 것이 아니다. 그렇다고 해서
없다고 할 수도 없다. 부처님께서는 그것을 철두철미하게 깨
달아 분명해졌고, 가섭존자도 부처님 만나서 깨닫고 난 뒤에
는 그 길을 분명히 봤기 때문에 법을 부촉받은 것이다.

이것을 염화미소拈花微笑라고 한다. 부처님께서 꽃을 드니
가섭이 빙그레 미소 지은 이야기에 천착하는 것은 군더더기
에 나가떨어진 것에 불과하다.

사람이 나고 죽는 것은 무언가가 있기 때문이지만, 무엇을
인연해서 그렇게 되는지에 대해 깨닫지 못하면 갈피를 잡지
못한다. 부처와 내가 조금도 다름이 없다는 사실을 철두철미
하게 알면, 마음을 전해 받았다고 할 수 있다.

허공에다 도장을 찍으면 아무런 무늬도 남지 않는다. 그렇다
고 물건에다 도장을 찍으면 법을 이루지 못한다. 그러므로 마
음에서 마음으로 찍는 것이니, 마음과 마음이 다르지 않다.
印着空 卽印不成文. 印着物 卽印不成法. 故 以心印心 心心
不異.

■■■ 도장을 안 찍는 것이 아니다. 찍긴 찍되 허공에 찍기
때문에, 아무리 변해도 변하지 않는 모습을 수용한다. 그것
은 변화했다고 할 수도 없고, 변화하지 않았다고 할 수도 없
다. 부처님의 마음이나 내가 쓰는 마음이 둘이 아니지만, 업
이 달라서 서로 다른 작용을 갖게 된 것뿐이다.

그러나 업이 있고 없고에 상관없이 늘 그러하므로, 설사
수미산 같은 업을 지었다 하더라도 한생각 돌이키는 순간,
부처님께서 깨달은 그 자리와 함께하는 것이다.

새가 하루 종일 날아도 허공에 흔적이 없듯이, 확철대오
해서 내려놓으면 그만인 것을 내려놓지 못하고 있으니, 마치
거북이가 자신의 발자국을 없애기 위해 꼬리로 쓸지만, 이
역시 흔적을 남기는 것과 같다.

도장 찍음[能印]과 도장 찍힘[所印]이 함께 계합하기란 매우 어려운 것이어서, 그것을 얻은 사람은 매우 적다.

能印所印 俱難契會故 得者少.

━━ 계합하고 말고 할 것이 없다. 구름이 아무리 나타나고 변하고 사라진다 하더라도 모두 허공을 의지해서 벌어지는 일인 것처럼, 구름은 단 한 번도 허공을 떠난 적이 없고 떠날 수도 없다.

그러나 마음은 무심을 말하는 것이고, 얻음[得]도 얻었다 할
것이 없다.

然 心即無心 得即無得.

━━ 마음 마음 하지만, 마음이라 할 것이 없다. 마음이라
할 것이 없으므로, 얻었다 할 것도 없다. 그러므로 《반야심
경》의 '이무소득고以無所得故'다. 근본 실상을 돌이켰을 때, 얻
었다고 말할 수 있는 근거와 대상이 본래 없는 것이다. 우리
의 분별하는 모습이 얻었다고 좋아하고 잃어버렸다고 싫어
하는 경계를 만들지만, 본래 성품이라고 하는 것은 얻는 것
도 잃는 것도 아니다. 그것을 투철하게 알아서 허망한 기운
에 끄달리지 않아야 한다.

부처님께는 세 가지 몸[三身]이 있다. 법신은 자성의 허통虛通한 법을, 보신은 일체 청정한 법을, 화신은 육도만행 법을 말한다.

佛有三身. 法身 說自性虛通法. 報身 說一切淸淨法. 化身 說六度萬行法.

━━ 일구一句 소식을 깨달은 입장에서 보면, 부처라는 말도 방편으로 붙인 이름인데, 부처를 나눠서 삼신사지三身四智를 말하는 것은 실로 허망한 소리다. 법신, 보신, 화신을 말할 때 흔히 달과 달빛, 달그림자에 빗대어 설명한다.

근본 실상의 모습은 온 우주 법계에 충만해서 남거나 모자람이 없기 때문에, 공연히 달 모양을 그리면서 어떤 형태가 있는 것으로 오해하면 안 된다.

법신의 설법은 언어·음성·형상·문자로써 구할 수 없다. 설하는 바도 없고 증득할 바도 없이 자성이 허통할 뿐이다.

法身說法 不可以言語音聲 形相文字而求. 無所說無所證 自性虛通而已.

━━ 법신은 온통 드러났다 해도 그렇고, 사라졌다 해도 그렇다. 과거도 그렇고, 현재도 그렇고, 미래도 그럴 뿐이다. 그런 입장에서 홀연히 움직임이 일어나 천차만별로 벌어진 것이다.

그러므로 말씀하시기를, '설할 만한 법이 없음을 설법이라 이름 한다'고 하셨다.

故曰 無法可說 是名說法.

━━ 충만한 법계 그대로가 설법을 하고 있다. 진정한 부처님의 설법이라고 하는 것은 청정한 법신자리에서 홀연히 움직임이 벌어지는 것과 같아서 달리 설법이라고 할 것이 없다. 그렇지만 어리석으면 입으로 설해야 설법인 줄 알기 때문에, 모습을 빌려서 설법하는 모양을 쓰기도 한다. 아무리 그림자를 없애주기 위해서 입을 열지라도, 결국 그것이 또 다른 그림자를 일으키는 것임을 알아야 한다.

지혜로우면 청정법신 비로자나불의 법신자리에서 화현된 일체 모든 그림자는 다 법을 설하는 모습임을 알아서 일체처 일체시에 부처님께 법공양을 올리는 것이다.

보신이나 화신은 근기에 따라 감응하여 나타나고, 설하는 법 또한 상황에 따르고 근기에 대응하여 교화하는 것이다. 따라서 이 모두는 참다운 법이 아니다. 그래서 '보신과 화신은 참된 부처가 아니며, 법을 설하는 자가 아니다'라고 하신 것이다.

報身化身 皆隨機感現. 所說法 亦隨事應根 以爲攝化 皆非眞法. 故曰 報化非眞佛 亦非說法者.

━━━ 처음에는 방편으로 삼신을 드러내서 믿음을 내게 한 다음, 보신이나 화신은 참다운 실상이 아님을 밝히면서 오직 법신 도리만을 긍정했다. 청정법신 비로자나불이라고 한 것도 어쩔 수 없이 붙인 이름에 불과한 것이다.

성품의 바다에서 어떤 변화도 비출 수 있는 힘을 가지고 살필 때, 법신이 가리키는 바를 알 수 있다.

이른바 하나의 일정명—精明이 나뉘어 육화합六和合이 된다고
하였다.

所言同是一精明 分爲六和合.

■■■ 안이비설신의. 육근이 하나에서 비롯되었다가 어리석
으면 여섯으로 나눠지는 것이다. 알면 둘 아닌 성품 자리로
돌아가지만, 모르면 나눠진 여섯을 집으로 삼아 자기도 모르
게 윤회할 뿐이다.

일정명이란 바로 한마음[一心]이요, 육화합이란 육근六根이다. 이 육근은 각기 육진六塵과 합한다. 눈은 색과, 귀는 소리와, 코는 냄새와, 혀는 맛과, 몸은 촉감과, 뜻은 법과 각각 합한다. 그런 가운데 육식六識을 내어 십팔계十八界가 된다.

一精明者 一心也 六和合者 六根也 此六根 各與塵合. 眼與色合 耳與聲合 鼻與香合 舌與味合 身與觸合. 意與法合 中間生六識 爲十八界.

■■■ 알고 보면 청정법신의 인연에 의해 합성된 그림자가 십팔계를 만들었기 때문에 모두 공한 것이다. 일체 모든 것들이 만들어지기 이전으로 돌이킬 수 있어야, 그 원인 제공자를 알 수 있다. 원인과 결과를 만들기 이전의 참다운 실상이 무엇인지 자각할 때, 일정명을 알게 된다.

만약 이 십팔계가 어디에도 존재하지 않음을 알면, 육화합이 하나로 묶이어 일정명이 된다. 일정명이란 곧 마음이다. 그런데 도를 배우는 사람들은 이것을 모두 알면서도, 일정명과 육화합에 대해 알음알이로 이해해서 마침내 법에 속박되어 본래 마음과 계합하지 못한다.

若了十八界無所有 束六和合 爲一精明. 一精明者 即心也. 學道人 皆知此 但不能免作一精明六和合解. 逐被法縛 不契本心.

━━ 이치만 따지면서 분별하는 사람은 교리는 이해했어도 계합이 안 되니, 마음에 걸리는 것이 남아 있다.

한생각 돌이켜서 상 없는 도리를 밝히면, '상'과 '상 아님'을 동시에 소화해서 어디에도 구속되지 않게 된다.

여래께서는 세간에 나타나시어 일승一乘의 참된 법을 설하셨지만, 중생들은 부처님을 믿지 않고 비방하여 고통의 바다에 빠지게 되었다.

如來現世 欲說一乘眞法則. 衆生 不信興謗 沒於苦海.

■■■ 석가모니 부처님의 육 년 고행과 사십구 년간의 쉼 없는 설법을 찬탄한다 하더라도 자기의 근본문제를 해결하지 못했다면, 이는 오히려 부처님을 비방하며 스스로를 고통의 바다에 빠트리는 줄 알아야 한다.

위대한 부처님의 대자대비한 모양에 집착하거나, 반대로 집착하지 않는다는 증상만을 지어서도 안 된다.

참다운 공부인이라면, 공부가 될수록 자신의 부족함을 알아서 더욱 겸손해지는 법이다.

그렇다고 부처님께서 전혀 말씀하시지 않는다면 설법에 인색한 분이 된다. 이는 중생을 위하여 널리 묘법을 베푸는 모습이 아니다. 그래서 방편을 세워 삼승三乘이 있음을 말씀하신 것이다.

若都不說則墮慳貪. 不爲衆生 溥捨妙道. 遂設方便 說有三乘.

━━━ 일승 도리로는 사람들이 알아듣지 못하니, 할 수 없이 중생의 근기에 맞추어 삼승을 열어 보인 것이다.

단계별로 각각의 근기에 맞는 설법을 통해서 일승 묘법으로 나아갈 수 있도록 방편을 제시하였다.

그래서 대승과 소승의 방편이 생겼고, 깨달음에도 깊고 얕음의 차이가 있게 되었으나 이것은 모두 근본법이 아니다.

乘有大小 得有淺深. 皆非本法.

▬▬▬ 깨달음 자체에 차별이 있는 것이 아니라 사람의 근기에 따라 우열이 있는 것이다.

그렇지만 완벽하게 깨달으면, 최상승까지도 쓸어버리고 유아독존할 수 있다. 실제로 그 도리가 어떤 것인지 뼈저리게 깨닫지 않고서는 이 말을 소화하기 힘들다.

그러므로 말씀하시기를, '오직 일승의 도가 있을 뿐, 나머지 이승은 참된 것이 아니다'라고 하셨다. 그러나 마침내 '일심법一心法'을 드러내지 못했기 때문에, 가섭을 불러 법좌를 함께하며 따로 언설言說을 떠난 '한마음'을 부촉하셨다.

故云 唯有一乘道 餘二則非眞. 然 終未能顯一心法故 召迦葉 同法座 別付一心 離言說法.

━━ 부처님과 가섭은 서로 주고받았지만 보여줄 수 있는 것이 아니었기에, 이것을 엿볼 수 없는 것이다.

　직접 깨달았을 때, 무엇을 주고받았는지 알게 될 것이다.

이 일맥의 법령은 따로 행해지는데, 만약 계합하여 깨달을
수 있는 사람은 즉시 불지佛地에 이른다."

此一枝法 別行. 若能契悟者 便至佛地矣.

━━ 부처님의 가르침 속에도 드러내지 않고 따로 전했는
데, 성품을 깨닫는 즉시 바로 부처라는 말이다.

8
도를 닦다

도를 닦는다는 말은 큰 눈으로 볼 때 어리석은 말이다. 도는 모습이 없기 때문에 닦을 수 있는 것이 아니다. 하지만 아직까지 공부가 무엇인지 모르는 사람에게는 도를 닦아야 한다고 말해주기도 하는데, 공부인은 어떤 말도 소화할 수 있어야 한다. 이쪽과 저쪽을 다 이해할 수 있는 안목이 필요한 것이다.

　'평상심시도平常心是道'라는 말도 일체 중생이 불성을 지니고 있다는 차원에서 보면 이해하기가 쉽다. 그렇지 못하면, 평상심이 따로 있는 것처럼 착각하고 자꾸 분별심을 일으켜서 점점 더 어지러워질 수 있다.

배휴가 물었다.

"도란 무엇이며 어떻게 수행해야 합니까?"

대사께서 대답하셨다.

"도가 무엇이기에 수행하려 하느냐?"

"그렇다면 제방의 종사가 서로 계승하여 참선하고 도를 배우는 것은 무엇 때문입니까?"

"둔근기鈍根機를 이끌어주는 말이니 의지할 것이 못 된다."

問 如何是道 如何修行. 師云 道是何物 汝欲修行. 問 諸方宗師相承 參禪學道 如何. 師云 引接鈍根人語 未可依憑.

▬▬ 도를 깨달은 배휴에게 아직 근심이 남아 있다. 황벽 스님을 만나서 몰록 돈오했는데, 그 이후 어떻게 해야 할지를 묻고 있다. 그런데 어떻게 수행해야 하느냐고 묻고 있으니, 아직도 닦아야 한다는 생각이 떨어지지 않았음을 보여준다.

도는 닦는 것이 아니라고 해서, 인과를 무시하고 마음대로 행동해도 된다는 말은 더더욱 아니다.

도는 마치 깜깜한 밤에 물을 뿌리면, 아무리 어두워도 스스로 높고 낮음에 따라 알아서 가는 것과 같다. 일부러 하려고 하거나 하지 않으려고 하는 것이 아니다.

"그것이 둔근기를 위한 말이라고 하신다면, 상근기上根機를 위해서는 무슨 법을 설하시는지요?"

"상근기라면 어디 남에게서 찾으려 하겠느냐? 저 자신도 얻지 못하거늘, 어디 구미에 맞는 법이 따로 있다고 생각하겠느냐? 경전 중에 이르기를, '법이라고 하는 법이 대체 무슨 모양이더냐?'고 한 말씀을 보지 못했느냐?"

云 此皆是引接鈍根人語 未審 接上根人 復說何法. 師云 若是 上根人 何處 更就人覓. 他自己 尙不可得 何況更別有法當情. 不見敎中 云 法法何狀.

▬ '무사자오無師自悟', 눈 연 다음에는 스스로 알아서 한다. '아라한과'만 증득해도, 스승이 될 만한 눈높이를 갖추고 있어서 이래라저래라 할 필요가 없다고 했다.

그런데 배휴는 아직까지 꼭지가 덜 떨어진 것처럼 자꾸 묻고 있다. 도는 닦아 증득하는 것이 아니다. 깨닫는 순간에 '이것을 등지고 있었구나!' 하는 것을 확인했으면, 내려놓으면 그만이다. 알고 보면 '내려놓으라'는 말도 달리 표현할 말이 없어서 갖다 붙인 어리석은 말이다.

도 닦는 것을 부정하는 것이 아니다. 부처님께서 대각大覺

에 들기 위해 부다가야에서 고행하신 것은 분명한 사실이다. 닦아서 증득해야 할 것이 있는 것처럼 드러내는 것은 그때의 인연이고, 닦음을 더하지 않는다는 것도 그때의 인연이다. 어떤 말도 소화해내지 못할 말이 없을 정도로 훤칠하면 흔들릴 것이 없다.

"그렇다면 도무지 구하여 찾을 필요가 없다는 말씀입니까?"

"그렇게만 된다면, 마음의 수고로움을 덜게 될 것이다."

"그렇다면 모든 것이 단절되어, 무無가 되지 않겠습니까?"

"누가 무가 된다고 하였으며, 또 그것이 대관절 무엇이기에 너는 찾으려 하느냐?"

云 若如此則 都不要求覓也. 師云 若與麼則省心力. 云 如是則 渾成斷絕 不可是無也. 師云 阿誰教他無 他是阿誰 你擬覓他.

▬▬ 온통 그러한 이 일외에는 또 다른 것이 있을 수 없다. 찾으면 즉시 가려지지만, 찾지 않으면 분명하다.

배휴는 생각이 단절되면 무에 떨어질까 두려워하지만, 결코 생각으로는 이 일을 파악할 수가 없다.

"이미 찾는 것을 허락하지 않으시고서는 어찌하여 그것을 끊지도 말라 하십니까?"

"찾지 않으면 바로 쉴 뿐인데, 누가 너더러 끊으라 하였느냐? 눈앞의 허공을 보아라. 어떻게 저것을 끊겠느냐?"

云 旣不許覓 何故 又言莫斷他. 師云 若不覓 便休 卽誰敎你斷. 你見目前虛空 作麽生斷他.

━━ 끊어야 할 것이 따로 있는 것으로 착각하는 것은 허물이다. 그것을 철두철미하게 알았느냐 모르느냐가 관건이다. 모른다고 해서 찾고 구하는 것도 허물이다. '도'는 이미 다 드러나 있다. 끊어 없앨 것도 없고, 찾고 구할 것도 없다.

체험한 다음에는 인연따라 흐름에 맡겨 시간을 보내는 것만 한 것이 없다.

"이 법은 곧 허공과 같다고 할 수 있습니까?"

"허공이 언제 너더러 같다거나 다르다고 말하더냐? 내 잠시 이렇게 말하니, 너는 당장 여기에 알음알이를 내는구나."

云 此法 可得便同虛空否. 師云 虛空 早晚 向你道有同有異. 我暫如此說 你便向者裡生解.

━━ 말에 끄달려서 알음알이를 낼 것 없다.

공부가 훤칠한 선지식과 함께 시간을 보내는 것은 법을 설한 바 없이 설하고 들은 바 없이 듣는 것과 같다.

부처님께서 영산회상에서 입을 빌려 《법화경》을 설했다고 한다면, 허망한 소리다. 아무 말씀을 안 하셨어도, 주변에 모인 수없이 많은 보살들이나 제자들이 법의 즐거움을 함께했다.

"사람들에게 이해시키는 것도 해서는 안 됩니까?"

"내 일찍이 너를 방해한 적은 없다. 요컨대 알음알이란 뜻[情]에 속한 것으로서, 뜻이 생기면 지혜는 막힌다."

云 應是不與人生解耶. 師云 我不曾障你. 要且解屬於情 情生則智隔.

━━ 알음알이를 내든 내지 않든, 분별할 것이 없다. 본래 알음알이가 없는 것인데, 번뇌망상과 보리열반이 둘이 아님을 이해하지 못했기에 따로 구분 짓고 어리석은 말을 하는 것이다.

잠시 인연 따라 일어난 모습에 지나지 않는 것을 없애려고 고민할 필요가 없다. 때가 되면 나타나고, 때가 되면 변하고 없어지는 것이다.

"그것에 대하여 뜻을 내지 않는 것이 옳은 것입니까?"

"뜻을 내지 않는다면, 누가 옳다고 말하겠느냐?"

云 向者裡 莫生情 是否. 師云 若不生情 阿誰道是.

━━ 하루 종일 새가 허공을 날아도 흔적이 없듯이 마음을 쓰라고 했다. 뜻을 일으키지 말라는 것이 아니다. 뜻을 일으키면 큰 바다의 성난 파도처럼, 거대한 힘으로 밀어붙일 수도 있고, 내려놓으면 언제 그랬느냐 할 정도로 흔적이 없어야 한다. 생각을 일으키면서 분별이니 분별 아니니 하고 따지는 어리석음을 지을 필요가 없다.

한생각 돌이켜보면 본래부터 여여부동如如不動한 것이다.

"스님께서는 제가 한 말씀이라도 드리기만 하면, 어찌해서 바로 '말에 떨어진다[話墮]'고 하십니까?"

"네 스스로 말을 알아듣지 못한 사람이거늘, 무슨 잘못에 떨어짐이 있겠느냐?"

問 纔向和尚處發言 爲什麽便道話墮. 師云 汝自是不解語人 有什麽墮負.

━━━ '너 스스로 알아듣지 못하는 것이 허물이지, 그 자리에 무슨 허물이 있겠어?' 하는 말이다. 말에 떨어지니, 안 떨어지니 하는 것은 배휴 자신이 분별하는 것일 뿐이다. 황벽 스님이 뭐라고 말하든, 배휴가 그 말에 사로잡혀 흔들리지만 않으면 그만이다.

그렇지만 배휴의 공부가 그만큼 익지 못했음을 드러내고 있는 것이다.

9
대승의 마음

"그렇다면 이제까지의 허다한 언설들이 모두 방편으로 대답한 것들이어서, 사람들에게 가리켜 보인 실다운 법이란 대개 없었다는 말씀입니까?"

"실다운 법이란 전도됨이 없거늘, 네 지금 묻는 곳에서 스스로 전도되고 있구나. 그러면서 무슨 실다운 법을 찾는단 말이냐?"

問 向來如許多言說 皆是抵敵語 都未曾有實法指示於人. 師云 實法 無顚倒 汝今問處 自生顚倒 覓什麽實法.

━━ 실상은 한 번도 법을 떠나서 작용한 적이 없다.
다만 스스로 보지 못하고 전도몽상하고 있는 것이다.

"묻는 곳에서 이미 스스로 전도된 것이라면, 스님께서 대답하신 곳은 어떠하십니까?"

"사물을 통해 자신을 비춰 볼지언정, 남의 일에는 상관할 것이 없다."

그러고는 다시 말씀하셨다.

"어리석은 개와도 같아서 움직이는 물건을 보기만 하면 문득 짖어대니, 바람에 흔들리는 초목과 또한 다르지 않다."

이어서 말씀하셨다.

"우리의 이 선종은 위로부터 전승되어 내려온 이래, 알음알이[知解]를 구하게 한 적은 없었다. 오로지 '도를 배우라'고 했지만, 이것도 교화하는 방편으로 한 말이다. 사실 도 또한 배울 수 없는 것으로서, 알음알이를 배우는 데 뜻을 내면 도에는 도리어 어둡게 된다.

云 旣是問處 自生顚倒 和尙答處如何. 師云 你且將物照面看 莫管他人. 又云 祇如箇癡狗相似 見物動處 便吠 風吹草木 也 不別. 又云 我此禪宗 從上相承已來 不曾敎人求知求解. 只云 學道 早是接引之詞. 然 道亦不可學 情存學解 却成迷道.

━━ 닦아야 할 도가 없거늘, 무엇을 가져 닦고 말고 하겠는가.

논리적 이해를 구하는 입장에서는 허물을 범하는 줄 모르고 지적 호기심을 충족시키는 것이 공부하는 것으로 착각하지만, 그런 것은 공부가 아니다.

황벽 스님은 하루 종일 재미가 나든, 아무 재미가 없든 오직 '본분에 계합되었느냐, 그렇지 않느냐'만을 중요하게 여길 뿐이다.

도에 일정한 방위와 처소가 없는 것을 이름 하여 대승의 마음[大乘心]이라고 한다. 이 마음은 안팎에도 중간에도 있지 않아서 실로 방위와 처소가 없다.

道無方所 名大乘心. 此心 不在內外中間 實無方所.

━━ 이렇듯 마음은 방소를 초월했고 시공 어느 곳에서도 물든 바가 없는 것이다.

분별심 때문에 진짜 귀한 것을 놓치고 산다. 한생각 돌이킨 뒤에 지혜롭게 분별하는 것은 더이상 분별심이 아니다. 하루 종일 분별했어도 분별한 바가 없다.

절대로 알음알이를 지어 사량思量으로 말해서는 안 된다. 만일 사량이 다하면, 마음에는 방위도 처소도 없다. 이 도는 천진하여 본래 이름이 없다. 다만 사람들이 미혹해서 육정육식 중에 있는 줄 알지 못하는지라, 그런 까닭으로 모든 부처님께서 나오시어 이 일을 자상히 설명하신 것이다.

第一不得作知解 只是說汝 如今情量盡處爲道. 情量若盡 心無方所. 此道天眞 本無名字. 只爲世人 不識 迷在情中. 所以諸佛 出來 說破此事.

━━ 사람들은 자꾸 찾고 구하고 헤아리기를 반복한다. 그렇게 배우고 이해는 해도, 도를 밝히지는 못한다.

그러므로 스스로 그림자를 만들고 속아 넘어가는 허망한 짓에서 벗어나지 못하는 것이다.

하루속히 눈 밝은 선지식을 만나 근본문제를 해결해야 할 것이다.

그러나 너희 모든 사람들이 깨닫지 못할까 염려하셔서 방편으로 '도'라는 이름을 세우셨으니, 이름에 얽매여서 알음알이를 내서는 안 된다.

恐汝諸人不了 權立道名. 不可守名而生解.

━━ '도'라고 하면, 다시 '도'를 따라 하면서 그림자를 만든다. 배운 대로 이해하면서, 마치 깨달은 양 착각한다.

그것은 '도'라는 생각일 뿐, 깨달음이 아니다. 돈오하는 체험 없이 이해만으로는 어떤 것도 소화하지 못한다.

그러므로 말하기를 '고기를 잡고 나면 통발을 잊어버려라!'
고 하는 것이다.

故云 得魚忘筌.

━━ 목적을 이루었으면 수단에 집착할 필요가 없다.

이미 강을 건넜는데 버리기 아까워서 뗏목을 짊어지고 가
는 것보다 어리석은 짓은 없다.

몸과 마음이 자연스러워 도에 통달하고 마음을 알게 된다.
본원에 통달했기에 사문沙門이라 부른다.

身心自然達道識心. 達本源故 號爲沙門.

━━━ 머리를 깎지 않았어도, 도를 깨치면 사문이다.

한생각 돌이켜 근본 모습을 보고, 부처와 내가 둘이 아닌
자리로 나아가는 문을 해탈문 혹은 불이문不二門이라고 한다.

이 문에 들어갔다면 사문이지, 불이문을 드나든다고 해서
사문은 아니다.

사문의 과보는 사려를 그쳐서 이루는 것이지, 배워서 얻는 것이 아니다. 그런데도 너희들은 남의 셋집 살듯, 마음을 가지고 마음을 구하면서 배워서 얻으려 하니, 대체 언제 이루겠는가? 옛 사람들은 총명하여 한마디 듣자마자 당장에 배움을 끊었다. 그래서 그분들을 '배움을 끊어 할 일이 없는 한가로운 도인'이라고 했던 것이다. 반면 지금 사람들은 한없이 알음알이를 구하고, 널리 글의 뜻을 캐면서 그것을 수행이라고 한다. 하지만 넓은 지식과 견해 때문에 도리어 장애가 된다는 사실을 알지 못하고 있다.

沙門果者 息慮而成 不從學得. 汝如今將心求心 傍他家舍 祇擬學取 有甚麼得時. 古人心利 纔聞一言 便乃絶學. 所以 喚作絶學無爲閑道人. 今時人 只欲得多知多解 廣求文義 喚作修行. 不知多知多解 翻成壅塞.

■■■ 학문적인 바탕이 뛰어난 사람이 많이 배워서 지식을 전달하고 호기심을 충족시켜주면, 세상 사람들이 그를 존경한다.

그러나 진정한 불조의 가풍을 이으려면, 세속적인 배움에 떨어져서는 안 된다는 것이다.

이는 마치 어린아이에게 젖을 많이 먹일 줄만 알지, 소화가 되는지 안 되는지 도통 모르는 것과 같다. 삼승의 수행자들은 모두 이런 무리들로서, 먹을 줄만 알고 소화시키지 못하는 자들이다. 이른바 '알음알이가 소화되지 않으면 독약이 되어, 끝내 생멸 가운데 유전한다'는 것이다. 진여 가운데는 이런 일이 전혀 일어나지 않는다. 그러므로 말씀하시기를, "우리 왕의 창고에는 이러한 칼이 없다"고 하셨다.

唯知多與兒酥乳喫 消與不消 都總不知. 三乘學道人 皆是此樣 盡名食不消者. 所謂知解不消 皆爲毒藥 盡向生滅中取. 眞如之中 都無此事. 故云 我王庫內 無如是刀.

━━ 돈오견성을 해야 알음알이를 녹일 수 있다.

일체의 드러난 형상이 본래 환幻이라는 것을 배워서 안다 해도, 스스로 체득한 경험이 없다면 착각에 불과하다. 평생을 분별하며 살아왔어도, 깨닫고 보면 알음알이는 없다.

이렇게 되었을 때, 비로소 '하되 한 바 없이 하고 사는' 무애행의 힘을 지닐 수 있다. 이것은 막행막식幕行幕食과는 차원이 다른 것이다.

만일 깨달음의 힘을 지니지 못하고 알음알이를 바탕으로 삼고 살아간다면, 생각 생각에 걸려 넘어질 수밖에 없다.

왕의 창고에는 본래 한 물건도 없다. 한 물건도 없기 때문에 만법이 거기에서 나오는 것이다.

이제껏 모아온 모든 알음알이를 깨끗이 비우고 다시 분별하지 않는다면, 그것이 곧 공여래장空如來藏이다. 이 여래장에는 한 티끌도 있을 수 없다. 이것이 곧 '유有를 부수는 법왕이 세간에 출현하신 것'이다. 또 "나는 연등불의 처소에서 조금도 얻은 법이 없었다"고 말씀하셨다. 이는 오로지 사람들로 하여금 사량과 알음알이를 비우도록 하기 위한 말씀이다. 다만 안팎으로 생각이 푹 녹아서 어디에고 의지하거나 집착함이 없다면, 이런 이가 '일 없는 사람[無事人]'이다.

從前所有一切解處. 盡須併却令空. 更無分別 即是空如來藏.
如來藏者 更無纖塵可有. 即是破有法王 出現世間.
亦云 我於燃燈佛所 無少法可得. 此語 只爲空你情量 知解 但銷鎔 表裏情盡 都無依執 是無事人.

━━━ 영가 대사의 《증도가》 첫 대목에, "배움을 끊고 할 일 없는 한가로운 도인은 망상을 없애지도 않고, 진리를 구하지도 않는다"는 구절이 나온다.

임제 선사도 '일 없는 사람[無事人]'을 강조했다. 선문에서는 푹 익어 일 없는 사람을 귀하게 여긴다.

그물 같은 삼승의 가르침은 근기에 따라 치료하는 약이어서, 편의에 따라 말씀하신 것이다. 그것은 때에 따라 임시로 시설하신 것이므로 각각 말씀이 다르다. 다만 본뜻을 요달하면 미혹되지 않을 것이다. 주의할 것은, 한 근기에게 해당되는 말씀을 가지고 글자에 얽매여 알음알이를 내지 말아야 한다. 무엇 때문에 그러한가? 실로 여래께서 법을 정해놓고 설한 바가 없기 때문이다. 우리 종문에서는 이런 방편의 일은 따지지 않으니, 다만 마음을 그칠 줄 알면 곧 쉬는 것이요, 다시 앞뒤를 생각할 필요가 없다."

三乘教網 祇是應機之藥. 隨宜所說 臨時施設 各各不同. 但能了知 即不被惑. 第一不得於一機一教邊 守文作解. 何以如此 實無有定法如來可說. 我此宗門 不論此事. 但知息心即休 更不用思前慮後.

━━ 《금강경》에 '법은 정해져 있지 않다[無有定法]'라는 가르침이 나온다. 마음이 드러나야 비로소 쉴 수 있는 것이지, 말을 배워 "나도 쉬어야지." 한다고 해서 쉬어지지 않는다. 모름지기 깨달음 없이는 소화할 수가 없다.

10

마음이
곧 부처

배휴가 물었다.

"예로부터 마음이 부처라고들 하는데, 어느 마음이 부처인지 알지 못하겠습니다."

問 從上來 皆云 卽心是佛. 未審 卽那箇心 是佛.

━━ 부처라는 고정관념이 남아 있는 물음이다.

번뇌가 곧 보리(깨달음)라는 사실을 알지 못하고, 분별심과 본심이 서로 다른 줄로 알고 있기 때문에 이와 같은 질문을 한 것이다.

대사께서 대답하셨다.

"너에게는 몇 개의 마음이 있느냐?"

"그렇다면 범부의 마음이 곧 부처입니까, 아니면 성인의 마음이 곧 부처입니까?"

師云 你有幾箇心. 云 爲復卽凡心 是佛 卽聖心 是佛.

━━ 성인의 마음과 범부의 마음이 따로 있는 것으로 착각한 질문이다. 비록 성품을 밝혔어도 미세망념의 습기를 다스리지 못하면, 내면에는 갈등이 그치지 않는다. 지금 배휴가 이런 상태에 처해 있기 때문에, 이와 같은 질문이 계속 나오고 있는 것이다.

짐짓 범하는 줄 알면서도 뒷사람을 위하는 질문을 한 것이라고 하기에는 너무 솔직한 것 같다.

배휴가 뜻을 알고 물었든지 모르고 물었든지에 관계없이 스승인 황벽에게 물어서 뒷사람들에게 전한 공덕은 실로 크다 하겠다.

"도대체 어느 곳에 범부와 성인의 마음이 있느냐?"

"방금 삼승의 가르침을 언급하면서 범부와 성인을 말씀하셨는데, 스님께서는 어찌하여 그것이 없다고 하십니까?"

師云 你何處 有凡聖心耶. 云 卽今三乘中 說有凡聖 和尙 何得言無.

━━ 배휴의 입장에서는 경전에 분명히 삼승을 말하고 범부와 성인이 구분되어 있는데, 황벽 스님이 없다고 하니 혼란스러운 것이다. 성품을 밝혔다면, 범·성이란 말은 상대적인 개념에 지나지 않는 환幻인 줄 알아야 된다.

그런데 깨달음의 힘이 약하니, 이분법적으로 나누려 한다.

"삼승의 경전에 분명 사람들에게 말씀하기를, '범부와 성인의 마음이 모두 허망하다'고 하셨다. 그런데도 너는 지금 알아듣지 못하고, 거꾸로 '유有'에 집착하고 있구나. 허망한 것을 무언가 있는 것으로 여기고 있으니, 어찌 망령되지 않겠는가? 망령되기 때문에 마음을 미혹하는 것이다. 그대가 만약 범부의 생각과 성인의 경계를 없애기만 한다면, 마음 밖에 다시 다른 부처란 없다.

師云 三乘中 分明向你道 凡聖心 是妄. 你今不解 返執爲有 將空作實. 豈不是妄 妄故迷心. 汝但除却凡情聖境 心外 更無別佛.

━━ 몰록 분명한 체험을 했지만, 성인과 범부의 마음이 같다는 것을 인정하지 못하고 있다. 확철대오하지 못했기 때문에 이와 같은 말을 하는 것이다. 설사 성품을 봤어도, 오랜 습기가 남아서 벗어나지 못하고 있다.

　돈오해서 앞뒤가 끊어진 모습을 철견해버리면, 모든 것들이 허망한 그림자에 불과하다는 것을 알아서 범부와 성인을 따로 구분하지 않는다.

달마 조사께서 서쪽에서 오시어 모든 사람이 다 부처임을 단박에 일깨워주셨다. 그런데 그대는 아직도 알지 못하여 범부와 성인에 집착하고 밖으로 내달리며, 도리어 스스로 마음을 미혹케 하는구나. 그러므로 그대 같은 사람들에게 말씀하시기를, '이 마음이 곧 부처'라고 하셨다. 한생각 망념이 일어나면, 즉시 다른 육도에 떨어진다.

祖師西來 直指一切人全體是佛. 汝今不識 執凡執聖 向外馳騁 還自迷心. 所以 向汝道 卽心是佛. 一念情生 卽墮異趣.

━━ 한생각 어지러우면 또 다른 그림자를 만들어 육도 윤회할 수밖에 없다. 일체 그림자가 셀 수 없이 만들어지고 없어지지만, 성품의 본바탕은 한 번도 뒤바뀐 적이 없다.

그것을 깨달으라고 하는 것이다. 그렇지만 깨달음이 없다면 부처님 말씀을 공부한다는 것이 오히려 더욱 깊은 수렁으로 들어가는 꼴이 되기 쉽다.

그래서 '이 마음이 곧 부처다'라는 것을 온몸으로 느끼고, 안팎을 밝게 꿰뚫어 보는 것이 중요하다.

무시 이래로 오늘과 다르지 않아, 다른 법이 없다. 그러므로
정등각正等覺을 성취했다고 하는 것이다."

無始已來 不異今日 無有異法. 故 名成等正覺.

━━ 성취해야 할 정등각이 따로 있는 것이 아니다.

'이것이다' 하는 것을 확인하는 순간, 더 이상 그림자에
끄달리지 않아야 된다. 마음이 일체 그림자를 만들어내지만,
알고 보면 한 그림자도 만든 적이 없기 때문이다.

"스님께서 말씀하신 '즉卽'이란 무슨 도리입니까?"

"그대는 무슨 도리를 찾는 것이냐? 어떤 도리라도 있다면, 곧 본래의 마음과는 어긋난다."

云 和尙所言卽者 是何道理. 師云 覓什麽道理 纔有道理 便卽心異.

━━ 마음에 즉卽하면 바로 부처다. 또 다른 부처가 있는 것으로 착각하면 안 된다. 범·성의 차별이 있을 수 없다. 부처의 성품이나 중생의 성품이 본래 둘이 아닌 것이다.

이를 깨달을 때, 또 다른 그림자에 흔들리지 않는다. 자기 중심을 가지고 늘 분명분명한 삶을 살아갈 수 있는 믿음을 성취한 자가 귀한 것이다.

범·성이라 하는 것은 업에 의해 결정되며, 깨닫고 못 깨닫고에 관계없이 업에 의해서 성인도 되고 범부도 된다. 하지만 본래 청정한 마음자리에는 성인도 없고, 범부도 없다.

"앞서 말씀하신 '무시 이래로 오늘과 다르지 않다'고 하신 것은 무슨 도리입니까?"

"단지 찾기 때문에 그대가 스스로 그것과 어긋나는 것이다. 그대가 만약 찾지 않는다면 어디에 다를 것이 있겠는가?"

云 前言無始已來 不異今日 此理如何. 師云 祇爲覓故 汝自異 他 汝若不覓 何處有異.

━━ 찾고 구하면 어긋난다. 내버려두면 그대로 흘러갈 것 인데, 무엇이 더 있다고 허망한 짓을 할 것인가.

이와 같은 법문도 돈오한 체험이 있으니 할 수가 있다. 깨 닫지 못한 사람에게 이런 말을 하면, 무기無記에 떨어지거나 자기 마음대로 해석한다. 배휴가 근본 실상을 밝혔기 때문 에, 찾고 구하지 말라는 것이다.

"이미 다르지 않다면, 굳이 '즉'이라고 하실 필요가 있습니까?"

"그대가 만약 범성을 차별하지 않는다면, 누가 그대에게 '즉'이라 말하겠는가? '즉'이 만약 '즉'이 아니라면, 마음 또한 마음이 아니다. 만일 마음과 '즉'을 모두 잊으면, 그대가 더 이상 어디로 찾아 나서겠는가?"

云 旣是不異 何更用說卽. 師云 汝若不認凡聖 阿誰向汝道卽. 卽若不卽 心亦不心. 可中 心卽 俱忘 阿你便擬向何處覓去.

━━ 처음부터 찾고 구하는 것이 없다면, '즉'이라는 말도 할 필요가 없다. 찾고 구하고 범·성을 나누는 상대를 이해시키려고 '즉'이라는 표현을 빌려왔다.

11

이심전심

배휴가 여쭈었다.

"망념이 자신의 마음을 가로막는다면, 무엇으로 망념을 쫓아야 합니까?"

問 妄能障自心 未審而今 以何遣妄.

━━ 세상 사람들은 다 이렇게 사고하고 있다.

하지만 안목을 열게 되면 망념이 본래 없다는 것을 안다. 배휴는 자기 안에서 계속 일어나는 그림자를 어떻게 해야 될지 묻고 있다.

"망념이 일어날 때, 그것을 없애려 하면 그것 또한 망념이 된다. 망념은 본래 뿌리가 없지만, 다만 분별 때문에 생긴다. 그대가 다만 범·성의 양변에 집착하지 않는다면 자연히 망념은 사라지는데, 어찌 그것을 떨쳐버리려 하는가? 털끝만큼도 의지하여 집착함이 없으면, 이것을 일컬어 '내가 두 팔을 다 버렸으니 반드시 부처를 이루리라'고 하는 것이다."

師云 起妄遣妄 亦成妄. 妄本無根 祇因分別而有. 你但於凡聖兩處 情盡 自然無妄 更擬若爲遣他. 都不得有纖毫依執 名爲我捨兩臂 必當得佛.

━━ 한생각 일으킨 것이 천차만별의 모양을 만들어냈다. 상대적인 차별을 벗어던지고 양변을 버리면, 망념은 본래 없다.

황벽 스님이 방할棒喝로 분별을 끊어줄 수도 있겠지만, 부족한 바가 없지 않기 때문에 친절하게 설명해주고 있다.

두 팔을 버리고 부처를 이룬 이야기는 《법화경》의 〈약왕보살본사품〉에 나온다.

"이미 의지하여 집착함이 없다면, 어떻게 서로 이어받습니까?"

"마음에서 마음으로 전한다."

"마음으로 서로 전한다면, 어찌 마음 또한 없다고 하십니까?"

"한 법도 얻을 수 없는 것을 마음으로 전한다고 하는 것이다. 만약 이 마음을 요달하면, 곧 마음도 없고 법도 없다."

云 旣無依執 當何相承. 師云 以心傳心. 云 若心相傳 云何言心亦無. 師云 不得一法 名爲傳心 若了此心 卽是無心無法.

━━ 이것은 유·무를 초월한 것이다. 그러면서 모양을 드러내기도 하고, 싹 쓸어서 없애버리기도 했다.

　실상에는 마음도 없고 법도 없다. 이것을 깨닫는 것이 곧 마음에서 마음으로 법을 전하는 것이다.

"마음도 법도 없다면, 어찌하여 전한다고 하십니까?"

"그대는 마음으로 전한다는 말을 듣고는, 얻을 만한 무엇이 있다고 생각하는구나. 그래서 조사께서는, '마음의 성품을 깨달을 때, 불가사의라고 할 수밖에 없다. 끝내 무소득이니, 얻을 바가 있다면 안다고 할 수 없다'고 하셨다. 만약 이 일을 그대가 알게끔 일러준다 해도, 어떻게 감당하겠느냐?"

云 若無心無法 云何名傳. 師云 汝聞道傳心 將謂有可得也. 所以 祖師云 認得心性時 可說不思議. 了了無所得 得時 不說 知. 此事 若教汝會 何堪也.

━━ 성품을 분명히 밝히면, 나머지는 힘들이지 않아도 따라온다.

그러므로 전해주고 받는 일에 어리석게 마음을 쓰지 않는다. 시간에 맡기고 지내다 보면 저절로 자기 자리를 찾아갈 것인데, 무엇을 어떻게 해보려고 하면 멀어지는 것이다.

그런데 너무 진한 업을 짓고 살아왔다면, 안목을 열었다고 하더라도 쉽지 않을 수 있다. 그동안 저지른 것에 대한 과보를 피할 수는 없기 때문이다. 몸으로 받는 것만 과보가 아니라 망념도 과보다.

이와 같은 불가사의한 것을 보다 쉽고 빠르게 깨달을 수 있게 해준 불보살님께 감사한 마음을 잊어서는 안 된다.

12
마음과
경계

알고 보면 마음도 없고 경계도 없다. '있다' '없다' 하는 개념은 우리가 만든 것이다. 실질적인 진리의 차원에서 보면, 있다고 말할 수도 없고, 없다고 말할 수도 없다.

이 일을 직접 체험해서 소화하지 않고서는 가닥을 잡을 수가 없다.

그래서 안목을 열어야 된다고 하는 것이다.

여쭈었다.

"눈앞의 허공은 경계가 아닙니까? 경계를 가리켜 마음을 보는데 어찌 없다고 하겠습니까?"

대사께서 말씀하셨다.

"어떤 마음이 너더러 경계 위에서 보게 하느냐? 설혹 볼 수 있다 하더라도 경계를 비추는 마음일 뿐이다."

問 祇如目前虛空 可不是境. 豈無指境見心乎.

師云 什麽心 敎汝向境上見. 設汝見得 只是個照境底心.

━━ 허공이라고 말하는 것 자체가 경계다. 이미 우리는 누구나 마음도 보고 있고, 허공도 보고 있고, 눈도 보고 있지만, 스스로 보지 못한다고 착각하고 있다.

한생각을 돌이켜보라. 본다고 해도 어리석고, 보지 못한다고 해도 어리석다. 개구즉착開口卽錯, 입만 열면 즉시 멀어진다. 왜 이렇게 말하는지 알면 변화하는 가운데 변화하지 않는 모습을 의연하게 본다. 눈앞에서 어떤 변화가 일어나도 휩쓸리지 않는다.

거울에 비치는 것처럼, 오랑캐가 오면 오랑캐가 나타나고 한인漢人이 오면 한인을 볼 뿐이다.

"사람이 거울에 얼굴을 비춰 볼 때처럼, 눈썹과 눈을 분명하게 볼 수 있다 하더라도 그것은 다만 영상일 뿐 그대의 본래 면목과 무슨 상관이 있겠느냐?"

如人 以鏡照面 縱然得見眉目分明. 元來祇是影像 何關汝事.

━━ 보는 것과 보이는 것은 다 환이다. 거울에 비치는 형상도 내가 아니고, 거울 속 형상을 보는 것도 내가 아니다. 하지만 '나'는 그 가운데 분명하다.

그것을 스스로 밝혀야 한다. 그 외의 일이란 다 군더더기이고 알음알이에 불과한 것이어서, 옳다 그르다 따져봤자 차별만 더할 뿐, 본래면목과는 상관이 없다.

"만일 비춤에 말미암지 않는다면, 어떻게 볼 수 있겠습니까?"

"만일 무언가에 말미암아야 한다면, 항상 의지할 그 무엇이 있어야 한다. 그렇게 해서야 언제 깨달을 수 있겠는가? 그대는 '손을 털고 그대에게 내보일 것이 아무것도 없구나. 수천 가지로 말한들 모두 헛수고로다' 하는 말을 들어보지 못했는가?"

云 若不因照 何時得見.

師云 若也涉因 常須假物 有什麼了時. 汝不見 他向汝道 撒手似君無一物 徒勞謾說數千般.

━━ 보고, 안 보고의 차원이 아닌데 분별심으로 묻는 것이다. 공부를 했어도, 알음알이가 가시처럼 붙어서 떨어지지 않는다.

천차만별로 말하지만, 알고 보면 만들어진 그림자는 다 이 속의 일이다.

"마음을 분명히 알았다면 비추면서도 실체는 없습니까?"

"아무것도 없다면 어찌 비출 수가 있겠느냐? 눈을 뻔히 뜨고 잠꼬대 같은 말을 하지 마라."

云 他若識了 照亦無物耶. 師云 若是無物 更何用照 你莫開眼 囈語去.

━━ 무언가 있기 때문에 비치는 것이다. 그것을 깨달았느냐 못 깨달았느냐, 알고 보느냐 모르고 보느냐의 차이다.

　그렇지만 알고 보는데도 계속 헷갈린다면, 세월이 약이라는 말밖에는 해줄 말이 없다. 급하게 알려고 하지 말고, 여유를 갖고 흘러가다 보면 자연스럽게 해결될 날이 올 것이다. 그것을 급하게 알려고 물으니, 황벽 스님이 답하기를, '바보처럼 시간 보내는 일만 한 것이 있겠는가' 하였다.

　경우에 따라서는 부처님의 말씀을 등지는 것처럼 보이겠지만, 실제로는 그렇지 않다. 공부인을 눈뜨게 해줄 수 있는 힘을 지닌 황벽 스님께서 막 눈뜬 배휴에게, 마치 부모가 어린아이 다루듯 가르침을 주는 모습을 잘 보여주고 있다. 배휴 또한 자식의 입장에서 어떻게 해야 자식된 도리를 잘할 수 있는지를 보여주고 있다.

13
일 없는 사람

상당하여 말씀하셨다.

"백 가지로 많이 아는 것이 '구함이 없음'만 못하다. 도인이 란 '일 없는 사람[無事人]'이어서, 실로 허다한 마음이 없고 나아가 설할 만한 도리도 없다. 더 이상 일이 없으니 흩어져 돌아가라."

上堂云 百種多知 不如無求最第一也. 道人 是無事人 實無許多般心. 亦無道理可說 無事散去.

━━ 《유마경》에 '법을 구하고자 한다면, 일체법에 구하는 바가 없어야 한다'고 했다. 달마 대사도 《이입사행론》에서 "구함이 없음의 소중함을 아는 것은 참으로 도에 이르는 관문이다. 이것이 집착을 여의는 '무소구행無所求行'이다"라고 하였다. 한편 임제 선사는 "일 없는 것이 귀한 사람이다[無事是貴人]"라고 하였다.

세월 보내는 것이 약이다. 훤하게 다 드러난 이 일 외에, 무엇이 더 있다고 그렇게 알려고 애쓰는 것인가?

지금까지 찾고 구하는 모습으로 살아오다가 시절인연 따라 단번에 변화할 수 있는 기회가 왔다면 감사한 일이다.

그렇지만 그 변화를 한꺼번에 소화하기란 쉽지 않은 일이다. 무언가 툭 터진 후 눈이 밝아지기는 했지만, 스스로 확철대오하지 못했다면, 예전 습관대로 찾고 구하게 마련이다.

이와 같은 변화를 소화할 수 있는 선지식과 함께하며 시간을 충분히 갖는다면, 자신뿐만 아니라 모두가 좋아질 것이다.

14
힘 덜리는
일

배휴가 물었다.

"어떤 것이 '속제[世諦]'입니까?"

"갈등을 설해서 무엇하겠는가? 본래 청정한 것인데, 어찌 언설을 빌려서 문답하겠는가? 다만 일체의 마음이 없는 것을 무루지無漏智라 한다.

問 如何是世諦. 師云 說葛藤作什麽. 本來淸淨 何假言說問答. 但無一切心 卽名無漏智.

━━ 보통 '일체 마음이 없어야 한다'는 말을 들으면, 사람들은 곧 '무념무상하라'는 것으로 받아들인다. 하지만 이런 말은 아직도 '하라'가 뒤에 붙어 있다. '돈오'는 노력하지 않아도 본래 무념무상한 줄 아는 것이다. 무엇인가를 배워서, 그 내용대로 해야 한다는 것은 아직도 대승에 머물러 있는 수준이다.

최상승의 수레를 타고 근기에 맞춰서 인연을 베풀 수 있다면 더 이상 좋을 것이 없을 것이다.

'속제'란 세속적인 이치를 말한다. 배휴는 세간의 도리를 가지고 질문을 하고, 황벽 스님은 출세간의 '진제眞諦'의 절대적인 입장에서 대답하고 있다.

아직 꼭지가 덜 떨어진 배휴가 아무리 답답한 질문을 하여도, 대선지식의 고구정녕한 모습을 잘 보여주고 있다.

그대가 매일의 행주좌와行住坐臥와 모든 언어활동에서 유위
법有爲法에 집착하지 않는다면, 말하고 눈 깜박이는 것 모두
에 번뇌가 없을 것이다.

汝每日行住坐臥 一切言語 但莫着有爲法. 出言瞬目 盡同無
漏.

━━━ 본래면목을 깨달으면, '노력하고 하지 않고'에 관계없
이 더러움이 본래 없다는 것을 알 것이다. 그렇지 않으면, 더
러움이 있는 것과 없는 것을 구분 짓고 분별할 수밖에 없다.
"공부를 했는데도 불구하고, 왜 내 안의 분별망상이 사라지
지 않습니까?" "작은 것에도 번번이 걸리는 내 모습은 걸릴
것 없는 마음과는 거리가 먼데, 도대체 어떻게 해야 합니
까?" 하고 묻는 모든 질문은 유위법에 집착하는 모습이다.
실상은 본래 '무위'이고, '무루'다. 본래 그렇다는 것을 깨달
아야지, 노력해서 벗어나려고 하면 삼아승지겁이 지나도 불
가능한 일이다.

지금 말법시대로 기울어지면서, 선도禪道를 배우는 대부분의 사람들은 온갖 소리와 빛깔에 집착하고 있다. 이래서야 어찌 자기 마음을 여읠 수 있겠는가? 마음이 허공 같고 마른 나무와 돌덩이처럼 되며, 또한 다 탄 재와 꺼진 불처럼 되어야 한다.

如今末法向去 多是學禪道者 皆着一切聲色. 何不與我心. 心同虛空去 如枯木石頭去 如寒灰死火去.

━━ 깨닫고 시간을 보내면, 분별은 점점 사라진다. 뭔가 자꾸 하려는 마음으로 공부하지 말고, 하되 하는 바 없이 지낼 수 있는 인연을 스스로 살펴야 한다.

　일단 근본을 확인했다면, 다 내려놓고 시간을 보내야 한다. 만일 근본을 확인하지 못했다면, 하루속히 선지식을 찾아뵙고 이 문제를 해결해야 한다.

그래야만 도에 상응할 분分이 조금이라도 있는 것이다. 만일 이와 같지 않다면, 뒷날 끝내 염라대왕에게 엄한 문책을 당할 것이다.

方有少分相應. 若不如是 他日盡被閻老子拷你在.

━━ 흔적을 남겼기 때문에 염라대왕에게 들키는 것이다. 아라한이나 벽지불만 되어도 '의생신意生身' 즉 뜻대로 태어날 수 있으며, 염라대왕이 붙들 수가 없다.

그런데 그림자가 다 사라져서 부처와 둘이 아닌 자리에서는 더 말할 나위가 없다.

그러나 그림자가 일어나는지도 모를 정도라면, 법이 무엇인지 모른 채 중생계를 떠돌아다니며 귀신놀음을 할 수밖에 없다.

그대가 다만 '있다' '없다' 하는 모든 법을 여의기만 하면, 마음이 마치 허공의 태양과 같아질 것이다. 그러면 자연히 광명을 발하여 비추려고 하지 않아도 두루 비추게 된다. 이 어찌 '힘 덜리는 일[省力事]'이 아니겠는가?

你但離却有無諸法. 心如日輪 常在虛空. 光明 自然不照而照. 不是省力底事.

━━ 내버려두면 자연스럽게 없어지는 것인데, 매달려서 일부러 없애려 드는 것이 허물이 된다.

그래서 '힘 더는 곳[省力處]'이 곧 '힘 얻는 곳[得力處]'이라고 했다.

이런 때에 이르러서는 깃들어 머물 데가 없어서, 그 행은 모든 부처님의 행이 되며 곧 '머문 바 없이 그 마음을 낸다[應無所住而生其心]'는 것이 이루어진다. 이것이 바로 그대의 청정법신이며 '아뇩보리'다.

到此之時 無棲泊處 卽是行諸佛行. 便是應無所住 而生其心. 此是你淸淨法身 名爲阿耨菩提.

━━ 아뇩다라삼먁삼보리는 무상정등정각無上正等正覺으로 최고의 완전한 깨달음이다. 이것은 배우고 익히는 것이 아니라 확철대오하는 것이다. 그때는 어느 것에도 속지 않는 힘을 얻게 된다.

가는 곳마다 진리의 당처當處이고, 하는 일마다 불행佛行이며, 마음을 일으켜도 흔적이 없다.

만약 이 뜻을 알지 못하면 많은 지식을 배워 얻고 부지런히 고행 수도하며 풀옷을 입고 나무껍질을 먹는다 하더라도, 결국 자기 마음을 모르는 것이다. 이런 것들은 모조리 삿된 수행이며, 정작 천마天魔의 권속이 되는 것이다. 이런 식으로 수행해서 무슨 이익이 있겠는가?

若不會此意 縱你學得多知 勤苦修行 草衣木食 不識自心. 盡名邪行 定作天魔眷屬. 如此修行 當復何益.

▬▬ 수없는 난행고행을 하고 다른 사람들에게 존경받는 위치에 오른다 하더라도, 도를 깨치지 못하면 헛일이다.

무상정등정각에 대한 올바른 안목이 열려야 불가능한 것도 해결할 수 있는 힘이 나온다.

그렇지 못하면 스스로도 속고, 남도 속이게 된다.

지공志公이 말하기를, '부처란 본래 자기 마음으로 짓는 것인데, 어찌 문자 가운데 구해지겠는가? 설령 그렇게 해서 삼현三賢, 사과四果, 십지만심十地滿心의 지위를 얻는다 해도, 그것은 역시 범성凡聖이라는 한계를 벗어나지 못한 것이다'라고 하였다.

志公云　佛本是自心作　那得向文字中求. 饒你學得三賢四果十地滿心. 也祇是在凡聖內坐.

■■■ 범부가 성인의 지위를 얻고 거기서 더 큰 성인으로 나아가더라도 허망한 짓에 불과하다. "성인이 되라"는 말과 "성인도 허망하다"는 말을 동시에 들었을 때, 공부가 분명하지 못한 입장에서는 혼란스러울 것이다.

하지만 공부에 힘을 얻은 사람은 어떤 말이 옳고 그른지, 더 깊고 얕은지 정확하게 구분할 수 있다.

그대는 보지 못했는가? '제행이 무상하니, 이것이 생멸법이다[諸行無常 是生滅法]'하신 말씀을. 그리고 '힘이 다한 화살은 다시 떨어지니 뜻대로 되지 않을 내생을 초래할 것이다. 어찌 무위의 실상문[無爲實相門]을 한 번에 뛰어넘어 여래지에 곧바로 들어감만 같으리오'라고도 하셨다. 아쉽게도 그대는 이 정도의 근기가 아니므로, 옛 사람이 세우신 방편문에서 널리 지해知解를 배워야 하리라.

不見道 諸行無常 是生滅法. 勢力盡箭還墜 招得來生不如意. 爭似無爲實相門 一超直入如來地. 爲你不是與麼人 須要向古人建化門 廣學知解.

━━ 배휴가 눈뜬 바가 있기 때문에, 방편문의 입장에서 지해를 익히도록 권하는 것이다. 눈뜬 체험이 없는 입장에서는 익히면 익히는 것만큼 어리석어지지만, 눈뜬 입장에서는 배우고 익힐수록 방편지가 새로워진다.

'제행이 무상하니 이것이 생멸법이다'는 《열반경》에 나오는 유명한 사구게로 일명 '설산게雪山偈' 혹은 '제행무상게'라고도 한다. 이어지는 대목은 '생멸이 멸하면, 열반 낙이다[生滅滅已 寂滅爲樂].'

그리고 이어지는 구절은 영가현각永嘉玄覺(665~713) 대사의 절창 〈증도가〉에서 인용한 것이다.

실상문이란 '일체법 그 자체가 진실한 이법理法을 현현하고 있다'는 입장을 나타낸다.

지공이 말하기를 '세간을 뛰어넘은 눈 밝은 스승을 만나지 못하면, 대승의 법약法藥을 잘못 먹게 된다'고 하였다.

志公云 不逢出世明師. 枉服大乘法藥.

━━ 공부한 후라도 모든 일을 밝게 알고 있는 눈 밝은 선지식을 만나 가르침을 청해야 한다. '이미 나도 안목을 열어 선지식이 되었는데, 따로 선지식을 구할 필요가 없다'며 증상만을 낸다면, 소위 '선지식병'에 걸리게 된다.

그러면 다시 어지러워져서 갈피를 잡지 못하고, 올바른 길로 인도받을 기회를 잃게 되는 것이다.

그대가 지금부터 행주좌와에 늘 무심無心을 닦아 오래되면, 반드시 열매를 맺을 것이다. 그대는 역량이 부족해서 단박에 뛰어넘지는 못한다. 다만 삼 년이나 오 년 혹 십 년만 지나면, 반드시 들어갈 곳을 얻어 자연히 알게 될 것이다. 그러나 그대는 이렇게 해내지 못하고, 굳이 마음을 가지고 선禪을 배우고 도를 배우려 하니, 그것이 불법과 무슨 상관이 있겠는가?

你如今一切時中行住坐臥 但學無心 久久 須實得. 爲你力量小 不能頓超. 但得三年 五年 或十年 須得箇入頭處 自然會去. 爲汝不能如是 須要將心學禪學道. 佛法 有什麽交涉.

━━━ 서두를 것 없이 믿고 기다리면 자연히 이루어진다. 조심해서 시간 보내면 오 년, 십 년 시간이 흐를수록 달라질 것인데, 믿지 않고 허망한 짓을 하므로 공부가 되었어도 병통이 생기는 것이다. 아무리 부처님의 가르침을 좇는다 해도, 생각을 일으켜서 무언가 하려고 하는 유위법은 불법과 거리가 멀 수밖에 없다.

그러므로 경에 이르기를, '여래의 설법은 모두 사람을 교화하기 위한 것이다. 이것은 마치 누런 나뭇잎을 돈이라 하여 어린아이의 울음을 그치게 하는 것과 같다'고 하였다. 따라서 법이란 결코 실다운 무엇이 있는 것이 아니다.

故云 如來所說 皆爲化人. 如將黃葉爲金 止小兒啼. 決定不實.

━━ 부처님의 말씀은 중생으로 하여금 확실히 알게 될 때까지 끌어올리기 위한 수단을 베푸신 것이다. 믿음을 잃어 중간에 그만두지 않도록 친절하게 설명해준 것이다.

이 사실을 알면, 방편에 매달려서 그것이 공부인 양 오해하지 않는다. 방편을 배우고 숙지하는 것 자체를 부정하는 것이 아니라, 수단에 집착하여 머무르며 시간 낭비하는 것을 걱정하는 것이다.

차라리 아무것도 모르는 사람이 선지식을 만나 체험한 후, 공부를 했는지 안 했는지도 모르고 시간 보내는 것이 더 빠를 수 있다.

'누런 나뭇잎' 이야기는 《열반경》에 나오는 우화다.

만약 무엇인가 얻을 것이 있다고 한다면, 그 사람은 우리 종
문宗門의 사람이 아니다. 또한 그대의 본분과도 아무런 상관
이 없다. 경에 이르되, '실로 얻을 만한 어떠한 법도 없는 것
을 아뇩보리라 한다'고 하였다. 만약 이 뜻을 알아챘다면, 불
도佛道와 마도魔道가 모두 그릇된 것임을 알게 될 것이다.

**若有實得 非我宗門下客. 且與你本體 有甚交涉. 故經云 實無
少法可得 名爲阿耨菩提. 若也會得此意 方知佛道魔道俱錯.**

■■■■ 근본자리에서 보면, 법이라는 그림자도 만들어진 것에
불과하기에 실답다고 할 수 없다. 선은 본래 완벽하게 드러
나 있는 실체를 등지고 있는 모든 이들에게 반야지혜와 무명
업식이 모두 본래 없음을 밝힘으로써, 단도직입으로 진리당
처의 핵심오의를 드러나게 한다.

그렇지만 이 사실을 알지 못하는 인연 있는 이들에게는 참
선을 통해 실질적인 수행과 깨달음의 문을 열어준다.

'불도와 마도가 모두 그릇된 것[佛道魔道俱錯]'이란 말은 보
지 화상의 《대승찬》에 나온다. "불도와 마도를 따짐은 그릇
된 것, 이 두 가지 큰 마에 걸리면 괴로움을 싫어하고 즐거
움만 구하게 된다. 생사의 근본을 깨달으면 본체가 공하거

늘, 붓다와 마구니가 어디 있으랴. 오직 망정妄情의 분별일

뿐이다."

본래 청정하며 투명하고 밝아서 모나지도 둥글지도 않으며, 크지도 작지도 않고, 길거나 짧은 형상도 없다. 번뇌도 열반도 없고, 미혹과 깨달음도 없다. 그러므로 '분명히 보라. 한 물건도 없다. 중생도 없고, 부처도 없다. 항하사 대천세계大千世界는 바다의 물거품이요, 모든 성현들은 스치는 번갯불 같다'고 한 것이다.

本來淸淨 皎皎地 無方圓無大小 無長短等相. 無漏無爲 無迷無悟. 了了見無一物 亦無人亦無佛. 大千沙界海中漚 一切聖賢 如電拂.

▬▬ 태초부터 지금까지 제행이 무상하다. 그렇지만 이 무상한 그림자가 생멸하는 바탕인 실상을 투철하게 깨달았다면, 비록 남에게 설명할 수는 없을지언정, 스스로 밝게 사무쳐 항상 여유롭고 평안하다.

모든 것이 진실한 마음만 같지 못하다. 법신은 예로부터 지금까지 부처님과 조사와 더불어 동일하여 조금도 부족함이 없다. 이런 뜻을 알아들었다면 마땅히 크게 노력해야 한다. 이번 생을 마칠 즈음에는 내쉬는 숨이 들이쉬는 숨을 보장치 못한다."

一切不如心眞實. 法身 從古至今 與佛祖一般 何處欠少一毫毛. 旣會如是意 大須努力. 盡今生去 出息 不保入息.

━━ 열심히 하는 것이 어떤 것인지는 아는 이는 안다. 모르면 열심히 한다고 하는 것이 다 저지레가 되지만, 알면 하는 바 없이 하면서 잘 살피게 된다. 알고 모르고의 차이는 천지현격이다.

그렇지만 안다고 해도, 그 수단을 베푸는 모습을 보면 그 차이를 숨길 수 없다. 정신없이 살았는지 뼈저리게 정진했는지, 중생을 위하는 모습이 그대로 드러나기 때문이다.

15
육조께서
조사가 되다

배휴가 또 물었다.

"육조께서는 경전도 읽을 줄 몰랐는데, 어떻게 법의를 전수받고 조사가 되셨습니까? 신수 상좌께서는 오백 대중의 수좌로서 교수사敎授師의 임무를 맡아 서른두 부의 경론을 강의할 수 있었는데, 왜 법의를 전수받지 못하였습니까?"

황벽 선사께서 말씀하셨다.

"신수 스님에게는 마음이 남아 있었기 때문이다. 이는 유위법으로서, 닦아서 증득하는 것이 옳다고 여긴 것이었다. 그러므로 오조께서는 육조에게 부촉하신 것이다. 당시 육조는 다만 묵묵히 계합하여 여래께서 은밀히 전하신 깊은 뜻을 체득하고 있었다. 그러므로 그분께 법을 전한 것이다."

問 六祖 不會經書 何得傳衣爲祖. 秀上座 是五百人首座 爲敎授師 講得三十二本經論 云何不傳衣. 師云 爲他有心 是有爲法 所修所證 將爲是也. 所以 五祖付六祖. 六祖 當時 祗是默契 得密授如來甚深意. 所以 付法與他.

━━ "때가 묻었으면 부지런히 털고 닦아야 한다"는 신수 스님의 게송은, 마음에 상相이 남아 있는 유위법이다.

반면에 "마음에는 본래 때 묻힐 자리가 없어서 털고 닦을 것도 없다"는 육조 스님의 게송은 무위법을 드러낸 것이다.

　그후에 육조 스님도 오조 스님 회상에서 팔 개월간 방아를 찧으며 스스로 돌이킬 시간을 가지고 난 후 "방아를 찧기는 다 찧었으나 키질만 남았습니다"라고 말했으며, 전법의 때가 이르렀음을 안 오조 스님께서 밤중에 불러 《금강경》을 설해주었다. 육조 스님은 그 자리에서 확철대오하고, "자성이 본래 청정했음을 어찌 알았겠습니까?" 하고 말했던 것이다.

그대는 듣지 못했는가? '법이란 본래 법이고 따로 법이랄 것이 없어, 법 없는 법을 법이라 한다. 이제 법 없는 법을 부촉하니, 법이니 아니니 하는 것들이 어찌 참다운 법일까 보냐?' 이 뜻을 알아야 출가자라 할 수 있고, 비로소 참다운 수행을 할 수 있을 것이다.

汝不見道 法本法無法. 無法法 亦法 今付無法時 法法何曾法. 若會此意 方名出家兒 方好修行.

■■ 교에서는 계를 받아 승단의 일원이 된 출가자에게 불법승 삼보에 귀의할 것을 가르친다.

그런데 선에서는 눈을 떠야 비로소 출가자라 할 수 있다.

설령 머리를 깎지 않고 마을에서 살더라도 안목이 열렸으면 출가자라 하는 것이다.

근본자리에서는 법이 있고 없음에 구애받지 않는다고 했는데, 하물며 계를 받고 않고에 상관하겠는가.

그렇지만 깨달음에 집착해 인연을 소중하게 여기지 않는다면, 몸을 받은 이상 인과를 한 치도 벗어나지 못할 것이다.

만약 믿지 못하겠다면, 어찌하여 도명道明 상좌가 대유령 꼭대기까지 육조를 찾아서 쫓아왔겠는가. 그때 육조께서 묻기를, '그대는 무엇을 구하러 왔는가? 옷을 구하는가, 아니면 법을 구하는가?' 하니, 도명 상좌가 '옷이 아니라 오로지 법을 위하여 왔습니다'라고 대답하였다. 육조께서 말씀하시기를 '그대는 잠시 마음을 거두고, 선악을 전혀 생각하지 말라'고 하자, 도명 상좌가 말씀을 받들었다. 그러자 육조께서 '선도 생각하지 말고 악도 생각하지 마라. 바로 이러할 때 부모가 낳기 전, 도명 상좌의 본래면목을 나에게 가져오라'고 하셨다. 도명은 이 말을 듣고 곧바로 묵연히 계합하고 문득 절하며 말씀 올리기를, '마치 물을 마셔보고 차고 따뜻함을 스스로 아는 것과 같습니다. 제가 오조 스님의 문하에서 삼십 년 동안 잘못 공부하다가, 오늘에야 비로소 지난날의 허물을 알았습니다'라고 하였다. 이에 육조께서 '그렇다'라고 하셨다. 이제 조사가 서쪽에서 오셔서, '사람의 마음을 바로 가리켜 성품을 보아 부처를 이룬다'고 하심이 언설에 있지 않음을 알 것이다.

若不信 云何明上座 走來大庾嶺頭 尋六祖. 六祖便問 汝來求何事 爲求衣 爲求法. 明上座云 不爲衣來 但爲法來. 六祖云

汝且暫時斂念 善惡 都莫思量 明 乃稟語. 六祖云 不思善不思
惡 正當與麼時 還我明上座父母未生時面目來. 明 於言下 忽
然默契 便禮拜云 如人飲水 冷煖自知. 某甲 在五祖會中 枉用
三十年工夫 今日 方省前非. 六祖云 如是. 到此之時 方知祖師
西來. 直指人心見性成佛 不在言說.

▬▬ 도명道明 상좌의 본래 이름은 혜명慧明이다. 깨달은 이
후 육조혜능 스님을 존경하는 뜻에서, 스승의 '혜' 자를 피
해 도명으로 이름을 바꾸었다. 도명은 오품 장군 출신으로
남보다 한발 앞서서 육조 스님을 쫓아왔다. 육조 스님은 이
를 보고 가사와 발우를 바위 위에 올려놓고 몸을 숨기고 있
었는데, 도명은 가사와 발우를 가져가려다가 한생각을 돌이
켜 가르침을 구한 것이다. 비록 도명이 처음부터 법을 구하
는 마음으로 노행자를 쫓아온 것이 아니였겠지만, 이 기연을
놓치지 않고 법을 청했고, 그 자리에서 계합하여 성품을 밝
히게 된 것이다.

어찌 듣지 못했는가? 아난이 가섭에게 묻기를 '세존께서 금란가사 말고 달리 전하신 법이 있습니까?' 하니, 가섭이 아난을 불렀다. 아난이 대답하자 가섭이 말하기를, '문 앞의 찰간剎竿을 꺾어버려라!'고 하였으니, 이것이 바로 조사의 표방이다. 매우 총명한 아난은 삼십 년 동안 시자로 있었지만, 다문지혜多聞智慧 때문에 부처님으로부터 '천 일 동안 배운 너의 지혜는 하루 동안 도를 닦느니만 못하다'는 꾸지람을 들었다. 만약 도를 닦지 않는다면, 물 한 방울도 소화시키기 어렵다 하리라."

豈不見 阿難 問迦葉云 世尊 傳金襴外 別傳何法. 迦葉 召阿難 阿難 應諾. 迦葉 云 倒却門前刹竿着 此便是祖師之標榜也. 甚深阿難 三十年爲侍者. 祇爲多聞智慧 被佛訶云 汝千日學慧 不如一日學道. 若不學道 滴水難消.

▬▬ 가섭은 아난이 "세존께서 전하신 법이 무엇입니까?" 하고 묻자, 이런저런 설명을 하지 않고 곧바로 "문 앞의 찰간을 꺾어버려라!"고 했다. 아난존자는 오랫동안 부처님 시자로 지내면서 수없이 법문을 들었지만, 끝내 깨치지 못했다. 부처님이 돌아가신 후에야 사형인 가섭에게 깨달음을

얻고, 마침내 이대 조사가 되었다.

배휴 거사도 황벽 스님을 인연해서 깨달았고, 돈오한 힘을 바탕으로 이런 말들을 소화할 수 있었던 것이다. 이렇듯 돈오 체험은 진실로 요긴하고 귀한 것임을 알아야 한다.

완릉록

宛　　陵　　錄

1
도는 마음의
깨달음에 있다

흔적 없이 나는 새

상공 배휴가 황벽 스님께 여쭈었다.

裴相公 問師曰.

━━━ 《전심법요》와 《완릉록》은 둘 다 황벽 스님의 말씀을 배휴가 기록한 것이다. 다만 전자는 당唐 842년에 배휴가 종릉의 관찰사로 일할 때 기록한 것이고, 후자는 6년 뒤인 848년 완릉에서 적은 것이다. 완릉은 안휘성의 성도로서, 양자강 남쪽 구릉에 위치한 교통의 요지다.

　《전심법요》에서는 질문자를 '배휴'라고 했는데, 여기 《완릉록》에서는 '상공 배휴'라고 높이고 있다. 이로 미루어보아 전자는 배휴가 직접 기록한 것이고, 후자는 옆에서 듣고 삼자가 기록한 것으로 보인다.

"산중山中의 사오백 명 대중 가운데서 몇 명이나 스님의 법을 얻었습니까?"

대사가 말씀하셨다.

"법을 얻은 사람은 그 수를 헤아릴 수 없다. 왜냐하면 도는 마음의 깨달음에 있는 것이지, 어찌 언설에 있겠느냐? 말이란 다만 어린아이를 교화하는 데 쓰일 뿐이다."

山中四五百人 幾人 得和尙法. 師云 得者 莫測其數. 何故 道在心悟 豈在言說. 言說 祗是化童蒙耳.

■■■ 우는 아이를 달래기 위해서 나뭇잎을 돈이라고 잠깐 눈가림을 하듯이, 언설도 역시 도를 깨닫게 하기 위한 장치의 일환일 뿐이다. 그러므로 언설 속에 무슨 뜻이 있는 것처럼 오해하고 착각하지 말라는 것이다.

이것은 도의 입장에서 하는 말이다. 언설 자체가 잘못되었다는 것이 아니라, 언설은 어디까지나 도를 깨닫게 하는 수단에 불과하지 목적이 될 수는 없다는 뜻이다.

'법을 얻은 사람은 그 수를 헤아릴 수 없다'는 황벽 스님의 말씀에서 가늠할 수 없는 큰 무게감이 느껴진다.

2
무심이
도

배휴가 물었다.

"어떤 것이 부처입니까?"

"마음이 곧 부처요, 무심無心이 도道다.

問 如何是佛. 師云 卽心是佛 無心是道.

▬▬ 이름 붙일 수 없는 것을 '마음'이라고 하고 있다.

이 마음이 바로 부처요, 무심이다. '무심'은 '평상심'을 말한다. 평상심이란 비록 눈앞에 드러나 있지만, 어디서 어디까지라고 한계를 말할 수 없다. 그 자리는 '이것이다!' 라고 콕 집어서 말할 수 있는 어떤 근거도 없다. 있다고 말할 수도 없고, 없다고 말할 수도 없는 마음을 '무심'이라고 부르고 있을 뿐이다. '이것이 마음이다' 하고 모습을 보인 적이 없다. 그렇다고 드러내지 않은 것도 아니다.

조사들은 "일체처일체시에 다 드러났거늘, 깨닫지 못했기 때문에 그것을 스스로 알지 못하고 있다"고 말한다.

다만 마음을 일으키고 생각을 움직여서 있고 없고, 길고 짧고, 너와 나 나아가 주체니 객체니 등의 따지는 마음만 없다면 마음이 본래로 부처요, 부처가 본래 마음이다.

但無生心動念 有無長短 彼我能所等心. 心本是佛 佛本是心.

━━ 주관과 객관의 분별하고 시비하는 대대待對가 끊어지면, 마음이 곧 부처다.

마음은 허공과 같기 때문에 말씀하시기를, '부처의 참된 법신은 허공과 같다'고 하였다.

心如虛空 所以云. 佛眞法身 猶若虛空.

━━ 마음은 허공과 같아서 언제 어떻게 만들어졌는지 알 수가 없다. 그것은 인식되어지는 입장을 넘어서 있다. 과거의 허공이나, 현재의 허공이나, 미래의 허공이나 허공의 모습은 조금도 달라진 적이 없다. 마음도 그와 같다. 허공과 같은 마음에 이런저런 언설이나 모양을 붙이려고 하다 보니, 이런 마음도 있고 저런 마음도 있는 것처럼 오해하고 착각하는 것이다. 실지 허공이나 마음 자체에 무슨 넓고 좁고, 크고 작고, 멀고 가까운 차별이 있을 수 있겠는가?

한편 허공은 마음과 똑같은 모습이지만, 마음과 달리 영지靈知라는 신령스러운 기운이 없다. 공적한 모양은 같지만, 허공은 마음과 달리 물을 뿌리면 차가운지 더운지를 구별 못한다. 그러나 마음은 차고 더운 것을 스스로 안다.

허공은 부처가 될 수 없지만, 허공과 법신은 같은 모습이므로 비유를 든 것이다.

그러니 부처를 따로 구하려 하지 마라. 구함이 있으면 모두가 고통이다.

不用別求 有求皆苦.

■■■ 마음이 부처라면, 삼라만상이 모두 마음 안에 있으므로, 따로 부처를 구하고 말고 할 것이 없다.

'부처를 깨달아야 한다. 부처가 뭔지 자각해야 한다' 하는 생각으로 뭔가를 구하려고 하는데, 그 한생각을 먼저 돌이켜야 한다. 뭔가가 있다고 생각하고 그것을 찾아 나서면, 점점 더 때를 묻히게 된다.

황벽 스님은 '본래 얻을 것이 없다'고 잘라서 말하고 있다.

설사 오랜 세월 동안 육도六度만행을 수행하여 부처의 깨달음을 얻는다 하더라도, 그것은 결코 구경究竟이 되지 못한다. 왜냐하면 그것은 인연의 조작에 속하기 때문이다.

設使恒沙劫 行六度萬行 得佛菩提 亦非究竟. 何以故 爲屬因緣造作故.

▬▬ 온갖 만행을 하더라도, 구경열반에 대한 완벽한 입장이 되지 못한다. 육도만행은 만들어진 업에 의해서 끄달려 다니는 허망한 그림자가 이렇게 변하거나 저렇게 변한 모습에 불과하다.

변하는 모습 가운데 변하지 않는 것이 있다는 사실을 자각하는 순간, 변하는 모든 것은 허망한 것이다.

인연의 조작은 유위법으로서, 《금강경》에서 말하는 꿈, 허깨비, 물거품, 그림자, 아침이슬, 번갯불과 같은 것이다.

인연이 다하면 모든 것은 무상으로 돌아가고 만다.

因緣若盡 還歸無常.

━━━ 법신은 지옥과 천상에 상관없이 늘 여여해서, 한 번도 만들어지거나 변한 적이 없다.

그렇지만 만들어진 모든 것은 변한다. 변화하는 것은 허망한 것이다.

그러므로 이르시기를 '보신과 화신은 참된 부처가 아니요, 법을 설하는 자가 아니다'라고 하였다.

所以云 報化非眞佛 亦非說法者.

▬▬ 법신·보신·화신의 삼신을 비유하자면, 법신은 달이고 보신은 달빛이며 화신은 달그림자라고 할 수 있다. 달이 있으면 달빛이 있고, 달빛에 의해서 그림자가 만들어지는 것이다. 그러므로 보신과 화신은 모두 인연 따라 만들어진 모습일 뿐, 법을 설하는 자가 아니다.

다만 자기의 마음을 알아 아상我相과 인상人相이 없으면, 본
래 그대로 부처다."

但識自心 無我無人 本來是佛.

━━ 아상과 인상이 본래 없는 것이기에, 인·아상을 끊으
려고 하면 어리석은 일이다.

없는 것을 어떻게 끊을 수 있겠는가? 인·아상이 본래 없
음을 확실하게 자각하면 자기라고 생각하는 아상, 인상, 중
생상, 수자상이 모두 그림자일 뿐이다. 인연 따라 모습을
드러낸 것에 불과한 것을 가지고, 끊어야 될 뭐가 있는 것
처럼 오해하고 착각하면 안 된다.

본래 상이 없음을 철두철미하게 알아서, 상을 없애려고
애쓰는 또 다른 어리석음을 범하지 말아야 한다.

3
마음을 쉬라

—

배휴가 물었다.

"성인의 무심은 곧 부처이지만, 범부의 무심은 공적에 빠지는 것이 아닙니까?"

問 聖人無心 卽是佛. 凡夫無心 莫沈空寂否.

━━━ 본래 무심이어서, 성인과 범부의 마음이 다르지 않다. 그런데도 이 사실을 모르는 중생은 범·성을 구별하려고 한다.

그러므로 명안종사明眼宗師는 중생의 미혹을 깨트리기 위해서 어쩔 수 없이 방편을 시설해서, 믿음을 낸 사람으로 하여금 공부할 수 있도록 기회를 제공하는 것이다.

황벽 선사께서 말씀하셨다.

"법에는 범凡·성聖의 구별이 없으며, 또한 공적에 빠지는 일
도 없다. 법은 본래 있는 것이 아니지만 없다는 견해도 내지
마라. 또한 법은 본래 없지 않으나 있다는 견해도 내지 마라.

師云 法無凡聖 亦無沈寂. 法本不有 莫作無見. 法本不無 莫
作有見.

━━ 공부한 사람은 세워야 할 법이 본래 없다는 사실을 알
고 있기 때문에, 견해를 세우는 법이 없다. 쓰되 쓰는 바 없
이 쓰는 것이다. 마음에 성인과 범부의 차이가 있을 수 없다
는 것을 안다. 성인의 마음과 범부의 마음이 따로따로 있는
것 같지만, 그것은 다만 업의 인연이 성인과 범부라는 모습
으로 나타난 것일 뿐이다.

　마음에 무슨 범·성이 있겠는가?

법이 있느니 없느니 하는 것은 모두 정식情識으로 헤아리는 견해로서, 마치 허깨비와 같다.

有之與無 盡是情見 猶如幻翳.

━━ 현상계의 차별은 다만 정식으로 헤아린 견해일 뿐이니, 더 이상 허깨비 장난에 놀아나서는 안 된다.

진정한 도의 안목을 지니게 되면, 상대적인 차별을 뛰어넘고, 세속의 이분법적인 가치관을 뛰어넘어, 불이不二의 중도로써 상대적인 가치들을 포섭한다.

그렇기 때문에 도인은 상대적 갈등에서 벗어나 평상심으로 무애자재하게 살아간다.

훌륭한 선지식 곁에서 부단히 정진하면서 늘 자기점검을 게을리해서는 안 된다.

이것이 공부인의 청복淸福인 것이다.

그러므로 말씀하시기를, '보고 듣는 것은 마치 허깨비 같고, 헤아려 아는 것이 바로 중생이다'라고 하였다.

조사 문중에 있어서는 오로지 마음을 쉬고 알음알이를 잊는 것을 논할 뿐이다.

所以云 見聞如幻翳 知覺乃衆生.

祖師門中 祇論息機忘見.

■■■ 본래 중생과 부처는 차별이 없는데, 인연 따라 허망한 마음을 가져 어리석음을 드러냈다. 중생이 본래 부처라는 사실을 깨닫게 되면, 모든 차별은 사라진다.

하루 종일 마음을 일으켜도 일으킨 바가 없음을 완벽하게 깨달으면, 시비가 끊어져 저절로 그림자에 속지 않게 된다.

그러므로 마음을 쉬어버리면 부처님의 도가 융성해지고, 분별하면 마구니가 치성해진다."

所以 忘機則佛道隆 分別則魔軍熾.

━━━ 사실 쉬어버릴 마음이란 본래 없기 때문에, 마음을 쉬라고 말할 것도 없다.

그렇지만 황벽 스님이 고구정녕하게도 완릉의 관찰사인 배휴의 눈높이에 맞춰서 이와 같은 말을 하고 있다.

4
마음이 없으니
법도 없다

———

배휴가 물었다.

"마음이 본래 부처인데, 육도만행을 다시 닦아야 합니까?"

問 心旣本來是佛 還修六度萬行否.

━━ 배휴 정승은 "마음을 밝혔어도 육도만행을 닦아야 합니까?" 하고 묻고 있다.

알음알이로는 생로병사를 해결하지 못한다는 것을 잘 알고 있으면서, 한편으로는 전에 배워서 익혀왔던 습관이 물음 속에 나타나고 있다.

"깨달음은 마음에 달려 있는 것으로 육도만행과는 상관이 없다. 육도만행이란 그저 교화의 한 방편으로서, 중생을 제도하는 변사邊事일 뿐이다.

師云 悟在於心 非關六度萬行. 六度萬行 盡是化門接物 度生邊事.

■■■ 엄밀히 말하면 육바라밀이나 보살도는 마음을 깨닫게 하는 방편인 것이다. 왜냐하면 천년만년 육도만행을 닦는다 하더라도, 다만 업을 익히는 것이기 때문이다.

깨달음은 오직 마음에 달려 있다. 깨닫지 못한 일체 행은 부수적인 말변지사일 뿐이다.

그런데 아무것도 모르는 이들에게 이와같은 소리를 하면, 전혀 이해하지 못해 입문하기도 어려워질 것이다.

그렇기 때문에 이들을 피안으로 건너가게 하기 위한 방편을 세워 공부할 수 있도록 유도하는 것이다.

깨달은 뒤에는 지식을 다 내려놓을 줄 알아야 하는데, 돈오 체험을 한 후에도 내려놓지 못하고 있음을 잘 보여주고 있다.

소위 지식은 한번 배워놓으면 알음알이가 되게 마련이다.

조금 배우면 조금 배운 대로 호기심이 생겨 더 갈증을 낸다. 많이 배우면 많이 배운 대로 써먹으려고 하니, 체득되지 않은 지식은 독이 되어 공부의 장애가 되는 것이다.

크게 깨달으면 모든 알음알이가 다 떨어지겠지만, 배휴는 아직 꼭지가 덜 떨어진 것처럼 물어온다. 이에 황벽 선사는 직격탄을 날려 앞뒤를 끊어주고 있다.

설사 보리 진여와 실제의 해탈 법신과 나아가 십지十地 사과
四果 등의 성위聖位에 도달한다 할지라도, 모두가 교화 제도
하는 방편문일 뿐 불심佛心과는 상관이 없다.

設使菩提眞如 實際解脫法身 直至十地四果聖位. 盡是度門
非關佛心.

■■■■ 모든 차제의 지위는 도하고는 거리가 멀다.

한생각 돌이켜서 부처님의 성품과 일체 중생의 성품이 전
혀 다르지 않다는 사실을 철저하게 깨달아야 한다.

그런데 꼭지가 덜 떨어지면 의심나는 것을 자꾸 묻게 된
다. 그럴 땐, 흔들리지 않는 마음을 곧추세워서 늘 어리석은
데 끄달려가는 것을 한 번에 끊어낼 수 있는 힘을 지니도록
해야 한다.

사실 물리치고 말고 할 것도 없이 내버려두면 다 지나가게
마련이다. 흰 구름이 지나가면 허공은 절로 드러나듯이.

달마 대사는 '불심'에 대해 《이입사행론》에서 "불심은 차
별이 없으므로 이름 하여 진여眞如라고 한다. 그 마음은 바꿀
수 없으므로 이름 하여 법성法性이라 한다. 그 마음은 속함이
없으므로 이름 하여 해탈이라 한다. 그 심성은 장애가 없으

므로 이름 하여 보리라고 한다. 그 심성은 적멸하므로 이름
하여 열반이라 한다"라고 했다.

마음이 곧 그대로 부처이니, 교화 제도하는 모든 방편문 가운데서 불심이 으뜸이다.

心卽是佛. 所以 一切諸度門中 佛心第一.

▬▬ 배휴는 황벽 스님을 만나자마자 깨달았지만 아직 미진한 것이 남아서 이런 질문을 자주 한다. 그래서 실상을 바로 볼 수 있도록 근본을 일러주고 있다. 황벽 선사는 배휴가 스스로 어리석어서 속고 있는 것이라고 지적해준다.

이런 질의응답의 구조는 수보리가 부처님께 질문하고 부처님께서 대답해주시는 《금강경》과도 유사하다. 《금강경》의 질의응답을 한편으로 '수보리가 다 알고 있는데도 불구하고, 짐짓 부처님께 여쭌다'고 보는 시각도 있지만, 다른 시각으로는 수보리도 배휴처럼 아직 미진한 것이 남아 있어서 부처님께 여쭙고 있다고 보는 것이다. 이렇게 되면 수보리는 배휴와 같은 입장이고, 부처님은 황벽 선사와 배대된다.

《금강경》에서 얘기하는 내용은, 비록 혜안慧眼을 열었지만 아직 상이 남아서 갈등을 일으킨 수보리가 어떻게 하면 상을 여읜 보살처럼 법안法眼을 눈뜰 수 있겠느냐고 물어오자, 부처님께서 혜안을 넘어 법안을 여는 법을 일러주고 있는 것이다.

다만 생사나 번뇌 따위의 마음만 없으면, 보리 등의 법을 쓸
필요가 없다.

但無生死煩惱等心 卽不用菩提等法.

━━━ 그 어디에도 '마음'이라고 이름 붙일 수 있는 것은 없
다. 그렇다고 마음이 없는 것도 아니다. 인연 따라서 비춰오
니, 비치는 대로 드러날 뿐이다. 선이든 악이든 또 다른 것이
든 예외는 없다.

생사나 번뇌라는 것은 본래 없다. 인연 따라 만들어진 그
림자에 불과하다. 그것을 모르고 자꾸 속아서 없애려고 애쓰
다가, 한생각 돌이켜 본래 공하다는 사실을 깨달으면 마음을
쉬게 된다. 이렇게 되면, 생사나 번뇌뿐만 아니라 열반이나
보리도 쉬게 된다. 이쪽이나 저쪽은 상대적인 것이기에 한쪽
이 멸하면 다른 쪽도 같이 멸하는 것이다.

그러므로 말씀하셨다. '부처님께서 설하신 일체의 법은 내 일체의 마음을 제도하기 위함이다. 나에게 일체의 마음이 없으니, 일체의 법이 무슨 소용인가.'

所以道 佛說一切法 度我一切心. 我無一切心 何用一切法.

━━━ 위의 말은 육조혜능 조사가 하신 말씀이다. 내게 병이 없으니, 약도 필요 없다는 말이다. 이 정도의 자신감 위에 선법禪法이 당당히 서 있는 것이다. 이런 정신을 이어서 임제 선사는 "가는 곳마다 주인이 되고, 서는 곳마다 진실된다[隨處作主 立處皆眞]"고 선언한 것이다.

선禪은 자유인이 되는 지름길을 일러주고 있다.

부처님부터 역대 조사에 이르기까지 모두 특별한 일을 논하지 않으셨다. 오직 일심一心만을 논했으며, 또한 일승一乘만을 말하셨다.

從佛至祖 並不論別事. 唯論一心 亦云一乘.

━━ 불조께선 오로지 근본 실상만을 드러냈다. '일승'을 《법화경》〈방편품〉에선 '일불승'이라고 했다. 일체 중생이 모두 성불한다는 입장에서 보면, '그 구제하는 가르침은 둘이 아니라, 오직 절대 진실한 것이다'라는 의미다.

그러므로 '시방을 두루 살펴보아도 다시 다른 승乘이 없나니, 지금 여기에 남아 있는 대중들은 곁가지와 잎이 아니라 모두 잘 익은 열매들뿐이로다'라고 말씀하셨다.

所以 十方諦求 更無餘乘. 此衆 無枝葉 唯有諸貞實.

■■■ 《법화경》에 부처님께서 제자 가운데 안목이 열린 사람들과 함께할 때, 근기 약한 이들은 모두 떠났다는 '일불승' 이야기가 나온다. 법의 눈으로 살펴야 그 본뜻과 계합하지, 범부의 안목으로 무조건 "법화경이 최고다!" 해서는 안 된다.

알음알이로는 아무리 완벽하게 이치를 밝혔다 하더라도, 임제가 얘기하는 삼구三句 법문에 지나지 않는다. 삼구 법문에서 깨달은 사람은 자기 자신도 구제 못 한다고 했다. 이구二句에서 깨달으면 인천의 스승이 될 만하지만, 그래도 결국 일구一句를 깨달아야지 불조를 능가하는 힘을 갖게 되는 것이다. 그런 힘을 가져야 비로소 일불승의 참뜻과 계합할 수가 있다.

그러나 이 뜻은 쉽게 믿기가 어렵다.

달마 대사가 이 땅에 오셔서 양梁·위魏 두 나라에 머물렀다. 오직 혜가慧可 스님 한 분만이 자기 마음을 묵묵히 믿고, 말 끝에 문득 마음이 곧 부처임을 깨달았다.

所以 此意難信.

達摩來此土 至梁魏二國. 祇有可大師一人 密信自心 言下 便 會卽心是佛.

━━ 배워서 이해하는 것만으로 공부하는 것은 한계가 있을 수밖에 없다. 실상을 믿을 수 있는 위신력을 눈떴을 때, 비로 소 믿고 말고 할 것 없이 믿을 수밖에 없는 것이다.

남인도 출신으로 중국에 건너와서 선종의 초조初祖가 되신 달마 대사는 혜가(487~593)가 찾아오자, '안심법문'을 통해 심안을 열어주었다. 달마 대사로부터 "너는 나의 골수를 얻 었다"는 말을 들은 혜가는 선종 이조가 되었다.

몸과 마음이 모두 함께 없음을 이름 하여 대도大道라고 한다. 대도는 본래 평등하기 때문에, 모든 중생들이 하나의 참 성품으로 같다는 것을 깊이 믿어야 한다.

身心俱無 是名大道. 大道本來平等. 所以 深信含生 同一眞性.

━━ 도는 형체도 없고 이름도 없다. 그것을 억지로 이름 하여 도라고 명명했을 뿐이다. 본래 평등이란 상대적인 평등이 아니라 절대 평등을 말한다. 과거 현재 미래에 관계없이 똑같은 모습을 지니고 쓰는 그 입장의 모습을 가리키는 것이다.

일체 중생은 성품을 인연해서 나타난 결과다. 성품을 여의고 만들어진 것은 하나도 없다. 그 변화한 그림자는 천변만화하지만, 변화하기 이전의 실상자리, 그 성품은 둘이 있을 수 없다. 둘 아닌 성품을 깊이 믿어야 한다. 성품을 완벽하게 자각한 입장에서 흔들림이 없는 것을 이름 하여 믿음이라고 한다.

달마 대사는 《이입사행론》에서 "이입理入이란 모든 생명체의 동일 진성眞性을 깊이 믿는 것이며, 이 진성이 번뇌에 가려져 드러나지 못하고 있음을 깨닫는 것이다"라고 했다.

마음과 성품이 본래 다르지 않나니, 성품이 곧 마음이다. 마음이 성품과 다르지 않은 사람을 일컬어 조사祖師라고 한다.

心性不異 卽性卽心. 心不異性 名之爲祖.

━━ '성품이 곧 마음이다[卽性卽心]'라는 말은 '직지인심 견성성불'을 줄인 것이다. 마음을 바로 가리켜 성품을 보게 하는 것이 선종의 기본입장으로, 마음과 성품이 계합했다면 조사가 되는 것이다.

이 조사는 '활조活祖'로서, 지금 이 자리에 활발하게 살아 숨쉬고 있는 당당한 자유인이다. 임제는 "그대들의 마음 마음이 다르지 않은 것을 일러 활조라고 한다"고 했다.

그러므로 말하기를, '심성心性을 깨달았을 때, 겨우 불가사의
라고 말할까'라고 하였다."

所以云 認得心性時 可說不思議.

━━ 이것은 서천西天의 제23조 학륵나 존자의 전법게다. 전
문은 다음과 같다.

심성을 깨달았을 때認得心性時

겨우 불가사의라고 말할까可說不思議

얻을 수 없음을 투철히 깨달으니了無可得

얻은 게 있다면 안다고 할 수 없다得時不說知

한편 같은 맥락에서 학륵나 존자의 스승인 제22조 마라나
존자의 전법게도 유명하다.

마음은 만 가지 경계 따라 나투나니心隨萬境轉

나투는 곳마다 능히 흔적이 없다轉處實能幽

흐름을 따라서 성품을 깨달으면隨流認得性

기쁨도 없고 근심도 없다無喜復無憂

5
무학

배휴가 물었다.

"부처님께서는 중생을 제도하십니까?"

대사께서 말씀하셨다.

"진실로 여래께서 제도할 중생은 없다."

問 佛度眾生否. 師云 實無眾生如來度者.

━━ 형상을 나툰 석가모니 부처님은 상을 가지고 있는 인연 있는 사람들을 제도하는 모습을 보이지만, 상을 여읜 입장에서는 제도한 바 없이 제도하는 것이다. 완벽하게 유·무를 초월하면, 제도한다는 말조차 허물이 된다.

"나[我]도 오히려 얻을 수 없는데, 나 아님[非我]이야 어찌 얻을 수 있겠는가! 부처와 중생을 모두 다 얻을 수 없다."

我尚不可得 非我 何可得. 佛與衆生 皆不可得.

■■■ 위의 말은 《유마경》의 〈입불이법문품〉에서 인용한 것이다. 《반야심경》에서 '이무소득고以無所得故'하듯이, 모든 것이 필경 '무소득'이다. 모습이 있고 없고를 초월해서 설명할 수 없는 불가사의한 일이다.

이 사실을 스스로 깨닫기 어려운 인연 있는 중생들에게, 불조께서는 지혜로운 눈으로 살필 수 있는 길을 열어주셨다. 아무것도 모르고 무명 속에서 허망한 모습을 덮어쓰고 살던 중생들에게, 한 줄기 광명을 비추어 중생심 안에 있는 광명의 불씨가 싹트도록 자비를 베푸신 것이다.

"부처님께서는 삼십이 상相을 지니셨고 또 분명히 중생을 제도하셨는데, 어찌 없다고 말씀하십니까?"

云 現有三十二相及度衆生 何得言無.

━━ 부처님께서 중생들의 눈높이에 맞춰서 자비를 베푼 것이다.

그러므로 부처님의 온갖 설법은 어리석은 중생을 위한 노파심에서 나온 방편이다.

배휴는 "부처님은 삼십이 상 팔십 종호를 갖추었으니, 중생도 모두 갖추어야지 부처가 되는 것 아닙니까? 그리고 중생을 제도해서 부처되게 해야 하는 것 아닙니까? 어떻게 스님께서는 그런 것들이 죄다 허망한 것이라고 싹 쓸어서, 그토록 자신 있게 말씀하실 수 있습니까? 그 까닭을 모르겠습니다." 하고 물은 것이다.

"경에서 말씀하시기를, '무릇 형상이 있는 것은 모두가 허망한 것이니, 만약 모든 형상이 형상 아님을 보면 곧 여래를 보리라'고 하셨다.

師云 凡所有相 皆是虛妄. 若見諸相非相 即見如來.

━━ 《금강경》의 유명한 사구게다. 배휴의 계속되는 어리석은 질문을 무시해도 되겠는데, 황벽 스님은 자상하게 응대하고 있다.

부처니 중생이니 하는 것은 모두 그대가 망령되이 지어낸 견해다. 본심을 알지 못한 탓으로, 그 같은 잘못된 견해를 일으키는 것이다.

佛與衆生 盡是汝作妄見. 只爲不識本心 謾作見解.

━━ 일체 중생이 본래부터 갖추고 있는 본심을 언어문자로 설명할 수 있는 근거는 처음부터 없었다. 그런 것을 지적知的 이해로 파악하려고 애쓰다 보니, 관념을 실체로 착각하는 폐단이 나타나는 것이다.

성품을 보면 모든 까닭을 알게 되어 말없이 계합할 것인데, 알음알이에 집착하면 잘못된 견해를 일으키게 되는 것이다.

부처라는 견해를 내는 순간 바로 부처라는 장애에 끄달리고, 중생이라는 견해를 내는 순간 중생이라는 장애에 끄달린다. 범부다 성인이다 하는 견해를 내거나 더러우니 깨끗하니 하는 등의 견해를 낸다면 모조리 그와 같은 장애를 만들고 만다.

纔作佛見 便被佛障 作眾生見 被眾生障. 作凡作聖 作淨作穢 等見 盡成其障.

━━ 한생각 일으키는 순간, 부처와 멀어진다. 알고 생각하는 것과 모르고 생각하는 것은 차이가 크다.

모든 인연을 살필 수 있는 눈을 가지고 견해를 일으키는 것은 장애가 되지 않겠지만, 허망한 소리 하면 넋 나간 짓을 하게 되어 있다.

그것들이 네 마음에 장애를 일으키기에 결국 윤회하게 된다. 이것은 마치 원숭이가 무언가를 집었다 놨다 하는 것과 같아서 쉴 수가 없다. 진정한 배움이란 모름지기 무학無學이어야 한다.

障汝心故 總成輪轉. 猶如獼猴 放一捉一 無有歇期. 一等是學 直須無學.

━━ 한생각 일으키면 또 다른 모습으로 끊임없이 전변하면서 생사가 이어진다.

이렇듯 중생이 망상을 일으키면서 잠시도 쉴 틈이 없으니, 고해에서 벗어날 기약이 없는 것이다.

'무학'이란 아라한과를 증득하여 더 이상 배우거나 수행할 것이 없는 것을 말한다.

그러나 선禪에서는 배우고 않고의 차원이 아니라, 우리의 본성은 본래 배울 것이 없다는 사실을 알아야 된다.

범부나 성인도 없고, 깨끗함이나 더러움도 없다. 크거나 작음도 없고, 번뇌도 번뇌를 없애려는 작위도 없다.

無凡無聖 無淨無垢. 無大無小 無漏無爲.

━━━ 일체 중생의 성품은 본래 이렇다는 말이다.

　그런데 이렇게 없다고 하니 이 말을 배워서, 모든 것을 없앤 뒤에 그렇게 되려고 하는 데 문제가 있다. 그렇게 되려고 하고 안 하고 관계없이 본래 그렇다는 것을 철두철미하게 믿고 투철해야 하는데, 자기 업을 들여다보면서 "이 업을 녹이고 없애야지 그렇게 되는 것 아닙니까?" 하고 망상을 핀다.

　이와 같은 것을 모두 내려놓으면 없다는 것까지도 사라지게 될 것이다.

이같이 일심一心 중에 방편으로 부지런히 장엄하는 것이다.

如是一心中 方便勤莊嚴.

━━━ 모든 모습은 시설된 것이지, 처음부터 있었던 것은 아니다. 언제나 불이의 중도실상 가운데서 인연 따라 수처작주해야 한다. 위의 말은 《범망경》에 나오는 다음 게송의 일부분이다.

응당 고요히 관찰할지니 應當靜觀察

제법의 실상은 諸法眞實相

나지도 않고 멸하지도 않는다. 不生亦不滅

영원하지도 않고 단멸하지도 않는다. 不常亦不斷

하나도 아니며 다르지도 않다. 不一亦不異

오는 것도 아니고 가는 것도 아니다. 不來亦不去

이와 같이 일심 중에 如是一心中

방편으로 부지런히 장엄하는 것이다. 方便勤莊嚴

설혹 그대가 삼승십이분교三乘十二分教를 배워 얻은 바가 있다 할지라도, 일체의 견해를 모두 버려야 한다.

聽汝學得三乘十二分教. 一切見解 總須捨却.

━━ '버려라' 하니, 이 말을 배워서 애써 버리려고 한다. 이것은 스스로 속고 있는 모습이다.

무無의 입장에서 보면 버리고 말고 할 것이 본래 없는데, 무엇을 버리고 말고 할 것인가? 이와 같은 입장에 나아가야 '버려라' 하는 말 자체를 알아듣는다. 애써 버리지 않는 것은 물론 취하려고도 하지 않는다. 취사取捨의 양변을 함께 내려놓게 된다.

삼승십이분교는 부처님의 일대一代 교설이다. 삼승은 성문승, 연각승, 보살승을 말한다. 십이분교는 석존의 교설을 내용과 형식에 따라 열두 가지로 나눈 것을 말한다.

그러므로 '가진 것을 모두 없애버리고, 오직 하나 남은 침상에 병들어 누워 있다'고 한 말은 바로 모든 견해를 일으키지 않음을 말한 것이다.

所以 除去所有 唯置一牀 寢疾而臥 祇是不起諸見.

━━━ 이 말은 유마 거사가 한 말이다. 《유마경》〈문수사리문질품〉에 나온다. 유마 거사는 가진 것에 구속당하거나 구애받지 않았다. 있고 없고에 상관없이 인연 따라서 살펴 쓴 것으로 모든 것이 허망한 것임을 드러냈다.

한 법도 가히 얻을 것이 없어서, 법의 장애를 받지 않고 삼계
와 범성凡聖의 경계를 훌쩍 벗어나야만, 비로소 세간을 벗어
난 부처라고 한다.

無一法可得 不被法障. 透脫三界凡聖境域 始得名爲出世佛.

━━ 어리석으면 '부처의 경지를 이루어야 부처가 된다'고
생각하여 부처가 되려고 애쓴다. 자꾸 차별 경계를 만들면서
스스로 발등을 찍는 것이다.

　성품을 자각한 도인들은 범부와 부처를 둘로 보지 않기 때
문에, 취하고 내려놓고를 구별하지 않고 의연하게 자기 갈
길을 갈 뿐이다.

그러므로 '허공처럼 의지할 곳 없는 데에 머리 숙입니다' 하면서 외도를 벗어난다.

所以云 稽首如空無所依 出過外道.

━━ 외도의 어리석음은 늘 허망한 짓을 한다. 또 수레를 탔어도 성문승과 연각승 같은 짓을 한다.

그리고 대승도 경우 따라서 어리석은 짓을 하므로, 일불승만을 논했다. 어떤 경우에도 분별심에 떨어지면 허망하게 될 뿐이다.

허공처럼 의지할 곳 없는 곳이란 바로 분별 시비가 끊어진 자리이다. 위의 인용구는 《유마경》의 〈불국품〉에 나오는 찬불게의 한 구절이다.

마음에 이미 차별상이 없으므로, 법 또한 차별상이 없다. 마음이 하염없으므로, 법 또한 하염없다.

만법은 모두 마음이 변화하여 나온 것이다.

心既不異 法亦不異. 心既無爲 法亦無爲. 萬法 盡由心變.

━━ 마음과 법은 둘이 아니다. 마음은 허공과 같다고 했다. 허공에는 과거 현재 미래가 없다. 마음 또한 그와 같다. 그러므로 하염없다는 것이다.

　'일체가 마음에서 비롯되었음을 깨달아야지, 변화하는 모든 일에 대해서는 시비할 까닭이 없다'라고 했다. 이 말에 속지 않아야 속이지 않게 된다.

그러므로 나의 마음이 공空하기 때문에 제법諸法이 공하며,
천 가지 만 가지가 모두 이와 같다.

所以 我心空故 諸法空 千品萬類 悉皆同.

■■ 성품을 보는 순간, "아, 제법이 본래 공했구나! 다 허망
한 것이로구나!" 하는 것을 알아야 한다. 이런 체험을 하면
완벽하게 믿으면 되는데, 분별심이 일어나 자꾸 착각하게
되고 혼란스러워지니, 다시 옛날로 돌아가버린다. 성품을
가지고 있는 것은 일체 중생이 동일하므로, 한 번 성품을 봤
으면 그만인 것이다.

그런데 또다시 봐야 될 뭐가 있는 것처럼 오해를 해서 허
망한 짓을 범하면 안 된다.

온 시방의 허공계가 같은 한마음의 본체다. 마음이란 본래 서로 다르지 않고 법 또한 다르지 않건만, 다만 그대의 견해가 같지 않으므로 차별이 생기는 것이다.

盡十方空界 同一心體. 心本不異 法亦不異. 祇爲汝見解不同 所以差別.

━━ 생각 생각이 천차만별로 옳니 그르니, 크니 작니 시비 분별하면서 온갖 허망한 그림자를 만들어낸다.

부처님께서 깨달음을 통해서 이 모든 성품이 둘이 아니라는 사실을 증명해 보였다. 그 덕분에 이 사실을 자각하고, '그렇구나!' 하는 믿음을 내게 되었다. 믿음이 끝없는 방황을 멈추게 해준다.

비유하면 모든 천인天人들이 다 보배 그릇으로 음식을 받아 먹지만, 각자의 복덕에 따라 밥의 빛깔이 다른 것과 같다.

譬如諸天 共寶器食. 隨其福德 飯色有異.

━━ 좋은 그릇에 최상의 음식을 받아 먹으면서도, 생각에 따라서 '맛있다' 하는 사람이 있고 '왜 맛이 이래?' 불평하는 사람도 있을 수 있다. 각자의 복력에 따라, 그때그때의 입장들이 다른 것이다.

육조혜능 스님은 복덕이란 상相을 가지고 짓는 모습이고, 상을 여의고 쌓는 것은 공덕이라고 했다.

위의 비유 역시 〈불국품〉의 서문에 나오는 것이다.

시방의 모든 부처님께서는 실로 작은 법도 얻은 것이 없다.
이것을 이름 하여 '아뇩보리'라 한다.

十方諸佛 實無少法可得. 名爲阿耨菩提.

━━ 불법이란, 어떤 법을 새삼 얻어서 드러낸 것이 아니라, 있는 법을 확인한 것일 뿐, 없는 무엇을 찾아서 드러낸 것이 아니다. 원래 있는 것을 스스로 분명히 확인한 것이다. "아! 이것이구나. 그렇게 허망한 데에 나도 모르게 속아서, 넋 나간 짓을 하고 살았구나. 알고 보면 그림자에 속았던 것이다. 부처의 성품과 중생의 성품이 둘이 아니었다. 둘이 아닌 성품, 그것을 깨달으라고 했구나."

아뇩다라삼먁삼보리란, 사실 늘 눈앞에 드러나 있지만, 마음의 눈을 아직 못 뜬 입장에서는 성품을 봐야지 비로소 확인할 수 있는 것이다.

그 세계는 표현할 수 없기에 '불가사의'라고 했다.

오로지 일심일 뿐, 실로 다른 차별상이 없다. 또한 광채도 없고 우열도 없다.

祇是一心 實無異相. 亦無光彩 亦無勝負.

▄▄▄ 허공은 광채가 없다. 밝음이 오면 밝아지고 어둠이 오면 어두워질 뿐이다.

석가모니 부처님께서 새벽별을 보고 깨달음을 증득하시고, 어둠 속에서 헤매는 어리석은 중생들을 구제해주셨다. 성품을 자각하게 함으로써 본심을 잃지 않게 해주었고, 더 이상 허망한 데 끄달리지 않도록 근거를 마련해주셨다.

나을 것이 없기 때문에 부처라는 형상도 없고, 못할 것이 없기 때문에 중생이라는 형상도 없다."

無勝故 無佛相. 無負故 無衆生相.

━━ 이 자리는 한마음으로 만법이 평등하므로, 새삼 부처라고 떠받들며 공경해야 할 모습도 없고, 중생이라고 차별하여 구제해야 할 모습도 없다.

그래서 둘이 아닌 '불이법不二法'이라고 하는 것이다.

배휴가 물었다.

"마음이야 모양이 없다고 할 수도 있겠지만, 어찌 부처님의 삼십이 상相 팔십 종호와 중생을 교화하여 제도하는 일이 전혀 없다고 할 수 있겠습니까?"

云 心旣無相. 豈得全無三十二相八十種好 化度衆生耶.

━━━ 배휴는 상을 여의지 못한 입장이어서 부처와 중생을 분별할 수밖에 없다.

그런데 황벽 스님은 처음부터, "모든 부처님과 일체 중생은 한마음일 뿐, 다른 어떤 법도 없다. 이 한마음 그대로 부처일 뿐, 부처와 중생이 새삼 다를 바가 없다"고 했다.

배휴가 왜 이렇게 묻고 있는지는 알 수가 없지만, 모양에 집착하여 아직도 밖으로 구하고 있으므로, 이 말뜻을 알아듣지 못하고 어리석은 질문을 되풀이하고 있다.

"삼십이 상은 형상에 속한 것이니, '무릇 형상 있는 것은 모두 허망하다'고 한 것이다. 팔십 종호는 색깔에 속한 것이니, '만약 겉모습으로 나를 보려 하면, 이 사람은 삿된 도를 행하는 것이니 여래를 볼 수 없다'고 하신 것이다."

師云 三十二相 屬相 凡所有相 皆是虛妄. 八十種好 屬色 若以色見我 是人 行邪道 不能見如來.

▬▬ 형상과 색깔에 따라 분별하는 배휴를 위하여, 황벽 스님은《금강경》사구게의 부처님 말씀을 빌려와서 친절하게 일러준다. 배휴와 황벽 스님의 차이는, 전자는 비록 근본을 얼핏 체험하기는 했지만 아직도 미세망상에 가려서 분별심을 여의지 못하고 있고, 후자는 상을 여읜 중도실상을 철견하고 있는 것이다.

다시 말해, 배휴는 변견邊見에 치우쳐 묻고 있고, 황벽 스님은 언제나 중도의 입장에서 벗어나지 않고 상대의 분별망상을 깨트려주는 기연을 열어주고 있다.

이렇듯 천지현격으로 벌어지므로, 옛 어른들은 무엇보다 마음부터 깨달으라고 당부하신 것이다.

6
오직
일심뿐

———

배휴가 여쭈었다.

"부처의 성품과 중생의 성품이 같습니까, 다릅니까?"

問 佛性與衆生性 爲同爲別.

■■■ 이는 같다고 해도 방[棒]을 맞고, 다르다고 해도 방을 맞는 도리다. 황벽 스님이 아무리 꼭닥스럽게 법을 보여주어도, 배휴가 아직 소화할 수 없으므로 조심스럽다.

자칫 자기 식으로 받아들여서 그 말에 또 매달리기 십상이기 때문이다.

"성품에는 같고 다름이 없다. 만약 삼승의 가르침에 의거하면, 부처의 성품과 중생의 성품이 다르다고 설한다. 그리하여 삼승의 인과가 세워지며 같고 다름이 있게 된다.

師云 性無同異. 若約三乘教 卽說有佛性有衆生性. 遂有三乘因果 卽有同異.

━━━ '부처의 성품이나 중생의 성품이나 성품 자체에는 같고 다름이 없다.'

그렇지만 삼승을 가르치는 교학의 입장에서는 중생은 중생이고 부처는 부처다. 인과도 분명하며 차이가 선명하다.

그러나 만약 불승佛乘과 조사가 서로 전한 바에 의하면, 그와 같은 일은 논하지 않는다. 오직 일심만 있을 뿐, 같음이나 다름도 없고 원인과 결과도 없다.

若約佛乘及祖師相傳 卽不說如是事. 唯指一心 非同非異 非因非果.

■■■ 배워서 알고 있는 것을 가지고 물어오는 배휴를 향하여, 황벽 스님은 선가禪家의 기본 안목으로 자상하고 분명하게 드러내 보여주고 있다.

직지인심 견성성불 하면, 오직 일심이 분명하여, 인과나 온갖 차별상은 일거에 분별망상임이 적나라하게 드러난다. 이 한마음밖에 없으므로, 너무나 분명하고 간단히 실상을 드러내고 있다.

그것이 천칠백 공안으로 기록되었고, 온갖 어록으로 전해 내려오는 것이다.

황벽 스님의 제자인 임제가 깨닫고, "원래 황벽 불법이란 별 게 아니군[元來 黃檗佛法 無多子]!"이라고 했다.

선禪은 이렇게 간단명료할 뿐이다.

그러므로 '오직 이 일승의 도가 있을 뿐, 이승도 없고 삼승
도 없다. 단지 부처님의 방편설만은 제외한다'고 하셨다."

所以云 唯此一乘道 無二亦無三. 除佛方便說.

━━ 한마음에 대한 안목이 투철해지면 오직 일승만 실상이
고, 이승이나 삼승은 이미 그림자에 불과하다.

선은 오직 불이不二의 실상만 직지直指할 따름이다.

다만 부처님께서 중생들을 깨달음으로 이끌기 위해, 눈높
이에 맞추어 그때그때 방편을 베푸신 것은 다 까닭이 있는
것이므로 예외로 한 것이다.

후대에 와서 명안종사들이 언하言下에 계합해 들어오지 못
하는 공부인을 위해 간화看話와 묵조默照를 시설한 것도 같은
노파심절에 의한 것이다.

위의 게송은 《법화경》〈방편품〉에 나오는 내용이다.

7
무변신보살

배휴가 물었다.

"무변신보살無邊身菩薩은 왜 여래의 정수리를 보지 못합니까?"

황벽 선사가 대답했다.

"실로 볼 수가 없다. 왜냐하면 무변신보살이란 곧 여래이기 때문에 응당 보지 못하는 것이다.

問 無邊身菩薩 爲什麼不見如來頂相. 師云 實無可見. 何以故 無邊身菩薩 便是如來 不應更見.

━━━ 배휴 재상은 황벽 스님과 만나기 전에 이미 규봉종밀圭峰宗密 스님과 친교를 맺고 있었다. 종밀은 화엄종 오조인 동시에 선종인 하택종 오조이기도 해서, 교敎와 선禪에 두루 밝았다. 그래서 배휴는 이런 질문을 한 것 같다.

무변신보살이란 《열반경》의 〈서품〉에 나오는 보살로 '가없는 몸의 보살'이다. 요즘 말로 하면 끝간 데가 없는 보살인데, 그런 위신력을 가진 무변신보살이 왜 여래의 정수리를 보지 못하는지를 물은 것이다.

무변신보살은 곧 여래이므로, 여래가 여래를 본다는 말은 성립되지 않는 말이다.

다만 그대들에게 부처라는 견해를 짓지 않게 하여 부처라는 변견에 떨어지지 않도록 하고, 중생이라는 견해를 짓지 않게 하여 중생이라는 변견에 떨어지지 않게 하려는 가르침으로 하는 말이다. 또한 있다[有]는 견해를 짓지 않게 하여 있다는 변견에 떨어지지 않게 하며, 없다[無]는 견해를 짓지 않아서 없다는 변견에 떨어지지 않게 한다. 그리고 범부라는 견해를 짓지 않게 하여 범부라는 변견에 떨어지지 않게 하고, 나아가 성인이라는 견해를 짓지 않게 하여 성인이라는 변견에 떨어지지 않게 하는 것이다.

祗教你 不作佛見 不落佛邊. 不作眾生見 不落眾生邊. 不作有見 不落有邊 不作無見 不落無邊. 不作凡見 不落凡邊 不作聖見 不落聖邊.

▬▬ 불법은 무념無念, 무상無相, 무주無住로서, 이 말은 모두 공부인으로 하여금 어디에도 머물거나 집착하지 않도록 하기 위한 방편이다.

부처는 중생과 함께 양변을 이루므로, 부처를 구하면 곧 부처라는 변견에 떨어지게 된다.

미혹한 사람은 뭔가 잘해보려고 '좋은 것'을 구하지만, 그

좋은 것은 곧 나쁜 것과 양변을 이루므로, 구하는 즉시 한쪽으로 치우친 견해에 떨어지는 것이다.

불법은 불이不二의 중도中道이다.

다만 모든 견해만 없으면 즉시 '가없는 몸[無邊身]'이다. 만일 무엇인가 견처見處가 있으면, 곧 외도라고 한다.

但無諸見 卽是無邊身. 若有見處 卽名外道.

━━ 불법은 본래 청정함으로 툭 트여 명명백백하기 때문에 무언가 보았다거나 얻었다는 것이 있으면, 그것은 변견에 사로잡혀 집착하는 것에 지나지 않는다.

부처를 만나면 부처를 죽이고, 조사를 만나면 조사를 죽일 수 있어야 비로소 무변신보살과 조금이라도 상응할 분分이 있다고 할 것이다.

외도는 모든 견해를 즐기지만, 보살은 모든 견해에 흔들리지 않는다. 여래란 곧 모든 법에 여여하다는 뜻이다.

外道者 樂於諸見. 菩薩 於諸見而不動. 如來者 卽諸法如義.

■■■ 깨달음 없이 견해에 탐착하여 밖으로 마음을 일으키기 때문에 외도라고 한다. 반면 보살은 다만 본래 성품에 묵연히 계합하여 적적寂寂 부동할 따름이다. 보살은 하루 종일 움직여도 조금도 움직인 바가 없다. 여래는 어떤 경계를 만나도 늘 여여하다. 비가 오거나 바람이 불거나 관계없이 본래부터 여여부동如如不動할 뿐이다.

그러므로 말하기를 '미륵도 또한 그러하고, 모든 성현도 또한 그러하다'고 하였다. 여여한즉 남[生]이 없고, 여여한즉 멸滅도 없다. 여여한즉 봄[見]도 없고, 여여한즉 들음도 없다. 여래의 정수리는 즉시 뚜렷이 볼 수 있는 것이지만, 뚜렷이 본다는 것 또한 없으므로 뚜렷하다는 변견에도 떨어지지 않는다.

所以云 彌勒 亦如也 衆聖賢 亦如也. 如卽無生 如卽無滅 如卽無見 如卽無聞. 如來頂 卽是圓見 亦無圓見故 不落圓邊.

━━ '여여부동'한 것은 만들어지는 것도 아니고, 변하는 것도 아니며 없어지는 것도 아니다. 그곳에 무슨 인과가 붙을 수 있겠는가?

그 자리는 인과법이나 연기법과도 상관없다. 수없이 돌아가는 가운데, 한 번도 움직인 적이 없다고 하면 과연 이 말을 믿을 수 있을까?

그래서 불가사의하다고 하는 것이다.

그 낙처落處를 살필 줄 알아야 동요하지 않고 묵연히 계합할 수 있다.

그러므로 부처님 몸은 함이 없어서[無爲] 수로 셀 수 있는 범
주에 떨어지지 않는다.

所以 佛身無爲 不墮諸數.

▬▬ 무변신보살처럼 부처님 몸 또한 가없다. 어디서부터
시작하고 어디서 끝나는지 한계를 지을 수 없다.

모양이 없기 때문에 크다면 가장 크고 작다면 가장 작다.

연기법에 따라서 크거나 작은 모습으로 드러나기도 하지
만, 보이는 모습으로는 그 실상을 가늠할 수가 없다.

그러므로 크거나 작다는 양변에 떨어지지 말고, 즉각 당처
에 착안할 줄 알아야 된다.

다만 방편으로 허공에 비유하여 '원만하기가 태허공과 같아서 모자라거나 남음이 없다'고 하였다.

權以虛空 爲喩 圓同太虛 無欠無餘.

━━ '태허공'이라는 것은 일체의 모양이 만들어지기 전 본래의 모습이다.

이것은 어디서 어디까지라고 한계 지을 수 없으므로, 할 수 없이 비유하여 '허공과 같다'라고 표현한 것이다.

위에서 인용한 구절은 삼조 승찬僧璨 스님의 《신심명信心銘》에 나오는 말이다.

그저 한가로워 일삼을 것이 없어서, 다른 경계를 억지로 끌어들여 설명할 필요가 없다. 설명하려 들면 바로 알음알이[識]가 되고 만다.

等閑無事 莫强辯他境. 辯着 便成識.

━━ 삼승에서는 설명을 하기도 하지만, 일승에서는 단도직입으로 계합해야 한다. 이 도리는 분별심으로 얻어지는 것이 아니기 때문이다.

명안종사는 학인이 도를 물어올 때, 눈앞에 분명히 드러난 실상을 즉각 보여준다. 이때 인연이 있다면 바로 계합하겠지만, 그렇지 못하면 처음 가졌던 의심이 설상가상으로 더 깊어지는 것이다.

참선參禪은 알음알이를 멀리하고 의심을 소중히 여긴다.

그러므로 말하기를 '원성실성圓成實性은 의식의 바다에 잠겨서 나부끼는 쑥대처럼 유전流轉하네'라고 하였다.

所以云 圓成沈識海 流轉若飄蓬.

■■■ 원성실성이란 본래자리를 말한다. 중생은 인연 따라서 한생각이 일어나면 곧 따라나서기 때문에, 본래 자리를 상실했다고 오해하고 부평초처럼 떠돈다.

그래서 삼계三界는 고해苦海라고 말하는 것이다.

불이不二의 도리를 밝히면, 망념이 일어나든 말든 그 자리는 늘 여여하다.

위의 말은 부대사傳大士가 《금강경》에 붙인 게송에 나온다. 이어지는 대목은 '남이 없는 진리를 깨닫고자 할진대, 마음 밖의 자취에 끄달리지 말지니[欲識無生忍 心外斷行蹤]'다.

그대들은 말한다. '나는 알았으며, 배워 얻었으며, 계합해 깨달았으며, 해탈하였으며, 도리를 얻었노라.' 하지만 자신 있는 데서야 뜻대로 된다 하더라도 본인이 약한 데서야 그 뜻이 통하지 않으니, 그따위 견해가 무슨 소용이 있겠는가! 내 그대에게 이르노니, 한가하고 일없도록 하여 쓸데없이 마음을 쓰지 마라.

祇道 我知也 學得也 契悟也 解脫也 有道理也. 强處 卽如意 弱處 卽不如意. 似者箇見解 有什麼用處. 我向汝道 等閑無事 莫謾用心.

━━ 평소 자신 있는 곳에서는 통하더라도, 뜻밖의 일을 당하여 혼비백산한다면 그 공부는 아직 멀었다.

황벽 스님은 배휴에게, 쓸데없이 스스로의 마음을 엉키게 만들지 말고, 모든 알음알이를 내려놓고 일없음[無事]에 착안하라고 일러준다.

그리고 첫 만남에서 통한 바가 있었기 때문에, 모든 지견을 내려놓고 묵묵히 본래 일없는 청정한 본심으로 돌아가도록 당부하는 것이다.

그래서 '참됨을 구할 필요가 없나니, 오직 모든 견해를 쉴지 니라'고 한 것이다.

不用求眞 唯須息見.

━━ 한 번 마음을 밝혔으면, 모든 것을 내려놓고 쉬면서 믿음을 점검해야 한다. 여기서 분별심이 일어나고 갈등이 생기더라도 믿음에 의지하여 알음알이를 내려놓아야 한다. 이 공부를 방해하는 가장 커다란 장애는 알음알이다.

그래서 조사들께선 마음을 밝히기 위한 수행을 할 때, 그 동안 배운 것을 내려놓고 '사교입선捨敎入禪'을 하라고 당부 했다.

위의 말은 승찬 스님의 《신심명》에 나오는 구절이다.

그러므로 '내적인 견해와 외적인 견해가 모두 잘못이며, 부처의 도와 마구니의 도가 모두 나쁜 것이다'라고 한 것이다.

所以 內見外見 俱錯 佛道魔道俱惡.

━━━ 불법은 중도中道면서 불이법不二法이기에 안팎이 따로 없다. 또한 본래 구족하여 새로이 얻을 바가 없기 때문에, 새삼 부처를 구하지도 않고 마구니를 없애지도 않는다.

번뇌 즉 보리이며, 중생과 부처가 무차별이다.

선善을 세우기 위하여 악惡을 없애려는 순간 상대적인 이분법에 떨어지므로, 진정한 선은 선악이나 시비가 끊어진 중도이다.

위의 인용은 보지 화상의 《대승찬》에 나오는 구절이다.

그렇기 때문에 문수보살이 잠깐 상대적인 견해를 일으켰다가, 그만 두 철위산으로 떨어진 것이다.

所以 文殊 暫起二見 貶向二鐵圍山.

━━ 철위산이란 세상의 끝에 있는 지옥과 같은 곳이다.

　　문수보살이라 할지라도 상대적인 견해를 일으키자마자, 본지풍광本地風光과는 십만 팔천 리로 멀어진 것이다.

　　이 이야기는 《제불요집경諸佛要集經》에 나오는 대목이다.

문수보살은 참된 지혜고 보현보살은 방편의 지혜라고 한다. 하지만 서로 상대되는 참과 방편이 구경究竟에 이르러 참도 방편도 사라지면, 오로지 한마음뿐인 것이다.

文殊 卽實智 普賢 卽權智. 權實 相對治 究竟 亦無權實. 唯是 一心.

■■■ 부처의 그림자가 수많은 문수·보현을 낳았으니, 문수·보현도 부처로 귀결되는 것이 당연하다. 구경에 이르면, 참도 방편도 다 사라진다는 것이다. 다만 여래께서 중생을 제도하기 위해서는 참도 필요하고 방편도 필요해서, 팔만 사천 법문을 통해 인연의 끈을 열어놓은 것이다.

구경이란 근본 실상자리인데, 방편으로 구경에 이르러야 한다고 말하지만, 본연의 입장에서는 '직하에 구경이고 선 자리가 그대로 진실이기[立處皆眞]' 때문에 따로 구경을 논하지 않는다.

마음은 결코 부처도 아니고 중생도 아니며 다른 견해도 없다. 부처라는 견해를 내기만 하면 바로 중생이라는 견해도 따라서 일어난다.

心且不佛不衆生 無有異見. 纔有佛見 便作衆生見.

━━ 마음은 부처도 아니고 중생도 아니다. 한생각을 일으키면, 바로 중생이 된다. 부처와 중생은 함께 양변을 이루므로 불이법에 어긋나게 되는 것이다.

부처와 중생을 함께 놓아버리면 중도가 드러난다.

있다는 견해와 없다는 견해, 영원불변하다는 견해[常見]와 단멸한다는 견해[斷見]가 바로 두 철위산을 이루어 견해의 장애를 받게 된다. 따라서 조사들께선 일체 중생의 본심本心과 본체本體가 본래 부처여서, 닦아서 되는 것도 아니고 점차적인 단계를 밟아서 얻을 수 있는 것도 아니며, 밝음도 어둠도 아님을 바로 가리키신 것이다.

有見無見常見斷見 便成二鐵圍山 被見障故祖師 直指一切衆生 本心本體 本來是佛. 不假修成 不屬漸次 不是明暗.

━━ 《화엄경》에서는 '마음과 부처와 중생, 이 셋이 차별이 없다[心佛及衆生 是三無差別]'라고 했다. 중생이 곧 부처다.

조사들께선 이 사실을 바로 가리킬 뿐, 에둘러 설명하지 않는다. 상대에게 설명하면 알음알이만 심어주게 된다.

직지하면 언하에 깨닫는 기연이 발생하든지, 의심을 더 깊게 만들어서 돈오의 기연을 앞당기기 때문이다.

마음은 닦아서 증득하는 것도 아니고 단계를 밟아서 얻어지는 것도 아니다. 이 말을 소화할 수 없다면, 공부를 하라는 건지 말라는 건지 알 수 없다고 불평하기 쉽다.

그러나 바로 여기에 공부의 요점이 있어서, 진실된 공부인

은 이 한마디에서 마음의 정체를 파악하고 공부의 바른 길로
접어들게 된다.

밝음이 아니기에 밝음도 없으며, 어둠이 아니기에 어둠도 없다. 그러므로 무명無明도 없으며 또한 무명이 다함[無明盡]도 없다. 우리 이 종문에 들어와서는 누구든지 뜻을 간절하게 가져야 한다. 이와 같이 볼 수 있는 것을 이름 하여 법이라 하고, 법을 보기 때문에 부처라고 하며, 부처와 법이 모두 함께 없는 것을 승僧이라고 한다.

不是明故 無明 不是暗故 無暗. 所以 無無明 亦無無明盡. 入我此宗門 切須在意. 如此見得 名之爲法 見法故 名之爲佛. 佛法俱無 名之爲僧.

━━ 허공은 밝음도 없고, 어둠도 없다. 빛이 있으면 밝아지고, 빛이 없으면 어두워질 뿐이다. 밝음과 어둠에 상관없이 허공은 텅 빈 그대로이다.

그래서 본래 마음에는 무명이라는 어둠이 없을 뿐만 아니라, 무명이 다했다는 밝음까지도 없다.

인연 따라 밝아지기도 하고 어두워지기도 한다.

무엇이라도 이름을 붙일 수 없으므로 법도 없고 부처도 없다. 부처와 법이 다 없어진 모습을 승僧이라고 부른다. 곧이곧 대로 말하면, 깨달은 사람이 아니면 승이 아니라는 것이다.

부처님의 제자가 된다는 것은 그만큼 막중한 책임이 있다.

선禪은 이런 면에서 가차 없이 바른 말을 하고 있다.

승마저도 됨이 없다면, 또한 일컬어 일체삼보—體三寶라 한다.

喚作無爲僧 亦名一體三寶.

━━ 불·법·승 삼보가 차별없이 일체라는 것은 깨달음의 당처에 계합한 것을 말한다. 부처와 법은 물론 승이라고 할 것도 없다.

여기에 계합했다면 이미 삼보에 귀의를 했으므로 승이 되고 말고 할 것도 없다.

대저 법을 구하는 이는 부처에 집착하여 구하지도 말고, 법에 집착하여 구하지도 말며, 대중에 집착하여 구하지 말아서, 마땅히 구하는 바가 없어야 한다.

夫求法者 不着佛求 不着法求 不着衆求. 應無所求.

▬▬ 이미 다 드러나 있는 법을 깨닫는 것이지, 새삼스럽게 없는 법을 만들어서 깨치는 것이 아니다. 눈앞에 있는 법을 바르게 살펴서 깨달으면, '집착하지 마라'라고 할 것도 없이 저절로 구하는 바가 끊어진다.

그래서 영가 대사는 〈증도가〉에서 "배움을 끊고 함이 없는 한가한 도인은 망상을 없애지도 않고 진리를 구하지도 않는다[絕學無爲閑道人 不除妄想不求眞]"라고 노래한 것이다.

부처에 집착하여 구하지 않기 때문에 부처랄 것도 없고, 법에 집착하여 구하지 않기 때문에 법이랄 것도 없으며, 대중에 집착하여 구하지 않기 때문에 승이랄 것도 없다."

不着佛求故 無佛. 不着法求故 無法. 不着衆求故 無僧.

━━ 삼승 십이분교에서는 불·법·승 삼보에 귀의하라고 했지만, 일불승의 최상승 도리는 모든 문자를 싹 쓸어버려도 전혀 시비가 일어나지 않는다. 문자라는 상相으로부터 자유롭기 때문이다. 그 어떤 것이라도 법이라고 정해진 것이 없어서, 불·법·승 삼보조차도 세우지 않는다.

일단 계합하면 두두물물이 불·법·승 삼보라서 버리거나 취할 것이 없다.

깨닫기 전에는 불·법·승도 망상이고, 마음을 열면 일체가 불·법·승이다.

8
진리의
도량

배휴가 물었다.

"스님께서는 지금 법을 말씀하고 계시거늘, 어찌하여 승僧도 없고 법法도 없다고 하십니까?"

問 和尚 見今說法 何得言無僧亦無法.

━━━ 배휴는 아직도 말에 떨어져 황벽 스님이 말하는 낙처를 알지 못하고 있다. 그래서 자기가 보기에는 지금 황벽 스님이 곧 승이며, 그 말씀이 법인데, 어째서 승도 법도 모두 없다고 하는지 이해할 수가 없어서 또 묻고 있는 것이다. 비록 아직 의심을 해결하지 못한 배휴의 처지가 답답한 노릇이긴 하지만, 뒷사람의 입장에서는 그 덕분에 걸출한 선사인 황벽 스님의 자상한 답변을 들을 수 있어서 천만다행이다.

선사께서 말씀하셨다.

"그대가 만약 말할 만한 법이 있다고 생각한다면, '음성으로써 나를 구하는 것'이 된다.

師云 汝若見有法可說 卽是以音聲求我.

━━ 말할 만한 어떤 법이 있다고 착각을 하면, 곧《금강경》 사구게에서 사도邪道라고 말한 '음성으로써 부처님을 찾는 것'이 된다.

선사라면 부처든 마구니든 한 꾸러미에 꿰차서, 흔적 없이 싹 쓸어버릴 수 있어야 한다.

내가 있다는 견해를 내면, 곧 처소의 한정이 있게 된다. 법 또한 법이라 할 만한 것이 없으니, 법이란 바로 마음이다.

若見有我 卽是處所. 法亦無法 法卽是心.

━━ 내가 있다거나 법이 있다고 한다면, 곧 나라고 하는 것 혹은 법이라는 것에 집착하여 머물게 된다.

불법은 머무는 바가 없어서, 육조 스님께서도 무주無住를 근본으로 삼는다고 강조했다. 온통 한마음이어서 달리 다른 무엇이 있을 수 없다.

그러므로 조사께서 말씀하셨다.

'이 마음법을 부촉하노니 법, 법 하지만 어찌 법이 있을쏜가. 법도 없고 본래 마음도 없어야 마음, 마음 하는 법을 비로소 알리라.'

所以 祖師云. 付此心法時 法法 何曾法. 無法無本心 始解心心法.

▬▬ 이심전심으로 열반묘심을 전할 때, 실제로는 한 법도 전한 바가 없다. 본래 다 갖추어진 것을 스스로 자각하게 해 준 것일 뿐, 달리 더하거나 덜한 것이 없다.

일체 중생이 스스로 완벽하게 갖추어 쓰고 있는 마음은 부처라고 해서 더 많이 가지고, 중생이라고 해서 덜 가지고 있는 것이 아니다.

이렇듯 스승과 제자 간에 전해주고 받고 하는 모습을 보지만, 여기에 어떤 법이나 본심이란 것이 없다는 것을 알아야, 비로소 법이니 마음이니 하는 것을 '전하는 바 없이 전하는' 도리를 알게 된다.

다만 범부는 이 말을 배워서 따라 하려 하지 말고, 묵묵히 계합하여 흔쾌해지도록 정진해야 된다.

위의 계송에서 앞의 구절은 석존께서 가섭존자에게 법을 전하실 때의 전법게 일부다. 뒤의 구절은 서천 사조와 육조의 계송에서 따온 말이다.

실로 한 법도 얻을 수 없는 것을 일러 도량에 앉는다고 한다. 도량이란 오직 일체의 견해를 일으키지 않는 것이다.

實無一法可得 名坐道場. 道場者 祇是不起諸見.

━━ 부처 뽑는 선불장選佛場이란, 실로 한 법도 얻을 수 없는 곳이다. 일체 시비와 사량 분별이 끊어진 도량이다. 부처님은 언제나 이 도량에 앉아 계신다. 비록 허망한 것들이 와도 부처님의 위신력에 의해 청정해진다. 마치 허공에 한 물건도 세울 수 없는 것과 같다.

참된 공부인이라면 늘 이 도량에 앉아서 부처님을 친견하고 법을 잘 살펴 쓰면서, 모든 대중을 공경하고, 원만하고, 편안하게 조화를 이루며 살아가야 한다.

한 법도 얻을 수 없는 곳이 진정한 도량임을 알면, 인연 있는 모든 곳이 연꽃이 피는 정토淨土가 될 것이다.

법이 본래 공空임을 깨닫는 것을 공여래장空如來藏이라 한다. '본래 한 물건도 없는데, 어느 곳에 티끌과 먼지가 낄까?' 만약 이 소식을 안다면, 유유자적하게 소요할 뿐 다시 무슨 말을 하랴."

悟法本空 喚作空如來藏. 本來無一物 何處 有塵埃. 若得此中 意 逍遙 何所論.

▬▬ 청정도량이 밝아지면, 제도할 중생이 없어진다. 법은 본래 공해서, 좋을 것도 없고 나쁠 것도 없다. 담담하고 청량한 기운으로 인연 따라 임운등등任運騰騰 흘러가면서, 이 소식을 알게 해주신 불법의 감사함을 뼈저리게 알아야 한다. 그렇게 공부가 더 깊고 넓어져 가는 것이다.

배휴 거사도 황벽 스님의 단련을 받고, 만년에는 유유자적 소요하는 삶을 살았을 것이다. 배휴 거사의 묘소는 위산에 있다. 황벽 스님이 돌아가신 뒤, 당대의 선지식인 위산 스님에 의지하여 만년을 보낸 것이다.

9
본래
한 물건도 없다

배휴가 물었다.

"본래 한 물건도 없다면, 한 물건도 없음이 과연 옳은 것입니까?"

問 本來無一物 無物便是否.

━━ "본래 한 물건도 없거니, 어느 곳에 티끌과 먼지가 낄 것인가?" 하는 육조 스님의 유명한 게송은 신수 스님의 '부지런히 털고 닦아서 티끌과 먼지가 끼지 않게 하자'는 게송에 대응해서 한 말이다. 아직 마음을 밝히지 못하고 유위有爲의 입장에서 뭔가 노력하려는 신수 스님에 대해, 한 법도 얻을 수 없는 무위無爲의 도량을 드러내 보인 것이다.

그런데 이것은 신수 스님의 견해에 상대적으로 대응한 것이다. 아직 '무일물無一物'의 '없다'는 흔적이 남아 있다.

육조 스님은 그후 오조 홍인 스님께서 따로 불러서 《금강경》을 설해주는 인연에 힘입어 돈오했고, '있고 없음'의 상대적인 없음마저도 싹 지워버리고 "자성이 본래 청정한 줄 어찌 알았겠습니까!" 하고 사자후를 토하게 된 것이다.

"없다고 해도 맞지 않다. 깨달음이란 그렇다 할 곳도 없으며, 그렇다고 앎이 없다고 할 수도 없다."

師云 無亦不是. 菩提無是處 亦無無知解.

━━━ 육조의 법을 잇게 되는 남악회양南嶽懷讓 스님은 스승을 참배한 자리에서 "어떤 물건이 이렇게 왔는고?"하는 질문을 받고, 팔 년간을 궁구한 끝에 "설사 한 물건이라고 해도 옳지 않습니다"라고 대답하여 인가를 받았다.

불법은 있다, 없다는 상대적 개념이 아니다. 미혹도 없고 보리도 없으며, 무명도 없고 무명이 다함까지도 없다.

10
조사께서 서쪽에서
온 뜻은

▬

배휴가 물었다.

"어떤 것이 부처입니까?"

問 何者是佛.

■■■ "어떤 것이 부처입니까?" 하고 묻는 사람의 상태에 따라서, 그 결과는 달라질 수 있다. 진짜 뼈저리게 이 문제를 붙들고 밤낮으로 씨름하는 수행자라면, 선지식의 방棒과 할喝로도 깨달음이 일어날 수 있다. 안목을 갖춘 분이라면 이때를 당해 묻는 이를 향해 단도직입으로 한마디 한다든지, 돌아앉는다든지, 손가락을 세운다든지, 때려준다든지, 별의별 모습을 다 보여주었는데, 이것이 깨달음으로 이끄는 기연機緣이 되는 것이다.

　마치 달걀 안에서 병아리가 부화하여 나오려고 쪼으면, 어미 닭이 밖에서 그에 대응하여 같이 쪼아줄 때, 껍질이 깨어지면서 병아리가 나오는 것과 같다. 이것을 '줄탁동시啐啄同時'라고 한다.

황벽 선사께서 말씀하셨다.

"그대의 마음이 부처다. 부처는 곧 마음이니, 마음과 부처가 서로 다르지 않다. 그래서 '마음이 곧 부처'라고 하는 것이다. 마음을 떠나서는 부처가 따로 없다."

師云 汝心是佛 佛卽是心 心佛不異. 故云 卽心卽佛. 若離於心 別更無佛.

━━ 배휴처럼 자기 마음을 이미 한 번 밝힌 사람도 스승에게 본인의 입장을 확인하고 싶어 하는 모습을 보이자, 스승은 "마음이 곧 부처다"라고 바로 일러준다.

마조는 "마음도 아니고, 부처도 아니고, 물건도 아니다. 이 무엇인고?" 하고 되물어주기도 했다.

배휴가 물었다.

"만약 자신의 마음이 부처라 한다면, 조사께서 서쪽에서 오시어 어떻게 그것을 전해주셨습니까?"

云 若自心是佛 祖師西來 如何傳授.

▬▬ 자기 마음이 곧 부처임을 확철하게 믿지 못하면, 따로 무엇이 있어 전해주고 받는다고 오해하기 쉽다.

'조사서래의祖師西來意'는 곧 일심일 뿐, 달리 다른 법이 없다.

선사께서 말씀하셨다.

"조사께서 서쪽에서 오시어 오직 마음이 부처임을 전했을 뿐이다. 그대의 마음이 본래 부처임을 바로 가르쳐주신 것이며, 마음과 마음이 다르지 않기 때문에 조사라고 한다.

師云 祖師西來 唯傳心佛. 直指汝等心 本來是佛. 心心不異 故名爲祖.

■■■ 이심전심이라고 하지만, 실로 전해준 일도 없고 전해받은 일도 없다. 단지 마음에서 마음으로 통했다는 말이다. 다만 이 말을 이해에 그치지 말고, 직접 확인해야 된다. 배휴는 알기는 했는데, 소화가 잘 안 되니 답답한 것이다. 그렇기 때문에 같은 말을 묻고 또 묻고 있는 것이다. 사실 스스로 확철했다면, 선지식과 부딪쳐봐야 한다. 이해한 마음 가지고는 스스로를 다스릴 수 없다. 아무리 마음이 무엇인지 알았어도, 역경계를 당해서 통제할 수 있는 힘은 생기지 않는다. 마음을 증득해야 안심입명할 수 있게 된다.

만약 곧바로 이 뜻을 깨닫는다면, 곧 삼승의 모든 지위를 단박에 뛰어넘어서 본래 부처인 것이니, 결코 수행을 빌려서 이루는 것이 아니다."

若直下 見此意 卽頓超三乘一切諸位. 本來是佛 不假修成.

━━ 마음이니 부처니 하는 것은 허공에 도장 찍듯이 그대로 드러나 있는 것이다.

이것을 알면 차례로 단계를 밟아서 공부하는 어리석음을 범하지 않는다. 있는 그대로 바로 도장 찍어서 확인한 모습을 쓰는 것이지, 다른 무엇에 의지해서 이루는 것이 아니다.

본래 있는 것을 깨달았기 때문에, 수행을 빌리지 않는다고 한 것이다.

배휴가 말했다.

"만약 그렇다면 시방의 모든 부처님께서 세상에 출현하시어 무슨 법을 말씀하셨습니까?"

云 若如此 十方諸佛出世 說於何法.

━━ 부처님이 출현하셨다는데, 실로 출현한 적은 한 번도 없다. 유위법에서는 이천오백여 년 전에 석가모니 부처님께서 세상에 나오셨다고 했지만, 무위법에서 보면 시방의 모든 부처님께서 오고 간 적이 없는 것이다.

석존께서 무우수나무 아래 태어나셔서 일곱 걸음을 걸은 뒤 한 손은 허공을 가리키고 한 손은 땅을 가리키면서 "천상 천하 유아독존"이라고 하셨는데, 운문 스님은 "그때 만일 내가 봤더라면 일방 타살해서 사나운 개에게 던져주겠다." 하고 호언장담했던 것이다.

이러한 말들의 낙처를 자세히 살필 줄 알아야 된다.

"시방의 모든 부처님께서 세간에 나오셔서 오로지 한마음의 법만을 말씀하셨다.

師云 十方諸佛出世 祗共說一心法.

━━ 불법은 오직 일심법一心法을 드러냈다. 여기서 통할 일이지, 한 생각을 움직여서 이해하려고 들면 즉시 어긋난다. 통하지 못했다면 꽉 막힌 곳에서 의심을 해야지, 머리를 굴리면 불법과는 인연이 멀어지는 것이다.

그러므로 부처님께서 마하가섭에게 그것을 은밀히 부촉하셨다. 이 일심법체—心法體는 허공을 다하고 온 법계에 두루하기 때문에, 이름 하여 모든 부처라고 한다. 이 법을 논하더라도, 어찌 그대가 언구에서 그것을 해득할 수 있겠는가. 또한 한 움직임이나 하나의 대상에서 결코 그것을 볼 수 없는 것이니, 오로지 묵묵히 계합할 따름이다.

所以 佛 密付與摩訶大迦葉. 此一心法體 盡虛空遍法界 名爲諸佛理 論這箇法 豈是汝於言句上 解得他. 亦不是於一機一境上見得他. 此意 唯是默契.

▬▬ 마음이 과거 현재 미래에 관계없이 늘 함께하고 있지만, 불법과 계합하여 체득하지 못하면 늘 대상에 집착하여 헐떡거리며 살게 된다.

다행히 석존께서 대각을 성취하여 어리석음에서 벗어나 지혜로움으로 거듭날 수 있는 방법을 중생세계에 드러냈고, 그 가르침이 지금까지 전해 내려오고 있다.

그렇지만 사정이 그렇다 하더라도, 마음이라는 것은 불교하고 아무 상관 없이 인연 따라 흘러오고 흘러간다.

이 우주법계가 만들어지기 이전에도 그랬고, 만들어지고

난 이후에도 그렇다. 언제 어디서든 천지가 창조되든 파괴되든지 상관없이 그럴 뿐이다.

이 사실을 깨달으라는 것이다.

이 하나의 문門을 얻는 것을 이름 하여 무위법문無爲法門이라
한다.

得這一門 名爲無爲法門.

━━━ 모든 부처님께선 오직 마음만을 전하셨는데, 모양이나
색깔로 드러내 보일 수 없어서 다만 마음에서 마음으로 묵연
히 계합할 뿐이다.

이렇게 이심전심으로 전하는 법문을 무위법문이라 한다.

반면에 유위법有爲法은 대부분 주관이 작위를 일으켜 대상
을 지배하고 조종하려 하지만, 불법은 무위법이라서 모든 조
작을 내려놓고 다만 본래 부처인 마음에 묵연히 계합하는 것
이다.

만약 이를 알고자 한다면, 다만 무심을 알아 홀연히 깨쳐 체득해야 한다. 만약 애써 배우려고 하면, 그럴수록 더욱더 멀어진다.

若欲會得 但知無心. 忽悟卽得 若用心擬學取 卽轉遠去.

■■■ 함이 없는 무위법으로 들어가고자 한다면, 다만 우리의 마음이 본래 무심인 줄을 알아서 모든 작위를 내려놓아야 한다.

무위법은 비록 함이 없지만 되지 않는 일이 없다. 다만 알음알이를 일으켜 무심해지려고 하면 할수록 본래 무심과는 더욱 멀어진다.

황벽 스님은 홀연히 무심을 체득해야지, 배워서 이해하려고 하면 제멋대로 가버린다고 한 것이다.

분별하고 취사取捨하는 마음이 없어서, 목석같이 되어야 비로소 도를 배울 자격이 있다."

若無岐路心 一切取捨心 心如木石 始有學道分.

━━ 분별심으로 취하고 버리면, 변견에 떨어져 중도와 어긋나게 된다.

마음이 무심해져야 비로소 도를 배울 분分이 있는 것이다.

배휴가 물었다.

"지금 갖가지 망념이 나타나는데, 어찌 없다고 하십니까?"

云 如今 現有種種妄念 何以言無.

━━━ 배휴는 만들어진 그림자에 끄달려서 '있다 없다' 하는 양변에 걸려 있다. 일어나는 망상은 허망한 것이어서, 그 실체가 없음을 알아야 된다.

그러나 근본을 모르면 상相에 떨어져서 허망한 그림자에 매달려 마음이 동요하게 된다. 구름이 흘러가거나 바람이 불거나 허공은 언제나 텅 비어 여여하다.

빈 바탕의 성품을 볼 줄 모르면, 상에 집착해서 있다 없다는 시비를 그칠 수 없게 되는 것이다.

황벽 스님이 말씀하셨다.

"망념은 본래 실체가 없는 것으로, 그대의 마음이 허망하게 일으킨 것이다. 그대가 만약 마음이 부처임을 안다면, 마음에는 본래 망상이 없다. 어찌 마음을 일으켜 다시 망념을 인식하려 하는가?

師云 妄本無體 卽是汝心所起. 汝若識心是佛 心本無妄. 那得起心 更認於妄.

━━ 본래 부처인 줄 깨닫는 순간, 허망한 모습들이 본래 없었던 것임을 알게 된다. 이 자리를 떠나 또 다른 모습이 있지 않음을 스스로 증명해야 된다.

그리고 선지식과의 문답에선 모르면 즉시 의심으로 전환하여 참구해야 하는 것이다. 공부가 오랫동안 순숙해지면, 스승께서 말하려는 의도가 드러난다. 이 공부법이 후대에 간화선으로 정형화되었다.

참고로 간화선에서 의심은 생명이다. 의심이 의정을 거쳐 의단으로 나아가면, 시절인연따라 화두의 낙처가 백일하에 드러나게 된다.

그대가 만약 마음을 내어 생각을 일으키지 않는다면, 자연히 망념은 없을 것이다. 그러므로 말하기를 '마음이 일어나면 갖가지 법이 나고, 마음이 없어지면 갖가지 법이 사라진다' 고 하였다."

汝 若不生心動念 自然無妄. 所以云 心生則種種法生 心滅則種種法滅.

━━ 하루 종일 대상을 상대해서 마음을 일으켜도 본래 마음자리는 늘 여여한 줄 알면, 마음이 일어나든지, 사라지든지 상관이 없다. 그림자에 끄달리지 않는 것이다.

그런데 이를 모르고 대상에 끌려 마음을 일으키면, 온갖 시비 분별이 그칠 날이 없다. 깨달으면 망상조차 묘용이지만, 모르면 묘용조차 망상일 뿐이다.

그래서 《대승기신론》에서는 '심생 즉 종종법생이요, 심멸 즉 종종법멸'이라고 한 것이다.

배휴가 물었다.

"지금 바로 망념이 일어날 때, 부처는 어디에 있습니까?"

云 今正妄念起時 佛在何處.

━━━ 선지식에게 쉽게 물어보기 어려운 말을 배휴가 대신
해주고 있다. 공부하는 사람이라면 누구나 공부 과정에서 이
런 질문은 한 번쯤 했을 것이다. 우리가 본래 부처라는데 망
념은 왜 일어나는지? 망념이 일어날 때 부처는 어느 곳에 있
는지를……

"그대가 지금 망념이 일어난 것을 알아챘을 때, 그 자각이 바로 부처다. 만약 망념이 없다면, 부처 또한 없다.

師云 汝今覺妄起時 覺正是佛. 可中 若無妄念 佛亦無.

━━━ 교학에서는 설명하기 위해 번뇌와 보리 그리고 중생과 부처를 대조하지만, 선禪에서는 번뇌가 바로 보리요, 중생이 바로 부처라는 사실을 직지할 뿐, 애써 설명하지 않는다.

　망념 있는 곳에 부처가 있고, 망념이 없으면 곧 부처도 없다. 본래 마음은 무명이 없을 뿐만 아니라 무명이 다함도 없다.

　언제나 양변을 함께 막아서, 불이의 당처를 드러나게 한다.

왜 이러한가? 그대가 마음을 일으켜 부처라는 견해를 짓기에 문득 이룰 만한 부처가 있다고 여기며, 중생이라는 견해를 짓기에 곧 제도할 중생이 있다고 여기는 것이다. 마음을 일으켜 생각을 움직이는 것은 모두 그대의 견해일 뿐이다.

何故如此 爲汝起心作佛見 便謂有佛可成. 作衆生見 便謂有衆生可度. 起心動念 摠是汝見處.

━━ 불교에 처음 입문하여 공부가 익지 않았다면 방편으로 부처님께서 모든 중생을 제도하신다고 말한다. 이렇게 초보적인 믿음을 통하여 깊이 들어가면, 비로소 불법에 대한 바른 안목을 열 수 있는 것이다.

그러므로 공부가 익어 말귀를 알아듣는 사람에게는, 지금 황벽 스님이 배휴에게 일러주는 것처럼 실상을 바로 보여준다. 마음에는 중생과 부처라는 상대적인 관념이 아예 붙지 못하는 것이다. 눈앞에 분명한 이 자리는 세울 부처도 없고, 제도할 중생도 없다.

중생이니 부처니 분별하는 것은 견해를 일으킨 것일 뿐이다.

만약 일체의 견해가 없다면, 부처는 어느 곳에 있겠는가? 마치 문수가 부처라는 견해를 일으키자마자 바로 두 철위산으로 떨어진 것과 같다."

若無一切見 佛有何處所. 如文殊 纔起佛見 便貶向二鐵圍山.

━━ 한생각 일으키는 자리가 불성과 함께하는 곳이다. 불성이 없다면 한생각도 일으킬 수 없다.

그렇지만 불성을 반연하여 일으킨 생각은 허망한 그림자다. 허망한 그림자를 좇아가지만 않는다면, 발 딛는 곳마다 연꽃이 피어날 것이다.

견해를 일으키면 문수라 할지라도 지옥에 떨어진다.

하루 종일 말을 했어도 한 마디 말도 한 바가 없어야 된다.

"지금 바로 깨달았을 때, 부처는 어느 곳에 있습니까?"

云 今正悟時 佛在何處.

▬▬ 이럴 때는 상대가 아무리 높은 재상이라도 한 대 때려 주는 것이 좋을 것 같다. 가장 궁금한 대목을 물은 것일지라도, 입을 열면 즉시 그르친다고 고구정녕하게 일러줬건만, 아직도 알고 싶은 정식이 남아 있어 이렇게 정신을 차리지 못하고 있다.

"물음은 어디에서 나오는가? 깨달음은 어디에서 일어나는가? 일상의 어묵동정 간에 모든 소리와 빛깔이 모두 부처의 일[佛事] 아님이 없거늘, 어느 곳에서 부처를 찾는가? 머리 위에 머리를 얹지 말며, 입 위에 입을 더하지 마라.

師云 問從何來 覺從何起. 語默動靜一切聲色 盡是佛事 何處覓佛. 不可更頭上安頭 嘴上加嘴.

━━ 일거수일투족, 모든 물음, 모든 생각, 모든 소리와 빛깔이 단지 이 자리에서 일어날 뿐이다. 행주좌와 어묵동정 간에 불사佛事 아닌 일이 없다. 여기에 계합하지 못하면 하릴없이 밖으로 나가서 천지를 떠돌게 된다.

떠도는 놈이 부처인데, 그걸 모르니 공연히 부처 머리에 똥칠을 하고 있다.

그저 다른 견해만 내지 않으면 산은 산, 물은 물이요, 승僧은 승, 속俗은 속일 뿐이다. 산하대지와 일월성신이 모두 그대의 마음에서 벗어나지 않으며, 삼천대천세계가 모두 그대의 본래면목이다. 그러니 허다한 일들이 어디 다른 데 있겠는가?

但莫生異見 山是山水是水 僧是僧俗是俗. 山河大地日月星辰 摠不出汝心. 三千世界 都來是箇汝自己. 何處 有許多般.

━━━ 견해만 일으키지 않으면 펼쳐진 모습 그대로 안팎이 여여부동하다. 처음부터 지금까지 이 자리를 벗어난 적이 한 번도 없다. 과거부터 미래제가 다하도록 영원히 이것뿐이지만, 깨닫지 못하면 업의 굴레를 벗어나지 못하고 수고롭게 끌려다니다가 한 생을 마치게 된다.

마음 밖에 법이 없으니 눈 가득히 푸른 산이다. 허공세계는 밝고 깨끗하여, 한 터럭만큼도 그대에게 견해를 짓게 하지 않는다.

心外無法 滿目靑山. 虛空世界皎皎地. 無絲髮許 與汝 作見解.

━━ 법 밖에 마음 없고, 마음 밖에 법이 없다. 누러면 누렇고, 푸르면 푸르다. 무심히 고개 들어 앞을 보니, 눈 가득히 푸른 산이다. 산은 높고, 물은 흐른다.

청산이나 허공은 한 견해도 짓지 않는데, 스스로 그림자를 만들어 씨름하며 울고 웃고 한다.

한바탕의 일장춘몽에서 깨어나 허허 웃는 모습이 아름답다.

그러므로 모든 소리와 빛깔이 그대로 부처의 지혜로운 눈이다. 법은 홀로 일어나지 않고 경계에 의지하여 생기니, 경우 때문에 그 많은 지혜가 있는 것이다.

所以 一切聲色 是佛之慧目. 法不孤起 仗境方生. 爲物之故 有其多智.

━━━ 모든 소리와 빛깔이 부처의 모습이다. 무명에 가리면 이 말을 소화할 수가 없다. 대개 말을 배워서 이해한 것을 그대로 실천하려고 노력하지만, 어느새 여기에 집착하여 융통성 없이 자기 세계에 갇힌 완고한 사람이 되기 쉽다.

언제나 부처가 되려고 하면 마구니가 된다. 마음공부에서 항상 하심하고, 우직하게 초심을 잘 간직해나가는 것이 중요한 이유가 여기에 있다.

무소득이어야 바른 길이다.

법은 경계를 대하면 천차만별로 벌어지기 때문에, 수많은 경우에 대처할 수 있는 지혜가 있어야 된다.

그렇지만 아무리 다양한 모습으로 벌어질지라도, 근본을 알게 되면 하나의 모습으로 돌아오게 된다.

종일 말하면서도 일찍이 말한 적이 있던가? 종일 들으나 언제 들은 적이 있던가? 그러므로 석가세존께서 49년을 설법하셨어도 한 글자도 말씀하신 적이 없는 것이다."

終日說 何曾說. 終日聞 何曾聞. 所以 釋迦四十九年說 未曾說着一字.

━━ 하루 종일 말했지만, 한 마디도 한 적이 없고, 하루 종일 들었어도, 한 마디도 들은 적이 없다.

밝은 거울에 사물이 비췄다가 지나가듯이, 여여부동한 그 자리에 만사가 흘러가고 있는 것이다.

마음을 알고 쓰면, 인생 백 년 삼만 육천 일이 이 자리의 반복일 뿐, 달리 다른 일이 없다. 하루하루가 무상하게 흘러가지만, 그 흘러가는 자리는 일찍이 조금도 움직인 바가 없다.

석존께서 평생을 설법을 했지만, 한마디도 한 적이 없다고 한 것과 같다.

지혜가 밝아지면 삶은 풍요로워지고 매사가 순조로워진다.

배휴가 물었다.

"만약 그렇다면, 깨달음은 어디에 있습니까?"

황벽 스님이 대답하셨다.

"깨달음에는 일정한 처소가 없다.

云 若如此 何處是菩提. 師云 菩提無是處.

━━ 황벽 스님은 배휴에게 법거량하지 않고, 선문답의 형식으로 묻는 데 따라서 자세하게 가르쳐주고 있다.

일상적인 경우라면, 이런 질문에는 바로 입을 막아서 즉시 의심에 걸리게 하든지 몰록 깨닫게 하는 방편을 많이 쓴다.

깨달으면 과거 현재 미래에 국한되지 않고, 동서남북 상하에도 구애받지 않는다.

시간과 공간도 연기법에 의해 일어난 그림자에 불과하다.

부처라 해서 깨달음을 얻는 것이 아니며, 중생이라 해서 깨달음을 잃는 것도 아니다. 깨달음은 몸으로 얻지 못하며, 마음으로도 구할 수 없는 것이니, 일체 중생이 그대로 깨달음의 모습을 지니고 있다."

佛亦不得菩提 衆生亦不失菩提. 不可以身得 不可以心求. 一切衆生 卽菩提相.

━━ 온 세상이 한마음으로 꽉 차 있기 때문에, 이를 벗어나 달리 깨달음이라고 할 만한 것이 있을 수가 없다.

부처라 해도 별다른 깨달음을 얻은 것이 아니고, 중생이라고 해서 깨달음을 벗어나지 않았다. 다만 부처는 이 사실을 깨달았고, 중생은 아직 깨닫지 못했다.

그러므로 마음과 부처와 중생이 한 치도 차이가 없이 동일한 것이다.

이 사실을 모르면 전도몽상顚倒夢想일 뿐이다.

"그러면 어떻게 보리심을 발합니까?"

云 如何發菩提心.

━━━ 중생도 깨달음 속에서 살고 있는데, 보리심을 내지 못하고 있으니, 어떻게 해야 보리심을 낼 수 있느냐는 물음이다.

이미 완벽한데 보리심을 일으킬 필요가 있느냐는 질문일 수도 있다. 이 모든 것이 머리 좋은 사람들이 스스로 빠질 수 있는 함정임을 잘 보여주고 있다.

"보리는 얻을 것이 없다. 그대가 지금 다만 얻을 것이 없다는 마음만 내라. 결정코 한 법도 얻을 수 없다면, 즉시 보리심이다.

師云 菩提無所得 你今但發無所得心. 決定不得一法 卽菩提心.

━━ 보리는 깨달음이다. 깨달음은 얻는 것이 아니다. 본래 구족하기 때문이다. 그래서 깨달으려고 애쓰는 것을 부처님께서는 '머리가 머리를 찾는 격'이라고 하셨다.

그렇지만 중생은 업의 그림자에 가려서 자각하지 못하고 있으므로, 선지식과의 인연에 힘입어 전도몽상에서 벗어나야 된다고 하는 것이다.

보리는 머물 자리가 없기에, 얻을 그 무엇도 없다.

菩提無住處 是故 無有得者.

━━━ 마음은 본래 머무는 바가 없다. 그렇기에 얻고 잃고 하는 대상이 아니다.

흐름조차 끊어졌거늘 보리심은 어느 곳에 있는가?

그러므로 말씀하시기를, '내가 연등불의 처소에 있을 때 조금도 얻을 법이 없었기에, 연등불께서 나에게 수기授記하셨다'고 하신 것이다.

故云 我於燃燈佛所 無有少法可得 佛卽與我授記.

━━ 한 법도 얻을 것이 없다는 것은 완벽하게 깨달았다는 것을 뜻한다.

이와 같은 일심의 불이법은 불립문자 교외별전이므로 이심전심으로 전해진다.

그러나 얻을 것이 없기 때문에 전할 것도 없다.

그래서 육조 스님은 "우리들의 보리자성이 본래 청정하고, 본래 생멸하지 않으며, 본래 구족하고, 본래 동요가 없으며, 그래서 능히 만법을 낸다"고 하신 것이다.

본래 완벽하기에 조금도 더할 것이 없다.

일체 중생이 본래 보리임을 분명히 알아서, 마땅히 다시 보리를 얻으려 하지 말아야 한다.

明知一切衆生 本是菩提 不應更得菩提.

━━━ 일체 중생이 보리 자성을 구족하고 있음을 믿게 되면, 애써 밖으로 향해 달려 나가는 치구심馳求心을 쉬게 된다.

무엇인가를 찾아 밖으로 구하면 곧 외도外道이다. 찾고자 하는 마음이 곧 본래 구족한 본심임을 굳게 믿어서, 함이 없는 '무위'의 길로 나아갈 때, 비로소 선禪을 공부할 분分이 있게 되는 것이다.

그대는 지금 보리심을 내야 한다는 말을 듣고, 마음을 일으켜 부처를 배워 얻으려고 한다. 그렇게 부처가 되려고 애쓴다면, 삼아승지겁을 닦는다 해도 다만 보신불이나 화신불만 얻을 뿐이다. 그것은 그대의 본원진성本源眞性과는 아무런 상관이 없다. 그러므로 '밖으로 구하는 상相이 있는 부처는 그대와 닮지 않았다'고 하였다."

你今聞發菩提心 謂將一箇心 學取佛去 唯擬作佛. 任你三祇劫修 亦祇得箇報化佛. 與你本源眞性佛 有何交涉. 故云 外求有相佛 與汝不相似.

━━ 법신은 그대로 완전해서 더하거나 뺄 것이 없다.

그런데 '발보리심'이라는 말을 듣고 마음을 일으켜 부처를 찾으려고 한다면, 그것은 머리에 머리를 더하는 꼴이다.

그러므로 진정한 공부인이라면 더하기가 아니라 빼기도 할 줄 알아야 된다. 다른 사람이 보기에는 가만히 있는 것 같지만, 정작 본인은 뿌리 깊은 미세한 욕망과 치열하게 싸우고 있기 때문이다.

11
수은의
비유

배휴가 물었다.

"본래 이미 부처라면, 어찌하여 사생육도四生六道의 갖가지 모양이 서로 같지 않습니까?"

問 本旣是佛 那得更有四生六道 種種形貌不同.

▬▬ 사생이란 태어나는 방식에 따라 태생·난생·습생·화생으로 나누는 것이다. 인간은 태생이고, 천인은 화생이다. 새는 난생이고, 벌레 가운데는 습생이 많다. 육도는 업에 따라 윤회하는 것으로 천상·인간·아수라·축생·아귀·지옥의 여섯 가지 길이다.

모두 불성을 가졌는데, 왜 길이 다르냐는 것이다.

선사께서 대답하셨다.

"모든 부처님의 본체는 원만하여, 더 늘거나 줄어들지 않는다. 육도를 따라 흐르면서도 곳곳에서 두루 원만하고, 만물 가운데 낱낱이 부처다.

師云 諸佛體圓 更無增減. 流入六道 處處皆圓 萬類之中 箇箇是佛.

━━ 드러난 모양이 가지가지로 변해도 불성은 뒤바뀐 적이 없다. 늘 여여부동해서 뚜렷한데, 다만 중생이 스스로 이런 저런 모양으로 윤회하고 있다.

그렇지만 어떤 모습으로 나투더라도, 스스로 불법을 만나 근본을 눈뜰 수 있는 인연을 살핀다면, 언제든지 본원심을 회복할 수 있다. 모양[相]이 천차만별로 벌어져도, 그 낱낱의 바탕[性]은 불생불멸이며 부증불감일 뿐이다.

비유하자면, 마치 한 덩어리의 수은이 여러 곳으로 분산되어도, 방울방울이 모두 둥근 것과 같다. 나뉘지 않았을 때에도 한 덩어리였을 뿐이다. 이것이 일즉일체—即—切이고 일체즉일—切即—이다.

譬如一團水銀 分散諸處 顆顆皆圓. 若不分時 祗是一塊. 此一即一切 一切即一.

━━ 수은은 뭉치거나 흩어지거나 잡스러운 것이 섞이지 않아서 항상 둥근 모양을 유지한다. 만법의 본성도 이와 마찬가지로 합쳐도 다만 하나의 둥근 원이고, 모조리 흩어도 하나의 원이다.

그래서 부처님께서 넓은 바닷물의 맛을 일일이 다니면서 맛볼 필요가 없다고 하신 것이다. 온 우주의 모든 부처님과 모든 중생들이 다만 하나의 마음일 뿐이다.

그러므로 자기 마음에 묵묵히 계합하면, 온 우주의 비밀이 한꺼번에 드러난다.

일즉일체 일체즉일이 되면, 화엄의 사사무애事事無碍 도리인 것이다.

온갖 형상과 모습은 비유하면 마치 집과 같다. 나귀의 집을 버리고 사람의 집으로 들어가기도 하고, 사람의 몸을 버리고 천인의 몸이 되기도 한다.

種種形貌 喩如屋舍. 捨驢屋入人屋 捨人身至天身.

━━ 천상은 시간이 너무 빨리 흘러 복이 다하면 아래로 타락하는 경우도 생기고, 지옥은 시간이 더디게 가지만 업보가 다하면 다시 나올 수도 있다. 이와 같이 중생은 육도를 오르락내리락하면서 윤회한다.

원력이 있으면 지장보살이 지옥의 고통을 외면하지 않는 것처럼, 화광동진和光同塵하는 경우도 있다.

성문·연각·보살·부처의 집에 들어가기도 하는데, 모두 그대 자신이 취하고 버림에 따라 차별이 있는 것이다. 하지만 본원의 성품에는 무슨 차별이 있겠는가?"

乃至聲聞緣覺菩薩佛屋 皆是汝取捨處 所以有別. 本源之性何得有別.

━━ 천차만별로 변하는 것은 인연 따라 변하는 것이지만, 어떤 모양을 하고 있어도 더 이상 연연할 것이 못 된다.

12
부처님의
자비

——

배휴가 물었다.

"모든 부처님께서는 어떻게 대자비를 베풀어 중생을 위해 법을 설하십니까?"

황벽 선사가 대답하셨다.

"부처님의 자비란 무연無緣이기 때문에 대자비라고 한다.

問 諸佛 如何行大慈悲 爲衆生說法. 師云 佛慈悲者無緣 故名 大慈悲.

━━ 부처님의 자비는 인연이 있고 없고를 가리지 않는다. 자비를 베푸는 주체도, 자비를 받는 대상도 없는 무연자비이 므로 진정한 대자비인 것이다.

대자비란 곧 절대 평등이다.

자慈란 이룰 부처가 있다는 견해를 내지 않는 것이고, 비悲란 제도할 중생이 있다는 견해를 내지 않는 것이다.

慈者 不見有佛可成. 悲者 不見有衆生可度.

■■■ 낮은 수준의 입장에서 자비심을 말할 때는, 발고여락拔苦與樂이라 해서 '고를 뽑아내주고 즐거움을 주는 것'이라고 한다. 지금 중생이 고해 속에서 한량없는 괴로움을 당하고 있으니, 이것을 즐거움으로 전환시켜줄 수 있는 부처님의 가르침을 가까이해야 한다는 것이다. 부처님은 중생의 아픔을 어루만져 낫게 해주시는 자비로운 분이니, 그분을 믿고 의지해야 한다고 가르치는 것이다.

그렇지만 선사들은 다른 입장에 있다. 진리를 알고 싶고 아예 고해 자체를 훌쩍 벗어나고 싶은 사람을 상대하여 가장 빠른 길을 가르쳐준다.

그래서 단도직입으로 진리 당처를 보여주기 위해, 방이나 할 같은 특별한 방법을 사용하기도 한다.

진정한 자비란, 중도불이中道不二를 깨달아 중생만 없는 것이 아니라 부처까지도 없다는 사실을 알고 실천하는 것이다.

그 설하시는 법은 설함도 없고 보임도 없으며, 그 법을 듣는 자는 들음도 없고 얻음도 없다. 이것은 마치 마술사가 마술로 만들어놓은 인간에게 설법하는 것과 같다. 이러한 법을 어떻게 '내가 선지식의 말끝에서 알아차리고 이해하여 깨달았다'고 하겠는가.

其所說法 無說無示. 其聽法者 無聞無得. 譬如幻士爲幻人說法. 者個法 若爲道我從善知識言下領得 會也悟也.

━━ 어떤 법을 설해도 설하는 것이 아니다.

　관음보살이 법을 설하면, 남순동자는 들은 바 없이 듣는다. 무설설無說說이고 불문문不聞聞이다. 설한 바 없이 설했는데, 묘하게도 들은 바 없이 듣는 것이다.

　조금 다른 말이지만 송나라 설두 스님이 항주 영은사로 공부하러 가게 되자, 학자 증회는 자신의 옛 친구이자 영은사 방장인 책 선사에게 보내는 소개장을 써주었다. 새로 간 곳의 어른스님께 소개장을 보여드리면, 대접을 받고 편하게 지낼 수도 있는 법이다. 그런데 그 스님은 소개장을 내보이지도 않고, 평대중으로 선방 구석에서 정진만 하였다. 어느 날 소개장을 써준 증회가 삼 년만에 영은사에 들르게 되어, 방장 스님에게 "과거에 소개장을 써준 그 수좌는 지금 잘하고 있소?" 하고 물었다. 그런데 그 스님은 선방의 말석에 앉아 있었다. 그래서 그 수좌 스님에게 이유를 물으니, "써주신 소개장은 감사하게 받았지만, 내보이지 않아도 정진 잘할 수 있는 분위기여서 이렇게 지내고 있습니다." 하고 대답했다.

공부인이라면 어떤 일이든지 감내하고 아무리 힘들어도 내색하지 않고 평상으로 마음 쓸 수 있어야 된다. 그렇지만 이 공부는 하되 하는 바 없이 해야 한다.

이러한 자비를 그대가 어떻게 마음을 일으키고 생각을 움직여서 배워 얻을 수 있겠는가? 견해란 스스로 본심을 깨달은 것이 아니니, 마침내 아무런 이익도 없다."

者箇慈悲 若爲汝起心動念 學得他. 見解 不是自悟本心 究竟無益.

▬▬ 본래 한 법도 없는 자리에서 홀연히 일어난 무연자비는 시작도 끝도 없는 시방삼세에 꽉 차서 남거나 모자람이 없이 베풀어지고 있다.

인연 따라서 살펴지는 자비도 자비지만, 인연과 상관 없이 베풀어지는 무연자비의 설명할 수 없는 도리에 깊게 사무쳐서 뼈저리게 '아, 세상에 태어나서 이렇게 공부하는 것이 참으로 깊은 은혜로구나. 감사합니다'라고 할 수 있어야 한다.

그러나 이것도 상相인 줄 알겠는가?

13
가장
굳건한 정진

━━━

배휴가 물었다.

"어떤 것이 정진精進입니까?"

선사께서 말씀하셨다.

"몸과 마음이 일어나지 않는 것이 가장 굳건한 정진이다.

問 何者是精進. 師云 身心不起 是名第一牢强精進.

■■■ 정진을 말하는 데도 자비처럼 중생의 눈높이가 다르니, 여러 가지 방편이 있다. 하근기에게는 우선 앉아 배기는 것이 정진하는 모습으로 비칠 것이다. 한걸음 나아가 선정과 지혜를 쌍수雙修하는 것을 정진이라고 한다.

그렇지만 불법을 눈뜬 최상의 근기가 하는 정진은 귀신도 엿볼 수 없다고 말한다. 다시는 빗나가지 않는 안목을 갖춰 온갖 변화를 다 수용하고, 백천 삼매 속에서도 여여부동한 것이다.

하루 종일 생각을 일으켜도 일으킨 바가 없고, 닦는 바 없이 닦는다. 그렇지 않으면 닦으면 닦는 대로 인과에 걸릴 것이고, 닦지 않아도 또 인과에 걸릴 것이다.

정진이 정진 아닌 도리를 아는가?

마음을 일으켜 밖으로 구하는 것을 일러 '가리왕歌利王이 사냥놀이를 좋아함'이라 한다. 마음이 밖으로 돌아다니지 않는 것이 곧 인욕선인忍辱仙人이며, 몸과 마음이 모두 없음이 곧 불도佛道다."

纔起心 向外求者 名爲歌利王 愛游獵去. 心不外遊 卽是忍辱仙人. 身心俱無 卽是佛道.

━━ 《금강경》〈이상적멸분〉에 가리왕의 이야기가 나온다. "수보리여, 인욕바라밀을 여래는 인욕바라밀이 아니라고 설하나니, 그 이름이 인욕바라밀이니라. 무슨 까닭인가? 수보리여, 옛날 가리왕이 나의 몸을 베고 끊었을 때, 나는 아상도 없었고 인상도 없었으며 중생상도 없었느니라. 내가 마디마디 사지를 끊길 그때, 아상이나 인상·중생상·수자상이 있었더라면, 마땅히 원망하는 마음을 내었을 것이니라."

　부처님께서 과거세에 숲 속에서 인욕선인이 되어 수도할 때, 성질이 교만하고 포악한 가리왕이 사냥을 나갔다. 왕이 잠든 사이, 산책하던 궁녀들이 나무 아래 앉은 선인의 청정한 모습에 감복해 법을 청해 들었다. 잠이 깨어 그 모습을 목격한 가리왕은 질투를 일으켜, 선인의 귀와 코를 자르고, 마침내 팔다리까지 잘랐다. 이와 같은 일을 여러 번 당했지만 선인은 마음의 평화를 잃지 않고, 오히려 화가 난 용신이 왕을 해치려는 것을 말렸다. 이 일을 인연으로 왕의 탐진치 삼독을 끊어주는 자비를 베풀려고 했던 것이다. 왕은 깊이 뉘우치고 궁으로 돌아갔다.

마음이 밖의 대상에 반연하여 일어나 집착하면, 이는 사냥놀이를 좋아하는 가리왕과 같은 꼴이 된다. 반대로 마음을 쉬고 안으로 본래 자리에 계합하면, 인욕하는 선인이 된다. 마음이 밖으로 나서면 외도가 되어 포악해지고, 안으로 인욕하면 정진하여 자비로운 선인이 된다.

결국 한마음이 일어나 밖으로 떠돌면 집을 나가 고생하는 것과 같고, 안으로 돌이켜 본심과 하나가 되면 자기 집에서 편안히 쉬는 것과 같다.

그런데 진정한 수행이란 상相이 떨어진 '무념無念의 염念'을 일컫는다. 육조 스님은 '무념을 종宗으로 삼는다'고 했는데, 이는 단순히 생각이 없는 것이 아니라, 하루 종일 생각을 일으켜도 일으킨 바가 없는 것을 말한다.

그래서 육조 스님께서 견성을 제일로 삼은 것이며, 이와 같은 모습 없는 모습으로 정진해야 한다. 이것을 닦은 바 없이 닦는다, 즉 '무수이수無修而修'라고 한다.

이것도 공부를 지어가고 있는 흔적이 남아 있는 모습이다. 부처님께서는 이 흔적까지도 다 지워버렸다. 자성을 요달하고 확철대오했을 때, 비로소 정진다운 정진을 할 수 있다고 할 것이다. 그렇게 되기 전에는, 정진하고 싶다고 해서 정진하는 것이 아니다. 정진하는 것이 자칫 잘못하면 삿되고 어리석어지기 쉽다.

그래서 눈을 떴다 하더라도 도반들과 탁마하면서 좋은 인연으로 거듭나는 것이 공부하는 참모습이다.

14
무심행

배휴가 물었다.

"만약 무심을 행行한다면, 이 도를 얻습니까?"

선사가 대답했다.

"무심이 바로 이 도를 행함이거늘, 다시 더 얻고 말고 할 것이 있겠는가?

問 若無心 行此道得否. 師云 無心便是行此道 更說什麼得與不得.

━━━ 무심이 바로 도를 행함이라 할 때, 이 무심은 마음을 없애고 만든 무심이 아니다. 마음은 있다 없다의 개념으로 정의할 수 없다. 무심이란 '본래 무심'으로 뭘 하고 안 하는 입장과는 전혀 상관이 없다.

　그러므로 본래 부심은 부소득無所得이다.

만약 잠깐이라도 한생각을 일으키면 곧 경계다. 만약 한생각이라도 일어나지 않으면, 곧 경계가 잊히고 마음이 저절로 사라져 다시 찾을 바가 없다."

且如瞥起一念 便是境. 若無一念 便是境 忘心自滅 無復可追尋.

━━ 한생각을 일으켰다면 무심이 아니다.

성품을 밝히면 하루 종일 생각했어도, 생각한 바가 없이 무심할 수 있다.

이것은 무심해서 무심한 것이 아니라, 본래 무심이기 때문에 어떤 역순 경계 속에서도 무심할 수 있는 것이다.

15
삼계를
벗어나다

배휴가 물었다.

"어떤 것이 삼계三界를 벗어나는 것입니까?"

황벽 스님이 말했다.

"선과 악을 생각지 않는다면, 그 자리에서 바로 삼계를 벗어난다.

問 如何是出三界. 師云 善惡都莫思量 當處便出三界.

━━ 방편으로 욕계 · 색계 · 무색계의 삼계는 불타는 집과 같으니 빨리 벗어나라고 했지만, 벗어날 삼계란 본래 없다.

선과 악을 생각하지 않으면, 자성을 요달할 수 있다. 그러면 선이나 악이라는 허망한 그림자에 끄달리지 않게 된다. 이 자리가 바로 삼계를 벗어난 당처다.

중요한 것은 선과 악이라는 생각이 끊어진 그 자리에서 몰록 본래면목을 밝힐 수 있어야 한다.

여래께서 세간에 출현하신 것은 삼계를 부수기 위해서다. 만약 일체의 마음이 없다면, 삼계 역시 없다.

如來出世 爲破三有. 若無一切心 三界亦非有.

—— 여래는 여여해서 오고 가는 바가 없다. 여래께서 세간에 출현하셨다는 것은 출현한 바 없이 출현한 것이다.

삼계라는 것도 알고 보면 본래 없는 것인데, 없는 것을 세우는 것도 방편설이다.

마음은 있는 것도 아니고, 없는 것도 아니다. 마음이 없다면 삼계도 없는 것이고, 마음을 없애려고 한다면 없애려는 마음이 다시 티끌이 되기 때문에 미래제가 다하도록 없애는 것은 불가능한 것이다.

가령 작은 티끌 하나를 백 조각으로 부수어 그중 아흔아홉 개는 없애고 하나만 남았더라도, 대승의 입장에서는 완전히 벗어난 것이 아니다. 백 개가 모두 없어져야만 비로소 대승으로는 훤칠하게 벗어난 것이다."

如一微塵 破爲百分 九十九分是無 一分是有 摩訶衍 不能勝出. 百分俱無 摩訶衍 始能勝出.

━━ 쪼개고, 쪼개고, 또 쪼개는 어리석음은 허망한 것이다. 본래 쪼갤 것도 없는 것이라는 사실을 믿고, 그것을 체험하여 스스로 소화할 수 있어야 된다.

화두를 들 때도 쪼개서는 안 되고, 의심이 의정을 통해 의단이 되도록 해야 한다.

대승의 공부는 번뇌를 없애고 보리菩提를 얻는 것이 아니라, 번뇌가 바로 보리라는 사실을 증득하는 것이다.

보리라는 것도 알고 보면 본래 깨달았음을 확인하는 것이지, 새삼 새로운 경지를 얻는 것이 아니다.

그래서 흔히 '무소득을 깨닫는다[悟無所得]'고 하는 것이다.

백이면 백을 완벽하게 없앴다는 것은 티끌 번뇌를 다 제거했다는 것이 아니라, 제거하고 말고 할 것이 본래 없다는 것이다. 진리는 본래부터 눈앞에 완벽하게 드러나 있지만, 스스로 망상에 덮여서 보지 못하고 있다.

그러므로 삼계를 벗어났다는 말은 '삼계도 허망한 그림자에 불과하다'는 것을 체득하여 증명했다는 말이다.

부처님께서 '삼계가 유심唯心'으로 삼계가 다 마음으로 건립된 것이라고 하셨는데, 이것은 마음에서 비롯된 모든 인연들이 천차만별의 그림을 그리듯이 펼쳐냈다는 것이다.

이 모든 것을 만들어낸 마음의 정체가 무엇인지 궁금할 것이다.

결국 돈오견성頓悟見性해야 이와 같은 가르침이 소화하지, 그렇지 않으면 흙덩이를 쫓는 한나라 개에 지나지 않게 된다.

황벽 스님은 초지일관 무위법을 가르쳤지, 유위법을 배우라고 하지 않았다. 나아가 무위법에도 머물지 말라고 하셨는데, 통찰지가 있는 사람은 짧은 순간의 인연이지만, 이런 대목에서 소름끼치는 모습으로 자기를 비춰볼 수 있어야 된다. 순간적으로 척량골이 곧추서면서, 그동안 정진한 것과 계합되는 기연을 맞이할 것이다. 상相을 여읜 무위법을 소화하고 나아가 무상無相마저도 넘어서는 돈오법을 터득하여, 상이니 무상이니 하는 일체의 견해에서 벗어나야 한다.

우리는 뼈저린 정진을 통해서 이런 귀한 불법의 가치를 눈 뜰 수 있어야지, 알아듣지 못하겠다고 편하고 쉬운 수행만 찾아다니면, 불조의 혜명이 끊어지고 천하의 불법이 천덕꾸러기로 전락하고 말 것이다.

  대승에 대한 믿음을 내고, 더 이상 방편의 말에 끄달리지 않으며, 담담하게 시간을 보내면서, 여유롭고 의연하게 정진해야 할 것이다.

16
상당설법

황벽 스님께서 법상에 올라 말씀하셨다.

"마음이 곧 부처다. 위로는 모든 부처님부터 아래로는 꿈틀거리는 벌레에 이르기까지, 모두 불성이 있으며 동일한 심체心體를 지녔다.

上堂云 卽心是佛. 上至諸佛 下至蠢動含靈 皆有佛性 同一心體.

━━ '마음이 곧 부처다' 하는 말에는 가시가 있기도 하고, 없기도 하다. 그 뜻을 알면 다행이지만, 모르면 공부인이 소화하기가 제일 껄끄러운 말이 될 것이다.

교는 '마음이 부처다'라고 하는 말을 금과옥조로 삼지만, 선은 '마음이 곧 부처다'라고 하면 방망이로 두들겨 맞아야 된다.

위아래 없이 일체 중생이 모두 불성을 지녔으며, 동일한 마음을 가졌다.

그래서 불법은 불이법이고 평등법이며 무위법이다.

그러므로 달마 대사가 인도에서 오셔서 오직 일심법一心法만
을 전하셨으니, 일체 중생이 본래 부처임을 곧장 가르쳐주신
것이다.

所以 達磨 從西天來 唯傳一心法. 直指一切衆生 本來是佛.

━━ 일체 중생이 본래 부처이지만, 어리석으면 그림자에
속아 육도윤회를 하게 된다. 마음을 깨달으면, 겉모양에 관
계없이 일체가 공空이다.

그렇지만 선의 입장에서는 이와 같은 이치가 망상을 불러
일으키기 쉬우므로, 주저 없이 내려놔야 한다. 이치를 붙드
는 즉시 깨달음을 등지게 되기 때문이다.

그래서 인연 따라 이치를 드러내지만, 동시에 쳐버리는 것
이다. 그 뜻을 잘 알아서 양변에 걸림이 없어야 한다.

깨달음은 수행을 빌려서 되는 것이 아니다. 다만 지금의 자기 마음을 알면 자기의 본성을 보리니, 결코 달리 구하지 마라.

不假修行. 但如今 識取自心 見自本性 更莫別求.

━━━ 성품을 깨달으면, 수행을 하고 안 하고에 관계가 없지만, 대부분이 수행을 하려고 한다. 뭔가 부족하기 때문이다.

알고 보면 마음은 너무나 가깝게 있어서 싱거울 정도다.

중생들은 고추장이라도 발라서 매운맛을 보고 싶어 하는데, 오히려 아무 맛이 없으니 믿지를 않는 것이다.

어떻게 자기의 마음을 아는가?

지금 말하는 것이 바로 그대의 마음이다.

云何識自心. 即如今言語者 正是汝心.

━━ 이 마음을 떠나서, 달리 말할 수 있는 근거는 없다.

황벽 스님은 '지금 말하는 것'이 마음이라고 했다. 지금
당장 작용하는 '이 마음'이 곧 성품이지, 다른 것이 있을 수
없다.

이 자리에서 즉시 계합해야지, 생각으로 이해하려고 한다
면 십만 팔천 리나 어긋나고 말 것이다.

만약 말하지 않고 작용도 하지 않는다면, 마음의 본체는 허공과 같아서 모양도 없고 또한 방위와 처소도 없다.

若不言語 又不作用. 心體如虛空相似 無有相貌 亦無方所.

━━━ 한 법도 만들어지기 이전의 본래 마음은 모양도 없고 방위와 처소도 없지만, 인연 따라 온갖 작용을 한다. 상相 놀음에 젖어 있는 사람들에게 "모양도 방소도 없는 것이 지금 말을 한다"고 하면 알아듣기가 쉽지 않다.

그렇더라도 근본 마음 하나가 인연 따라서 이렇게도 펼쳐지고 저렇게도 펼쳐지고 있다는 사실을 믿어야 한다. 믿음이 성숙하면 계합되고, 계합되면 저절로 환히 드러나서, 불조의 모든 말이 다 소화가 될 것이다.

조사 어록을 읽고 소화가 안 되면, 스스로 눈 뜬 장님이라는 것을 알아차리고 발심해야 한다.

마치 목마른 사람이 물을 찾듯이 간절함을 더해가다 보면, 막혔던 곳이 터지면서 모든 것이 환하게 드러날 때, 조사의 말씀이 화살촉 들어맞듯이 흔연히 일치하게 될 것이다.

그렇다고 그저 한결같이 없는 것이 아니니, 있으면서도 볼수 없기 때문이다. 조사 스님께서 말씀하셨다.

'참 성품이 마음 땅[心地]에 감추어져 있으니

머리도 없고 꼬리도 없다.

인연에 응하여 사물을 드러내니

방편으로 일러 지혜라 부른다.'

亦不一向是無 有而不可見. 故祖師云. 眞性心地藏 無頭亦無尾. 應緣而化物 方便呼爲智.

━━ 이 게송은 서천 제26조 불여밀다不如密多의 전법게다. 마음자리에는 본래 지혜도 없고 어리석음도 없다. 마음이라 하는 말도 억지로 붙인 말이다.

참마음은 어디서 찾을 수 있을까?

한편 인연 따라서 부처님 가르침을 만나 깨달을 수 있는 기회를 가졌지만, 자칫 이치만 배우고 이해하여 증상만인이 되는 것을 극히 경계해야 한다.

불법을 배워 조금 알게 되면 흔히, "'행주좌와 어묵동정에 마음 아닌 것이 없다' 하면서, '마음 깨달으라' 함은 또 무슨 말인가? 마음을 너도 쓰고 있고 나도 쓰고 있고, 깨달은 사람이나 깨닫지 못한 사람이나, 늙은이들이나 이제 세상에 갓 태어난 애들이나 똑같은 마음을 가지고 쓰고 있는데 마음이 따로 있나? 이 마음이 그 마음이고 그 마음이 이 마음인데, 무슨 마음을 또 깨달으라고 하나? 다 허망한 소리가 아닌가? 이것이 바로 마음이라면 그대로 믿으면 그만이지"라고 말한다.

그렇지만 알음알이로 시비를 하면서도, 뭔가 양심상 '아직 내가 마음을 깨닫지 못했잖느냐?' 하는 찜찜한 것이 자리하고 있다. 머리로는 다 안 것 같아도, 가슴 속이 흔쾌하지 않다면 틀림없이 장애가 있는 것이다. 아는 것이 오히려 깊은 병이 되어, 자기 꾀에 속고 있는 것이다. 즉시 선지식 앞에 나아가 지남을 받고, 참다운 의심 속에 사무쳐 들어가야 한다.

만약 인연에 응하지 않을 때에도 그 마음이 있다거나 없다고 말할 수 없으며, 인연에 호응할 때에도 또한 종적이 없다.

若不應緣之時 不可言其有無. 正應之時 亦無蹤跡.

■■■ 마음은 작용할 때나 작용하지 않을 때, 모양이 없기 때문에 있다고도 할 수 없으며 없다고도 할 수 없다. 아무리 찾아도 있다고 할 근거가 없으며, 또한 대기대용大機大用함으로서 온갖 작용을 다하고 있기에 없다고도 할 수 없다.

분명 작용하는데 몰종적沒蹤跡으로 흔적이 없으니, 그 정체를 파악하기가 어려운 것이다. 전도몽상에서 깨어나기 전에는 아무리 그 이치를 알아들어도 마음이 무엇인지 모르겠지만, 일단 의심뭉치가 한 번 터져나가면 저절로 끄덕이게 될 것이다.

이미 이런 줄 알아서 '없음' 가운데 머물러 쉴 수 있다면, 곧 모든 부처님의 길을 가는 것이다.

既知如此 如今但向無中棲泊. 即是行諸佛路.

━━ 있다 없다는 입장을 넘어서 '없음' 가운데 머물러 쉬는 것이 곧 머무름이 없는 '무주無住'다.

안목을 열고 잠에서 깨어나느냐, 아니면 잠속에서 계속 악몽에 시달리느냐의 선택을 진실되게 받아들일 때, 공부는 익어가는 것이다.

경에서 말씀하시기를, '마땅히 머문 바가 없이 그 마음을 내
라'고 하셨다.

經云 應無所住 而生其心.

━━ 《금강경》에서 수보리가 부처님께 보살이 보리심을 낸
다음 그 마음을 어떻게 지켜야 되는지를 여쭈었을 때, 부처
님께서는 "응당 머무는 바 없이 그 마음을 내라"고 하셨다.

육조혜능 스님께서도 이 '응무소주 이생기심' 구절에서
몰록 깨치셨다.

알고 보면, 우리의 마음은 본래 머문 바가 없다. 본래 머문
바가 없기 때문에, 보살이 머무는 바 없이 그 마음을 낼 수
있는 것이다.

모든 중생이 생사를 윤회하는 것은, 의식이 인연을 좇아 조작하고 마음이 육도를 떠돌며 가만있지 못하기 때문이니, 마침내 갖가지 고통을 받게 되는 것이다. 유마 거사가 이르기를, '교화하기 힘든 사람은 그 마음이 원숭이 같아서, 몇 가지 법으로 그 마음을 제어한 다음에 비로소 조복시킨다'고 하였다.

一切衆生 輪廻生死者. 意緣走作心 於六道不停 致使受種種苦. 淨名云 難化之人 心如猿猴. 故以若干種法 制禦其心 然後調伏.

━━ 마음이 담연하게 자기 집에 머물러 있지 못하고 밖으로 나가서 떠돌기 때문에, 육도 윤회하며 생사를 거듭하고 있다. 경계를 반연하여 한생각을 일으키면, 그로 인해 생각이 꼬리에 꼬리를 물며 계속 일어나서 훌쩍 세월을 헛되이 보낸다. 돌아보면 아득히 일장춘몽인데, 백발이 성성하니 북망산이 가까운 것이다.

오랫동안 이렇게 떠돌던 사람의 마음은 원숭이 같아서 조금도 제자리에 가만히 있지를 못하고 계속 대상을 기웃거리며 집착하게 된다. 그럴 땐 방편을 써서 먼저 밖으로 뛰쳐나

가려는 원숭이 마음을 다스린 다음에 비로소 마음을 조복시키고, 본래 조금도 모자람이 없는 본지풍광을 밝혀 안심입명하게끔 이끄는 것이다.

마음공부에 입문하여 조그마한 체험을 한 공부인도 업력에 의해 때때로 뒤집어지기는 매한가지다. 배휴 거사도 황벽 스님을 만나자마자 무언가 맛을 보았지만, 아직도 업력에 의해 원숭이처럼 의심 많은 마음을 다스리기 위해 묻고 또 물으면서 선지식 곁을 떠나지 않으며 세월을 보냈던 것이다.

그러므로 '마음이 나면 갖가지 법이 생겨나고, 마음이 없어지면 갖가지 법이 사라진다'고 한 것이다.

所以 心生種種法生 心滅種種法滅.

━━ 한생각이 일어나면 그에 따라 온갖 경계가 나타난다. 마찬가지로 한생각이 사라지면, 그에 따라 온갖 경계도 없어진다.

그러나 무념무상하려고 하면 오히려 외도가 된다. 무념무상하려는 그 생각이 밖으로 마음을 찾아 나서게 하여 평지풍파를 일으키기 때문이다.

보리자성이 본래 청정하다고 하니, 그 말을 믿고 모든 허튼 노력을 내려놓으면 저절로 근본이 드러날 텐데, 다만 쉬지 못한 마음으로 가만있지를 못하고 천지사방을 쏘다니면서 온갖 좋다는 법을 배웠지만, 소화도 시키지 못하고 알음알이만 가중시키니, 고향으로 돌아갈 길이 더욱 아득하기만 한 것이다.

그러므로 일체 법이 마음으로 말미암아 만들어진 것이며, 인간·천상·아수라·지옥 등의 육도가 모두 마음으로 말미암아 생기는 것임을 알아야 한다. 지금 당장 무심을 배워 모든 인연을 단박에 쉬고 분별망상을 내지 않으면, 나도 남도 없고, 탐진貪瞋도 없으며, 증애憎愛도 없고, 승부도 없다.

故知一切諸法 皆由心造. 乃至人天地獄 六道 修羅 盡由心造. 如今 但學無心 頓息諸緣 莫生妄想分別. 無人無我 無貪瞋 無憎愛無勝負.

━━ 만법이 마음에서 만들어진다는 것은, 앞에서 본 대로 한마음이 일어나면 온갖 법이 따라서 일어나고, 한마음이 사라지면 모두 더불어 사라진다는 것과 같은 말이다. 그래서 마음을 근본원인이라고 한다. 육도 윤회도 결국 마음이 일으킨 것이니, 한마음 돌이키면 모든 상대적인 것들이 사라진다.

바깥경계의 모든 인연들을 당장에 쉬어서 무심하기만 하면, 천 가지 계산 만 가지 사량[千計萬思量]이 한 순간에 붉은 화로에 떨어지는 눈처럼 녹아버릴 것이다[紅爐一點雪]. 무심해지려고 하는 것도 하나의 분별이기 때문에, 저절로 무심해져야지, 무심해지려고 하면 안 된다.

허다한 망상을 없애기만 하면 자성自性은 본래 청정하니, 곧 깨달음의 법을 수행하여 부처님과 나란히 될 것이다.

但除却如許多種妄想 性自本來清淨. 卽是修行菩提法 佛等.

▬▬ 마음은 망상을 없애고 없애지 않고에 관계없이 본래 청정하므로, 굳이 망상하고 싸울 필요가 없다. 망상을 없애고 난 뒤에 청정해지는 것이 아니라, 무심하면 망상과 관계없이 본래 청정한 것이다.

　망상을 없애려고 하면, 미래제가 다하도록 끝나지 않는다.

만약 이 뜻을 알지 못한다면, 설사 널리 배우고 부지런히 수행하며 나무열매를 먹고 풀옷을 입는다 하더라도 자기 마음을 알지 못할 것이다. 그것을 모두 삿된 수행이라고 한다.

若不會此意 縱你廣學勤苦修行 木食草衣 不識自心. 皆名邪行.

━━ 수행은 자기 마음을 알자는 것이지, 난행難行 고행苦行을 하자는 것이 아니다.

육조 스님도 견성만을 논했지, 선정 해탈은 논하지 않는다고 했다. 견성하여 전도몽상에서 깨어나자는 것이지, 꿈속에서 선정과 해탈을 지어가자는 것이 아니다.

백운白雲이 흩어지면 청산靑山은 절로 드러나는 것이므로, 괜히 조작하여 선정이나 해탈이라는 구름을 만들지 말아야 한다.

아무리 좋은 것이라도 조작하면 곧 불이법과 어긋나므로, 이 뜻을 알지 못한다면 그 어떤 수행을 해도 열매를 맺을 수 없을 것이다.

이런 사람들은 천마외도天魔外道 수륙제신水陸諸神이 되고 말
것이니, 이같이 수행한들 무슨 이익이 있겠는가? 지공이 말
하기를, '본체本體는 자기 마음이 짓는 것인데, 어찌 문자 속
에서 구할까?' 하였다. 다만 지금 자기 마음을 알아서 사량
분별을 쉬기만 하면, 망상과 번뇌는 저절로 생겨나지 않는
다. 유마 거사가 말하기를, '오직 침상 하나만 두고 병들어
누워 있다'고 하였는데, 이는 마음이 일어나지 않는 것을 말
한다. 지금 앓아누워서 반연을 모두 쉬어 망상이 그쳐 없어
지면, 그것이 바로 보리다.

盡作天魔 外道 水陸諸神 如此修行 當復何益. 志公云 本體是
自心作 那得文字中求. 如今 但識自心 息却思惟妄想 塵勞自
然不生. 淨名云 唯置一床 寢疾而臥 心不起也. 如今臥疾 攀
緣都息 妄想歇滅 卽是菩提.

■■■ 자기 마음은 알지 못하고 온갖 알음알이나 신통을 좋
아한다면, 마왕 파순의 권속이 되어 공부인의 바른 수행을
방해하거나 삿된 데 빠져 땅과 물의 잡신이 된다.

공부의 방향을 자기 마음을 밝히는 데 두어야지, 자칫 어
리석게 밖으로 구하면 궁자窮子가 되어 오랜 세월 거지생활

을 하며 헤매게 된다.

자기 마음이 본래 완벽하므로, 새삼스럽게 수행을 해야 할 것은 없다. 본래청정하다는 것을 믿고 모든 구하는 마음을 쉬어버리면, 보기에는 바보 멍청이 같겠지만, 보리의 싹이 무럭무럭 자라게 될 것이다.

달마 대사도 "밖으로 온갖 인연을 쉬고, 안으로 헐떡거리지 마라[外息諸緣 內心無喘]"고 당부했다.

옛사람들은 한결같이 공부 길을 분명히 제시했다. 병들어 앓아누운 유마힐처럼, 복잡한 반연을 내려놓고 사량 분별을 쉬어버리면, 그 자리가 연꽃이 피는 정토인 것이다.

온종일 분주해도 분주함이 없는 평상심으로 무애자재해야 한다.

지금 만약 마음속이 어지러워 안정되지 않았다면, 그대가 비록 삼승 사과 십지의 모든 지위를 배워 이르렀다 해도, 끝내 범성凡聖의 경계를 벗어나지 못한 것이다. 모든 행위는 끝내 무상으로 돌아가고, 세력도 모두 때가 되면 끝나고 만다. 마치 공중으로 쏜 화살이 힘이 다하면 땅에 도로 떨어지는 것처럼, 생사의 윤회로 다시 돌아가고 만다. 이와 같은 수행은 부처님의 뜻을 알지 못하고, 헛되이 고통만 받을 뿐이니 어찌 큰 잘못이 아니겠는가.

如今 若心裡紛紛不定. 任你學到三乘四果十地諸位 合殺祇向凡聖中坐. 諸行 盡歸無常 勢力 皆有盡期. 猶如箭射於空 力盡還墜 却歸生死輪廻. 如斯修行 不解佛意 虛受辛苦 豈非大錯.

━━ 성문승, 연각승, 보살승 삼승의 가르침에 따라 수행하여 수다원, 사다함, 아나함, 아라한의 사과를 얻고, 나아가 보살의 십지를 얻는다 하여도 끝내 범성의 경계를 벗어나지는 못한다. 생전에 복덕을 지어 윤회계의 상위층인 천상에서 복락을 누린다고 해도, 지어놓은 것을 다 까먹으면 다시 아래로 떨어질 수밖에 없다.

부처님 가르침은 윤회하는 육도 안에서 올라가라는 것이

아니라 아예 벗어나라는 것이다. 잠 속에서 좋은 꿈을 꾸라는 것이 아니라 아예 잠을 깨고 일어나라는 것이다. 잠시 즐거운 꿈을 꾼다 하더라도, 잠이 지속되면 결국 악몽이 덮쳐올 것이기 때문이다.

수행하여 무심해지려는 것도 마찬가지다. 이와 같은 무심은 결국 분별망상으로 돌아가기 때문에, 유심 · 무심을 벗어난 본래무심을 증득하라는 것이다. 한 번 잠에서 깨면 늘 드러난 이 일 외에 달리 다른 일이 없다.

공부인이 무심을 알았다 해도, 이치로 따지려들면 즉시 생사의 구름 속에 갇히게 되어 또다시 깜깜해지고 만다.

지공이 말하기를, '세간을 벗어난 눈 밝은 스승을 만나지 못하면 대승의 법약을 잘못 먹게 된다'고 하였다. 지금 일체시—切時 중 행주좌와에 다만 무심을 닦는다면, 분별할 바도 없고 의지할 바도 없으며 머물러 집착할 바도 없어서 하루 종일 임운등등任運騰騰 하여 마치 어리석은 사람같이 될 것이다.

誌公云 未逢出世明師 枉服大乘法藥. 如今 但一切時中 行住坐臥 但學無心. 亦無分別 亦無依倚 亦無住着 終日任運騰騰 如癡人相似.

▬▬ 세간의 일은 언제나 이분법으로 이루어진다.

그러나 출세간의 일은 언제나 주관과 객관을 벗어나 있다. 눈 밝은 명안종사는 공부인으로 하여금 불법을 이분법의 알음알이로 따지는 나쁜 습관을 벗어나게 해준다.

만일 이런 스승을 만나지 못하면 오랫동안 수행을 했어도 결국 분별망상 속에서 허망한 그림을 그릴 뿐이다.

이렇게 나름대로 혼자서 공부를 하면 할수록 알음알이만 커져서, 대승의 좋은 약이 오히려 술찌끼처럼 냄새나는 법상法相으로 변할 것이다.

진정한 공부인이라면 배고프면 밥 먹고 졸리면 잠자는 무위의 일상을 쓰고 살면서, 인연 따라 전광석화처럼 대기대용大機大用할 수 있어야 된다.

세상 사람들이 그대를 알아보지 못한다 하여도 굳이 그들을 일깨우지 않아서, 알아주든 모르든 상관이 없어진다. 마음이 마치 바윗덩이처럼 도무지 틈이 없어서, 일체 법이 그대의 마음을 뚫고 들어오지 못하게 될 것이다. 그러면 올연兀然히 집착하지 않게 될 것인데, 이와 같아야만 비로소 조금은 상응할 분分이 있다 할 것이다.

世人 盡不識你 你亦不用教人識不識. 心如頑石頭 都無縫罅 一切法 透汝心不入. 兀然無着 如此 始有少分相應.

━━━ 그 자리가 분명하여 저절로 흐름에 맡겨 시간을 보낼 수 있으면 된다. 움직일 땐 움직이고, 멈추면 멈출 뿐이다. 세상 사람들이 뭐라 하든, 도무지 아무 상관이 없다.

여기저기 다니면서 잡다한 지식을 배우는 것을 공부로 알고 있지만, 제대로 발심한 사람은 선지식을 찾아뵙고 한생각 돌이켜 무심에 계합하여 방하착放下着할 것이다.

삼계의 경계를 벗어남을 일러 부처가 세간에 출현했다고 하며, 번뇌에 물들지 않는 마음을 일러 무루지無漏智라고 한다. 인간과 천상에 태어날 업을 짓지 않고, 지옥에 태어날 업도 짓지 않으며, 나아가 일체의 마음을 일으키지 않아서 어떤 인연이 와도 불생不生이면, 곧 이 몸과 마음의 자유인이 된다.

透得三界境過 名爲佛出世. 不漏心相 名爲無漏智. 不作人天業 不作地獄業 不起一切心 諸緣盡不生. 卽此身心 是自由人.

━━ 한생각도 일으키지 않는 것을 '샘이 없음[無漏]'이라고 한다.

마음이 경계를 따라가면 곧 번뇌가 된다. 번뇌조차도 자성의 묘용妙用임을 깨달으면, 즉시 번뇌가 보리로 화化한다. 일거수일투족, 한 마디의 말, 한생각이 모두 일심의 나툼 아닌 것이 없음이 분명할 때, '무루지'가 현전하는 것이다.

상이 없으므로 허망한 생각이 일어나지 않으며, 만법이 오직 한마음의 드러남이라는 사실이 분명하기에 매사에 걸림이 없는 것이다.

그러나 무조건 불생不生이 아니라 뜻에 따라 생生할 뿐이다.
경에서 '보살에게는 의생신意生身이 있다'는 말이 바로 이것
이다.

不是一向不生 祇是隨意而生. 經云 菩薩有意生身 是也.

■■■ 의생신은 부모에게서 받은 몸이 아니라 생각한 대로
받는 몸을 말한다. 보살은 상相을 여의어서 모양이 없다. 그
래서 자비심을 일으키는 데 따라서 그에 상응하는 몸을 나
툰다. 보살의 경계에 들어가면 생각대로 태어나는 것이다.
육도만행하는 보살은 악업에 물들지 않는 위신력을 지녔기
때문에 능히 역행도 할 수 있는 것이다.

만약 무심을 모르고 상에 집착하여 조작하는 것은 모두 마구니의 업에 속한다. 나아가 정토淨土의 불사佛事를 이루더라도 모두 업을 짓는 것이니, 이를 일러 부처를 가로막는 장애[佛障]라고 한다.

忽若未會無心 着相而作者 皆屬魔業. 乃至作淨土佛事 並皆成業 乃名佛障.

━━ 마음에 모양이 없는 줄을 알지도 못하고 늘 경계에 따라서 집착을 일삼으면, 마구니의 속박을 받게 된다.

염불삼매를 닦더라도 업을 짓는 것이다.

그것이 그대의 마음을 가로막기에 인과에 얽매여서 가고 머무름에 자유를 잃게 된다. 깨달음[菩提] 등의 법은 본래 있는 것이 아니다.

障汝心故 被因果管束 去住無自由分. 所以 菩提等法 本不是有.

■■■ 정토니 깨달음이니 하는 것을 마음에 담아놓고 추구하게 되면, 성품을 가로막는 장애가 된다. 자기도 모르게 집착하여 국집하게 되고, 국집하면 인과에 구속되어 괴로움이 발생한다.

본래 당처에는 중생은 물론 부처도 없고, 생사는 물론 열반도 없다. '있다' '없다' 하며 분별하는 것은 어리석은 짓이다.

여래의 설법은 모두 사람을 교화시키기 위한 것으로, 마치 누런 잎사귀를 돈이라 하여 우는 아이의 울음을 억지로 그치게 하는 것과 같다.

如來所說 皆是化人. 猶如黃葉 爲金 權止小兒啼.

■■■ 팔만대장경을 보면 부처님께서는 다양한 근기에 응하여 자비심으로 부처니 중생이니, 보리니 열반이니 하며 온갖 말로 설파하셨다.

우는 아이의 울음을 달래기 위해 짐짓 설치해놓은 것을 아무리 잘 이해했어도, 그것은 생각 속에서 알음알이를 짓는 것이어서 결국 다시 답답해지고 만다. 구름이 걷혀야 청산이 드러나듯이, 알음알이의 밑바닥이 뒤집어져야 한 법도 세울 수 없는 자리가 명백히 드러나는 법이다.

조사들이 시설해놓은 관문인 조사관祖師關을 뚫는 것이 가장 빠르고 간명하고 확철하게 전도몽상에서 깨어나는 길이다.

그러므로 실로 법이라 할 것이 없음을 일러 아뇩보리라 하니, 지금 이미 이 뜻을 알았다면 어찌 구구한 설명이 필요하겠는가? 다만 인연 따라 묵은 업을 녹일 뿐 다시 새로운 재앙을 짓지 않으면, 마음속은 밝고 또 밝아질 것이다.

故實無有法 名阿耨菩提. 如今 旣會此意 何用區區. 但隨緣消舊業 更莫造新殃 心裡明明.

━━ 번뇌는 본래 허망한 것이어서, 사라지면 그뿐이다.

　본래 청정하여 얻을 것이 없다면, 위없이 바르고 평등한 무상정등각 즉 아뇩다라삼먁삼보리라고 했다.

그러므로 옛날의 견해를 모두 버려야 한다.

所以 舊時見解 摠須捨却.

━━ 이미 성품이 본래 청정하다는 사실을 알았다면, 더 이상 알음알이에 끄달리지 말고 기존에 붙잡고 있던 모든 악지악각惡知惡覺을 내려놓아야 할 것이다.

마음을 비우고 살면 그것보다 가벼운 것이 어디에 있으랴! 임운등등任運騰騰한 자유인의 삶을 살아야 할 것이다.

유마 거사가 말했다. '가진 것을 없애버렸다.'《법화경》에서
말했다. '이십 년 동안 늘 똥을 치게 하였다.'

淨名云 除去所有. 法華云 二十年中 常令除糞.

━━ 중생은 상相을 좋아하여 각자 애지중지하는 뭔가를 붙
잡고 결코 놓으려고 하지 않는다. 그런데 알고 보면 바로 그
것이 냄새나는 오물인 것이다.

　장자가 잃어버린 아들을 찾았으나, 오래전에 집을 나간 아
들은 거지생활을 너무 오래하여 본래 자기 집인 이 부잣집에
들어가려 하지 않았다. 중생이 무상無相의 본지풍광을 감당할
수 없는 이유는 냄새나는 오물인 상을 너무 좋아하기 때문이
다. 그래서 지혜로운 장자는 거지 아들로 하여금 먼저 오물
을 치우게 하였다. 그 기간이 무려 이십 년이나 걸렸다는 것
이다.

오로지 마음속에 지은 바 견해를 없애도록 하라. 또 말씀하시기를, '희론戲論의 똥을 제거한다'고 하였다. 그러므로 여래장은 본래 스스로 공적空寂하여, 한 법도 머물게 하지 않는다. 경에 말씀하셨다. '모든 불국토 역시 텅 비어 있다.'

祇是除去心中作見解處. 又云 钃除戲論之糞. 所以 如來藏 本自空寂 並不停留一法. 故經云 諸佛國土 亦復皆空.

■■■ 가장 냄새나는 오물은 마음속의 견해다. 희론의 오물인 법상法相이야말로 제거하기 가장 어렵다. 왜냐하면 중생은 그것이 곧 진리인 줄 철석같이 믿고 있기 때문이다.

진정한 보물은 밖에서 들어온 것이 아니다. 뭔가 밖에서 배우려고 본성의 집을 나가 떠도는 모습이 곧 거지요, 외도다. 우리 모두는 본래 장자의 아들로 조금도 부족한 것이 없다. 텅 비어 있기 때문에 모든 것을 다 갖추었다는 이 뜻을 알아차려야, 비로소 조잡한 외도의 견해를 내려놓을 수 있는 것이다. 모든 불조께서 한결같이 이와 같이 말씀하셨기 때문에, 이 말을 수용해야 비로소 불법 공부가 바른 방향을 잡고 진행될 수 있다.

유마 거사가 분명히 말했다. "모든 불국토 역시 텅 비어 있다." 그러므로 우리가 불국토에 들어가려면, 모든 견해를 놓아야 한다. 만일 진정으로 내려놓는다면, 삼계가 즉시에 불국토로 화할 것이다.

만약 불도佛道가 배우고 닦아서 얻을 수 있는 것이라면, 이러한 견해는 매우 잘못된 것이다.

若言佛道 是修學而得. 如此見解 全無交涉.

▬ 도는 닦거나 배워서 얻어지는 것이 아니다. 본래부터 구족되어 있는 것을 확인하는 것이어서, 얻을 것이 없는 것이다. 이를 비유하면 이미 물속에 있는 물고기가 물을 확인하는 것이라고 하거나, 자기 머리가 본래부터 머리였다는 것을 확인하는 것과 같다고 했다. 우리의 일거수일투족이 모두 마음이 하는 것이지, 이 마음을 떠나 달리 신통한 무언가가 있을 수 없다. 이 마음을 한번 확철하게 확인하면, 비로소 전도몽상에서 벗어날 수가 있다.

마음이 하는 일일 뿐이라고 치부한다면, 그것은 단지 알음알이의 꼭두각시가 되어 전도몽상하게 된다. 그런 사람은 일천 부처가 구제하려 해도 구제하지 못한다고 했다.

무명 칠통을 타파하고 본심과 계합해야 비로소 안심입명安心立命할 것이다.

혹은 한 기연이나 한 경계를 보이기도 하며, 눈썹을 치켜뜨거나 눈을 부라리기도 하여, 어쩌다 서로 통하기라도 하면 곧 '계합하여 알았다'거나 '선리를 증득하였다'고 말한다. 홀연히 어떤 사람을 만나 그 말을 이해하지 못하면 도무지 무슨 말인지 모르겠다고 하며, 혹 남을 만나 어떤 도리라도 얻게 되면 심중으로 기뻐하기도 한다. 만일 상대에게 설복당하여 그보다 못함을 알게 되면 속으로 슬프고 섭섭해하니, 이러한 마음자세로 선을 닦는다면 무슨 효과가 있겠는가?

或作一機一境 揚眉動目. 祗對相當 便道 契會也 得證悟禪理也. 忽逢一人 不解便道 都無所知. 對他若得道理 心中便歡喜. 若被他折伏 不如他 便卽心懷惆悵. 如此心意學禪 有何交涉.

━━ 자기 본분사도 밝히지 못한 수행자가 여기저기 다니면서 선문답의 겉모양을 배우고 의리선義理禪을 익혀서, 짐짓 눈뜬 분들의 흉내를 내는 경우가 왕왕 있다. 아마 황벽 스님 당시에도 그런 뜨내기들이 있었던가 보다.

부처님 옷을 걸치고 부처님 말씀을 팔아먹는 가짜는 어느 시대에나 있게 마련이다. 엄격하게 자신을 돌아보면, 불법을 눈뜨려는 생사대사가 그런 흉내나 내는 데 있지 않음은 너무나 자명한 일이며, 스스로의 양심을 속일 수는 없다. 차라리 '마른 지혜[乾慧]'를 다 던져버리고 언제나 초발심으로 돌아가는 것이 수행자의 바른 자세다.

고봉 화상은 선의 삼요三要에 신심信心과 분심憤心과 의심疑心이 꼭 필요하다고 하였다. 초발심으로 돌아가 심기일전하고, 분심을 내어 재도전하는 것이 엉거주춤하니 알음알이에 기대어 허송세월하는 것보다 더 요긴하고 바람직한 일이다.

언제나 초심으로 돌아가는 것이 가장 빠른 지름길이며, 한 생각 돌이킬 수 있는 수행자가 진정으로 귀한 사람이다.

비록 그대가 자그마한 도리를 얻었다 하더라도 그것은 다만 마음으로 헤아리는 법일 뿐이요, 선도禪道와는 전혀 상관이 없다. 달마 스님께서 면벽하신 것은 사람들로 하여금 견처見處를 가지지 못하도록 하신 것이다.

任汝會得少許道理 祇得箇心所法 禪道 摠沒交涉. 所以 達磨 面壁 都不令人 有見處.

━━━ 이 공부는 견해에서 자유로워지는 것이다. 견해만 없으면 사방팔방이 텅 비어서, 마치 새가 하늘을 나는 것처럼 자유로워진다. 그 어떤 도리라도 조금이라도 알았다고 쥐고 있으면, 그것으로 인해 마음은 즉시 어두워진다. 그 자리는 한 법도 세울 수 없다. 방거사도 "있는 것도 없이 해야 하는데, 어찌 없는 것을 있다고 하랴." 하였다.

달마 대사께서 면벽하신 것도 이 마음이 밖으로 치달으면 안 된다는 가르침을 보인 것이다. 밖으로 모든 반연을 쉬고 안으로 마음이 헐떡이지 않아서, 마음이 장벽같이 되어야 도에 들어갈 수 있다는 것이다.

마음 밖으로 무언가를 찾아 나서면 견처를 가지게 된다. 견처는 상相이 되고, 마음은 생각으로 가득찬 무명칠통이 되는 것이다. 그 칠통을 타파하기 위해 시설한 것이 조사관이다. 역대 조사 스님의 말씀은 단칼에 무명을 끊어주는 반야검이다. 그 일구에 의심이 사무치면, 분별망상이 오도 가도 못하고 녹아내리는 것이다.

그래서 말하기를 '헤아림을 잊는 것은 부처님의 도나, 분별 망상은 마구니의 경계다'라고 하였다.

故云 妄機是佛道 分別是魔境.

━━ 본래 청정한 보리자성은 누구나 완벽하게 갖추고 있고 불법은 만천하에 분명히 드러나 있어서, 다만 자기 눈을 스스로 가리지만 않으면 아무런 일이 없다. 하지만 한생각을 일으켜 이것저것을 분별하고 헤아리기 시작하면, 천지현격으로 벌어지고 만다. 그래서 다만 오염시키지만 말라고 간곡히 당부하신 것이다.

그러므로 이 자리에 계합한 사람은 작용에 머물거나 집착하지 않아서, 하루 종일 작용해도 작용한 바가 없게 된다.

달마 스님이 얘기한 단식이라는 것도 음식을 끊는 것이 아니라 하루 종일 먹어도 먹은 바가 없음을 말하는 것이다. 먹을 때나 먹고 난 뒤에 집착이 없어서, 다만 먹을 때 먹을 줄 알 뿐이다. 이것이 공부인의 참모습이다.

그렇지만 보통 사람들은 먹을 때조차 머릿속으로 별별 생각을 다 하면서 망상을 피우므로, 음식을 먹는 게 아니라 음식에게 먹히고 있는 것이다.

이 성품은 그대가 미혹했을 때에도 잃는 것이 아니며, 깨쳤을 때에도 얻는 것이 아니다.

此性 縱汝迷時 亦不失 悟時 亦不得.

▬▬ 성품은 늘 여여해서 얻는 것도 아니고, 잃는 것도 아니다. 허공이 해가 뜨고 지는 인연 따라 밝아졌다 어두워졌다 하는 것처럼, 성품도 업에 따라 어두워졌다 밝아졌다 할 뿐, 물든 바가 없다.

정진력을 갖춘 공부인이라면 인과를 분명히 알아서 물든 바 없이 의연하게 살아갈 것이다.

천진天眞 자성에는 본래 미혹도 없고 깨침도 없다. 온 시방 허공계가 원래 나의 일심체一心體다.

天眞自性 本無迷悟. 盡十方虛空界 元來是我一心體.

■■■ 우리 모두가 갖고 태어난 성품은 불이不二의 평등한 것이어서, 미혹이나 깨침 혹은 중생이나 부처 등 이분법적 분별에 떨어지지 않는다. 그것은 마치 허공과 같이 온 우주를 두루 감싸고 있어서, 한 물건도 여기에 예외가 있을 수 없다. 이 마음은 허공과 달라서 신령스런 기운으로 꽉 차 있다. 텅 비어 있으면서도 신령스런 마음이 온 우주에 가득 차 있지만, 한생각이 일어나서 분별망상에 덮이면 무명칠통으로 인해 깜깜해지는 것이다.

황벽 스님은 《전심법요》 첫 장에서도 "일체 부처와 중생은 한마음일 뿐, 다시 다른 법이 없다"고 시작하였고, 《완릉록》에서도 다시 "온 시방 허공계가 원래 나의 일심체다"라고 강조하고 있다. 실로 역대 조사들께서 전해주고자 하는 심법心法이란 단지 이 하나의 실상을 밝히고자 한 것이다.

그러니 그대가 아무리 몸부림치고 조작해본들 어찌 허공을
벗어날 수 있겠는가?

縱汝動用造作 豈離虛空.

━━━ 일체만법이 아무 일 없이 법계를 장엄하고 있지만, 이
사실을 모르기 때문에 마음을 찾아 천지사방을 헤매고 있다.
　한생각 돌이켜 마음에 계합하면 되는데, 한생각을 일으켜
밖으로 구하면서 멀어지고 있다.

허공이란 본래부터 크지도 않고 작지도 않으며, 번뇌도 없고 작위도 없으며, 미혹도 없고 깨침도 없다. 그래서 '요달了達해서 보면, 한 물건도 없고 사람도 없고 부처도 없다'고 한 것이다.

虛空 本來無大無小 無漏無爲 無迷無悟. 了了見無一物 亦無人亦無佛.

━━ 본래 청정한 성품을 요달하면, 그 자리에는 한 법도 세울 수가 없음이 분명하다. 텅 비어 있지만, 동시에 신령한 기운으로 가득해서 온갖 모습으로 나투고 있다.

이 일단의 일을 있다고도 할 수 없고 없다고도 할 수 없어, 도저히 말로 표현할 수가 없어서 불가사의하다고 했다.

언어도단言語道斷 심행처멸心行處滅의 중도실상은 알음알이로는 끝내 가늠해볼 수 없으므로, 결국 선지식을 의지해 실참실수實參實修하여 깨달음으로써 스스로 확인해볼 수밖에 없다.

털끝만큼의 사량 분별도 모두 끊어지고, 의지함도 없고 집착함도 없이 한 길로 맑게 흐르는 이것이 곧 자성의 무생법인無生法忍이니, 어찌 머뭇거리겠는가!

絕纖毫的量 是無依倚 無粘綴 一道淸流. 是自性無生法忍 何有擬議.

━━ 생사일대사를 해결할 수 있는 부처님의 가르침이 바로 무생법인이다. 몸이나 번뇌망상은 생사윤회를 거듭하고 있지만, 우리에게 본래 갖추어져 있는 자성은 만들어진 일도 없고 없어지는 일도 없다. 아무리 제행이 무상해도, 생멸하는 그 자리는 적연부동寂然不動하여 맑게 흐를 뿐이니, 이 실상을 깨달아서 생사문제를 근본적으로 해결하라는 것이다.

무생법인을 깨달으면, 본래 태어난 적이 없으니 죽을래야 죽을 수가 없다. 다행히도 무생법인을 깨달을 수 있는 마하반야바라밀법의 인연을 만났으니, 이런 기회를 살려 실제 수행의 세계로 들어가 생사문제를 철저하게 해결해야 한다.

무생법인의 소중한 가르침을 입으로만 외우고 실제로 체득하지 않으면, 염라노자가 밥값 받으러 올 때 아무리 후회해도 때는 늦을 것이다.

참부처는 입이 없어서 설법할 줄 모르고, 참으로 듣는 자는
귀가 없으니 그 누가 듣겠는가! 그만 돌아들 가거라.”

眞佛無口 不解說法. 眞聽無耳 其誰聞乎 珍重.

━━ 황벽 스님은 종일 설법하였지만, 설법한 바가 없고,
그 말귀를 알아듣는 자는 종일 들어도 들은 바가 없다.

　삼라만상이 설법한 바 없이 설하고, 이근耳根이 원통한 이
는 아무리 장광설을 들어도 한 법도 들은 바가 없다.

　준마는 채찍 그림자만 봐도 즉각 내달리고, 낙처落處를 아
는 눈 밝은 이는 선지식께서 법상에 올라 주장자를 한 번 치
고 내려가도 말없음으로 화답한다.

　황벽 스님의 자비하신 가르침을 한 구절이라도 붙잡고 마
음에 새기려 든다면 곧 마설魔說로 변할 것이다.

　허공을 나는 새의 흔적이 없듯이, 붉은 화로에 떨어지는
흰 눈의 자취가 없는 것처럼, 일도청류―道淸流가 황벽 스님
의 자비에 대한 후학의 도리일 것이다.

행록

17 천태산에서

대사는 본래 민현閩縣 땅의 어른이신데, 어려서 고향의 황벽
산으로 출가하였다. 스님의 이마에는 육주가 솟아 있었다.
목소리는 낭랑하고 부드러웠으며, 뜻은 깊고도 담백하였다.

**師本是閩中人 幼於本州黃蘗山 出家. 額間隆起如珠. 音辭朗
潤 志意沖澹.**

━━ 황벽 스님께서 공부하러 다니실 때의 이야기를 전해준
다. '유행'이란 선지식을 찾아 여기저기 다니는 것을 말한
다. 민현은 지금 중국 남쪽의 푸젠福建 성이다.

　스님의 이마에는 구슬 같은 혹이 불거져 나와, 특이한 상
호를 이루었던 것 같다.

뒷날 천태산天台山을 지나다가 한 스님을 만났는데, 마치 오래 사귄 사람처럼 친숙했다. 이에 함께 길을 가다가 개울물이 불어난 곳에 이르렀다. 대사께서 석장을 짚고 멈추어 서니, 그 스님이 대사를 모시고 건너려고 하였다. 그때 대사께서 말씀하셨다.

"스님이 먼저 건너시오."

그러자 그 스님은 곧 삿갓을 물 위에 띄우고는 곧장 건너가 버렸다. 대사께서 말씀하셨다.

"내 어쩌다 저 뱃사공 같은 놈하고 함께했을까? 한 몽둥이로 죽도록 때려주지 못한 것이 후회스럽다."

後遊天台 逢一僧如舊識. 乃同行 屬澗水暴漲. 師倚杖而止 其僧 率師同過. 師云 請兄先過. 其僧 即浮笠於水上便過. 師云 我却共箇稍子作隊 悔不一棒打殺.

━━━ 국청사國淸寺는 천태지자 대사가 개창하신 절로서, 당나라 때는 훗날 선시禪詩로 유명해진 한산, 습득, 풍간의 삼은三隱이 숨어 살았던 곳이다.

황벽 스님께서 국청사가 있는 천태산을 유행 중에 오래전부터 통하는 듯한 스님을 만났던 모양이다. 스님께서 그 즉시 스님과 동행하다가 어느 개울물 불어난 곳에서 상대방이 삿갓을 타고 건너는 신통을 보고 말았다. 스님은 진작에 "그 나한 놈을 때려주지 못한 것이 후회된다"고 실망하셨다는 것이다.

평상심이 도道로써, 산에서 나무하고 물 긷는 생활 자체가 신통묘용이지, 따로 신통을 구하거나 부리면 이미 사도나 외도로서 부질없는 짓이다.

18 귀종의 일미선

어떤 스님이 귀종에게 하직인사를 드리자, 귀종이 그에게 물었다.

"어디로 가려는가?"

"제방에서 오미선五味禪을 배우려 합니다."

"제방에는 오미선이 있지만, 나의 이곳은 오직 일미선一味禪이 있을 뿐이다."

"어떤 것이 일미선입니까?"

그러자 귀종이 곧장 후려쳤다. 그 스님이 소리쳤다.

"알았습니다. 알았습니다."

귀종이 다그쳤다.

"말해봐라, 말해봐."

그 스님이 입을 열려고 하자, 귀종은 다시 때렸다.

그 스님이 뒤에 황벽 대사의 회하에 이르자 대사께서 물었다.

"어느 곳에서 오는가?"

"귀종에서 옵니다."

"귀종이 무슨 말을 하던가?"

그 스님이 앞의 이야기를 그대로 말씀드리니, 대사께서는 곧 상당上堂하여 그 인연을 들어서 말씀하셨다.

"마조 스님께서 여든네 명의 선지식을 배출하긴 했으나 질문을 당하면 모두가 똥이나 줄줄 싸는 형편들인데, 그나마 귀종이 조금 나은 편이다."

有僧辭歸宗. 宗云 往甚處去. 云 諸方 學五味禪去. 宗云 諸方 有五味禪 我這裏 祇是一味禪. 云 如何是一味禪. 宗便打. 僧 云 會也會也. 宗云 道道. 僧 擬開口 宗又打. 其僧 後到師處. 師問 甚麼處來. 云 歸宗來. 師云 歸宗 有何言句. 僧遂擧前 話. 師乃上堂擧此因緣云 馬大師 出八十四人善知識. 問著箇 箇屙漉漉地 祇有歸宗 較些子.

■■■ 여산의 귀종사에 머물렀던 귀종지상歸宗智常 선사는 마조 스님의 법상좌로서, 흔히 '눈 붉은[赤眼] 귀종'이라고 불

린다. 서당, 백장, 남전, 귀종 등이 마조의 제자 중에서 빼어
났다고 전해진다. 백장 밑에서 황벽이 나왔고, 남전 아래서
는 조주가 나왔으며, 서당의 법은 도의 국사를 통해 해동에
전해졌다. 그런데 귀종은 '한 맛의 선'이라고 불릴 정도로
아주 단도직입적으로 법을 썼던 것 같다. 황벽 스님도 사숙
인 귀종 선사를 존중하고 있다.

보조 국사의 《수심결》에도 귀종 화상의 일화가 나온다.

어떤 스님이 귀종 스님에게 물었다.

"어떤 것이 부처입니까?"

귀종 스님이 말하였다.

"내가 이제 그대에게 일러주려고 하나, 그대가 믿지 않을
까 걱정이다."

"스님의 간곡하신 말씀을 어찌 감히 믿지 않겠습니까?"

"그대가 바로 부처니라."

"어떻게 보림합니까?"

"한 꺼풀 눈을 가리니 허공 꽃이 어지러이 떨어지느니라."

그 스님은 말끝에 깨달았다.

19 사미를
거푸 때리다

대사께서 염관鹽官의 회상에 있을 때, 대중大中 황제는 사미
승으로 있었다. 대사께서 법당에서 예불을 드리는데, 그 사
미가 말하였다. "부처에 집착하여 구하지 않고, 법에 집착하
여 구하지 않으며, 중생에 집착하여 구하지 않아야 하는 것
이거늘, 장로께서는 예배하시어 무엇을 구하십니까?"
대사께서 말씀하셨다.
"부처에 집착하여 구하지 아니하고, 법에 집착하여 구하지
아니하며, 중생에 집착하여 구하지 아니하면서, 늘 이같이
예배하느니라."
사미가 말했다.
"예배는 해서 무얼 하시렵니까?"

그러자 대사께서 곧장 손을 올려붙였고, 그 사미승은 말했다.

"몹시 거칠군요."

그러자 대사께서 말씀하셨다.

"여기에 무슨 도리가 있기에 감히 거치다니 미세하다니 대꾸하느냐!" 하고는 또 올려붙이니, 사미는 바로 도망갔다.

師在鹽官會裏 大中帝爲沙彌. 師於佛殿上禮佛 沙彌云. 不著佛求 不著法求 不著衆求 長老禮拜 當何所求. 師云 不著佛求 不著法求 不著衆求 常禮如是事. 沙彌云 用禮何爲. 師便掌. 沙彌云 太麤生. 師云 這裏是什麽所在 說麤說細. 隨後又掌 沙彌便走.

━━ 황벽 스님께서 마조의 법제자로 사숙인 염관제안鹽官齊安 (?~842)의 회상에서 지낼 때 일이다. 후에 당나라 16대 황제가 되는 선종宣宗 이침李忱은 몸을 피해 절에서 사미로 숨어 지내고 있었다.

어느 날 예불을 올리는 황벽 스님을 희롱하였다.

그런데 임자를 만났는지, 연거푸 뺨을 맞으며 호된 꾸지람을 듣고 혼쭐이 났다.

나중에 회창법난이 끝나자, 이 사미가 황실에 모셔져 황제가 되었다. 그는 즉위한 후 이 일을 회상하고는 황벽 선사에게 추행사문麤行沙門, 즉 '거친 스님'이라는 이름을 붙이고자 했다. 그때 재상 배휴가 "선사가 폐하를 거푸 때린 것은 과거 현재 미래 삼제三際의 윤회를 끊어드리려 한 것입니다"라고 간했다. 황제는 곧 돌이키고 황벽 스님에게 '단제斷際'라는 시호를 내렸다.

20 위음왕 이전

대사께서 제방을 행각할 때 남전南泉에 이르렀다. 하루는 공
양을 할 때, 발우를 들고 남전의 자리에 가서 앉았다.

남전이 내려와 보고는 곧 물었다.

"장로는 어느 시절에 도를 행하였소?"

대사가 말했다.

"위음왕 이전부터입니다."

"그렇다면 내 손자뻘이 되는구먼."

대사는 곧 아래로 내려갔다.

師行脚時到南泉. 一日齋時 捧鉢向南泉位上坐. 南泉 下來見
便問 長老什麼年中行道. 師云 威音王已前. 南泉云 猶是王老
師孫在 師便下去.

━━━ 남전보원南泉普願(734~843)은 황벽의 스승 백장 선사와 사형사제간이니 사숙 스님이다. 만행 다니던 중 사숙의 절에 가서 한번 거량을 해보았던 것이다.

위음왕 부처님은 과거장엄겁 최초불이시다. 따라서 위음왕 이전은 곧 '부모미생전'을 뜻한다. 기봉이 예리한 남전 선사는 그 말에 '그래도 내 손자다'라고 받아쳤고, 황벽은 말없이 자기 자리로 돌아갔던 것이다.

두 분의 우레소리를 들었는가?

21 삿갓

어느 날 대사께서 외출하려고 할 때에 남전이 말하였다.

"이렇게 커다란 몸집에 조금 큰 삿갓을 쓰셨군!"

대사가 말했다.

"삼천대천세계가 모두 이 속에 들어 있습니다."

남전이 말했다.

"나도?"

그러자 대사는 삿갓을 쓰고 곧 가버렸다.

師一日出次 南泉云. 如許大身材 戴箇些子大笠. 師云 三千大
千世界總在裏許. 南泉云 王老師你. 師戴笠便行.

▬▬ 사숙 남전과 황벽 스님의 법담이 이어진다. 황벽 스님

은 몸집이 큰데다 삿갓도 매우 컸던 모양이다. 그 꼴이 우스워 짐짓 시비를 붙여본 것이다. 그러자 천연덕스럽게 우주가 모두 이 속에 들어 있다고 대꾸했다. 그때 즉각 응수한 남전의 칼날이 날카롭다.

"나도?"

과연 남전의 본래면목은 어디에 있을까?

곧바로 흔적을 지워버리는 황벽의 수단은 어떠한고?

22 한 물건에도
의지하지 않는다

하루는 대사가 차당茶堂에 앉아 있는데, 남전이 내려와 물었다.

"정과 혜를 함께 배워서 불성을 밝게 본다 하는데, 이 뜻이
무엇이오?"

"하루 종일 한 물건에도 의지하지 않습니다."

"그게 바로 장로의 견처요?"

"부끄럽습니다."

"차 값은 그렇다 치고, 짚신 값은 어디서 받으란 말이오?"

그러자 대사는 바로 쉬어버렸다.

師一日 在茶堂內坐. 南泉 下來. 定慧等學 明見佛性 此理如何.
師云 十二時中 不依倚一物. 泉云 莫便是長老見處麽. 師云 不
敢. 泉云 漿水錢 且置 草鞋錢 教什麽人還. 師便休.

뒷날 위산灁山이 이 이야기를 가지고 앙산仰山에게 물었다.

"황벽이 남전을 당해내지 못한 게 아닌가?"

"그렇지 않습니다. 황벽에게는 범을 사로잡는 기틀이 있었음을 아셔야 합니다."

위산이 말했다.

"그대의 보는 바가 이만큼 컸구나!"

後灁山擧此因緣 問仰山. 莫是黃蘗 搆他南泉不得麽. 仰山云 不然 須知黃蘗 有陷虎之機. 灁山云 子見處得與麽長.

━━ 남전이 조카뻘 되는 황벽을 시험하니, 황벽은 멋지게 응대하며 평수를 이루고 있다. 후에 황벽과 사형사제간이 되는 위산灁山靈祐(771~853)이 이 일화를 들어 애제자 앙산의 안목을 시험하니, 눈 밝은 앙산仰山慧寂(803~887)이 낙처를 간파해서 스승을 기쁘게 하였다.

위산과 앙산은 오가 칠종의 맏형이 되는 위앙종의 종풍을 휘날리게 된다. 황벽 선사의 이 시대는 가히 기라성 같은 강호제현江湖諸賢이 출현한 '선의 황금시대'라 할 만하다.

23 주인
노릇

하루는 대중이 울력을 하는데, 남전이 황벽에게 물었다.

"어디로 가는가?"

"채소 다듬으러 갑니다."

남전이 말했다.

"무엇으로 다듬는가?"

대사가 칼을 세워 보이자 남전이 말하였다.

"그저 손님 노릇만 할 줄 알지, 주인 노릇은 할 줄 모르는
군."

그러자 대사는 칼을 세 번 두드렸다.

一日 普請 泉問 什麽處去. 師云 擇菜去. 泉云 將什麽擇 師豎
起刀子. 泉云 只解作賓 不解作主. 師 扣三下.

━━━ 여기서도 남전 선사가 황벽 스님을 다루고 있다. "무엇으로 다듬는가?" 이 말의 낙처를 안다면, 바로 드러내 보이면 된다. 하지만 이런 말을 들었을 때, 술 취한 사람처럼 장황하게 설명을 한다든지, 혹은 넋 나간 사람처럼 아무 대꾸도 못하면, 그만 혼 빠진 놈이 되고 만다.

황벽이 칼을 세워 보이자, 남전은 다시 확인한다. "그저 손님 노릇만 할 줄 알지 주인 노릇은 할 줄 모르는군." 황벽은 이 말에 칼을 세 번 탁, 탁, 탁 쳐 보였다.

이 속의 일을 짐작한다면, 이 무슨 도리인고?

24 영양의 발자국

하루는 새로 온 스님 다섯 명을 한꺼번에 만나보았다. 그중에서 한 스님이 예배를 올리지 않고 그저 손으로 원상圓相을 그리고 서 있었다. 이것을 본 황벽이 그에게 말했다.

"훌륭한 사냥개 한 마리를 아느냐?"

"영양羚羊의 기운을 찾아왔습니다."

"영양에게 기운이란 없거늘, 그대는 어디서 찾겠느냐?"

"영양의 발자국을 찾아왔습니다."

대사가 말했다.

"영양은 발자국이 없거늘, 그대는 어디서 찾겠느냐?"

"영양의 흔적을 찾아왔습니다."

대사가 말했다.

"영양은 흔적이 없거늘, 그대는 어디서 찾겠느냐?"

"그렇다면 그것은 죽은 영양입니다."

이 말을 듣자 대사는 더 이상 말씀하시지 않았다. 이튿날 법좌에 올라 설법이 끝난 뒤에 물었다.

"어제 영양을 찾던 스님은 앞으로 나오너라."

그 스님이 바로 나오자, 대사가 말씀하셨다.

"내가 어제 그대와 대화를 하다가 미처 말을 다 하지 않았는데, 어떤가?"

그 스님이 말이 없자, 대사가 말했다.

"본분납승本分衲僧인가 했더니, 그저 뜻이나 따지는 사문이군."

一日 五人新到 同時相看. 一人 不禮拜 以手畫一圓相而立. 師云 還知道好隻獵犬麽. 云 尋羚羊氣來. 師云 羚羊 無氣 汝向什麽處尋. 云尋 羚羊蹤來. 師云 羚羊 無蹤 汝向什麽處尋. 云 尋羚羊跡來. 師云 羚羊 無跡 汝向什麽處尋. 云 與麽則死羚羊也. 師便休. 來日陞座退. 問 昨日尋羚羊僧出來. 其僧便出. 師云 老僧 昨日 後頭未有語在 作麽生. 其僧無語 師云 將謂是本色衲僧 元來祇是義學沙門.

▬ 영양은 잠잘 때 뿔을 나뭇가지에 걸고 자취를 끊고 잔

다고 해서, 선문에서는 상相을 여의어 찾을 수 없는 그 입장을 흔히 영양에 빗대서 쓴다. 여기서는 황벽 선사가 자신의 회상에서 공부하려고 찾아온 스님을 격발시키는 모습이 약여하게 드러나고 있다.

영양은 찾아서 무엇하겠다는 말인가?

25 배휴의 기연

대사께서는 일찍이 대중을 흩으시고, 홍주洪州 땅의 개원사 開元寺에 머물고 계셨다. 이때에 상공 배휴가 어느 날 절에 행 차 나와서 벽화를 보고 주지 스님께 물었다.

"이것은 무슨 그림입니까?"

주지 스님께서 말했다.

"고승들을 그린 그림입니다."

상공이 말했다.

"고승들의 겉모습은 여기에 있지만, 고승들은 어디에 계십 니까?"

주지 스님이 아무 대답을 못하자, 상공이 말했다.

"이곳에 선승은 없습니까?"

주지가 말했다.

"한 분이 계십니다."

상공은 마침내 대사를 청하여 뵙고, 전에 주지 스님께 물었던 일을 스님께 여쭈었다. 그러자 대사가 불렀다.

"배휴!"

"예!"

대사가 물었다.

"어디에 있는고?"

상공은 이 말끝에 깨달은 바가 있었다. 그리하여 대사에게 다시 개당하시기를 청했다.

師曾散衆在洪州開元寺. 裵相公 一日入寺行次 見壁畫. 乃問寺主 這畫是什麼. 寺主云 畫高僧. 相公云 形影 在這裏 高僧在什麼處. 寺主無對. 相公云 此間 莫有禪僧麼. 寺主云 有一人. 相公遂請師相見 乃擧前話問師. 師召云 裵休. 休應諾. 師云 在什麼處. 相公於言下有省. 乃再請師開堂.

━━ 이 글의 화자가 '상공 배휴가 운운' 하는 것을 보면, 이 글은 배휴가 직접 쓴 것이 아니라는 것을 알 수 있다.

이때는 황벽 스님이 회창법난의 불법사태를 만나서 신분

을 드러내지 않고 대중 틈에 섞여서 지내고 있었다.

당 무종武宗(814~846)이 불법을 탄압하여 사찰을 몰수하고, 승려를 환속시키는 엄중한 시절이었다. 황벽 스님도 사중의 대중을 모두 흩어버리고, 지역 내의 유일한 공찰인 개원사에서 숨어 지냈다. 이때 불심이 강한 배휴 상공을 만나 회창법난 후 선종이 크게 융성하는 기반을 조성하게 된다.

여기서 배휴의 질문을 보면, 그가 이미 불법에 대한 견해는 가지고 있었으나 그 견해에 막혀 마음을 쉬지는 못하고 있었던 사실을 알 수 있다.

그렇지만 이렇게 의심을 지니고 있어야 문답 끝에 안목이 열리는 것이다. 이런 배휴의 기연 덕분에, 오늘날 황벽 스님의 귀중한 법문이 우리에게 전하니 다행스런 일이 아닐 수 없다.

배휴 거사의 눈동자는 어느 곳에 있는고?

26 거위왕

대사가 법상에 올라 말씀하셨다.

"그대들은 모두 술 찌꺼기나 먹는 놈들이다. 이처럼 행각하고 있다지만 남들의 비웃음이나 사고 있다. 이같이 안이하게 세월만 보낸다면, 언제 오늘 같은 날이 또 오겠느냐? 이 큰 당나라에 선사禪師가 없음을 그대들은 아는가?"

이때에 어떤 스님이 물었다.

"제방에는 지금 선사들이 세상에 나와 대중을 이끌고 중생을 일깨우고 계신데, 어찌하여 스님께서는 선사가 없다고 말씀하십니까?"

"선禪이 없다는 게 아니라, 사師가 없다는 말이니라."

上堂云 汝等諸人 盡是嘄酒糟漢. 與麼行脚 笑殺他人. 總似與

麽容易. 何處更有今日. 汝還知大唐國裏 無禪師麽. 時有僧問.
祇如 諸方 見今出世 匡徒領衆. 爲什麽 却道無禪師. 師云 不
道無禪 祇道無師.

뒷날 위산이 이 이야기에 대해 앙산에게 물었다.

"그래 네 생각은 어떠냐?"

"거위왕이 우유만 골라 먹는 솜씨는 본디 집오리 무리와는
다릅니다."

그러자 위산이 말했다.

"이것은 참으로 가려내기 어렵다."

後潙山擧此因緣問仰山. 云 意作麽生. 仰山云 鵝王擇乳 素非
鴨類. 潙山云 此實難辨.

━━ 배휴의 청에 의해, 황벽 스님께서 개당설법을 했다.

　　상당해서 첫마디부터 대중을 격발시켜 공부하도록 유도하
고 있다. 그때는 불법사태 직후의 어수선한 때이니 만큼, 대
중들을 철저하게 공부인연으로 되돌려야 한다는 것을 절감
하고 경책을 내리고 있는 것이다. '술 찌꺼기나 먹는 놈'이
란, 공부를 하려고 하고 있지만 아직까지 눈을 뜨지 못하고

속에 알음알이나 잔뜩 채우고 있음을 신랄하게 비판하는 말
이다.

거위왕[鵞王] 이야기는 경에 나오는데, 물과 우유를 섞어
놓으면 우유만 골라 마시고 물은 고스란히 남긴다고 한다.
거위왕은 부처님을 비유한 것인데, 그만큼 법에 대한 안목이
분명하다는 뜻이다. 앙산은 불법사태 당시에 선은 있지만,
선사는 드물다는 황벽의 철저한 자기반성을 긍정하고 있다.

거위왕을 직접 만나보았는가?

27 이름 짓기

어느 날 배 상공이 불상 한 구를 대사 앞에 들고 와서 무릎을 꿇고 말했다.

"청하옵건대 스님께서 이름을 지어주십시오."

대사가 불렀다.

"배휴!"

배휴가 "예!" 하고 대답하자 대사가 말했다.

"내 그대에게 이름을 지어주어 마쳤소."

그러자 상공은 곧바로 절을 올렸다.

裵相 一日 托一尊佛於師前胡跪云. 請師安名. 師召云 裵休.

休應諾. 師云 與汝安名竟. 相公便禮拜.

━━ 황벽 스님은 배휴를 높이 사서 큰 이름을 붙여주고 있다. 아예 말귀를 못 알아들을 사람이라면 그 눈높이에 맞춰 응대했겠지만, 그래도 배 상공은 낙처를 아는 사람이니, 그에 걸맞게 이름을 지어준 것이리라.

차마 눈뜨고는 보지 못할 광경이로다. 어떤 부처의 명호인가? 토끼뿔이요, 거북털이로구나. '돌咄'

28 배휴의 헌시

하루는 배상공이 시詩 한 수를 대사께 지어 올리자, 대사께서 받으시더니 좌복 아래로 숨겨버렸다.

"알겠소?"

상공이 말했다.

"모르겠습니다."

대사가 말했다.

"이처럼 모른다면 그나마 조금은 낫다 하겠지만, 만약 종이와 먹으로써 형용하려 한다면 우리 선종과 무슨 관계가 있겠소?"

相公 一日 上詩一章. 師接得便坐却. 乃問 會麼. 相公云 不會. 師云 與麼不會 猶較些子. 若形紙墨 何有吾宗.

상공의 시는 이러하였다.

대사께서 심인을 전하신 이후로

이마에는 둥근 구슬 몸은 칠 척이로다.

석장을 걸어놓고 촉수에 머문 지 십 년

물 위에 띄운 잔이 오늘은 장수를 건너왔네.

일천 무리의 용상대덕은 높은 걸음걸이 뒤따르고

만 리에 뻗친 향그런 꽃은 수승한 인연을 맺었도다.

스승으로 섬겨 제자가 되고자 하오니

장차 법을 누구에게 부촉하실지는 모른다네.

詩曰

自從大士傳心印 額有圓珠七尺身. 掛錫十年棲蜀水 浮杯今日

渡漳濱. 千徒龍象 隨高步 萬里香花 結勝因. 願欲事師爲弟子

不知將法付何人.

대사께서 대답하여 가로되,

마음은 큰 바다와 같아 가없고

입으론 붉은 연꽃을 토하여 병든 몸을 돌보네.

비록 한 쌍의 일없는 손이 있으나

둔한한 사람에게 일찍이 공경히 읍揖한 적 없노라.

師答曰

心如大海無邊際 口吐紅蓮養病身. 雖有一雙無事手 不曾祇揖
等閑人.

━━ 황벽 스님을 인연해서 눈을 뜬 배휴가 선비사회에서
의례히 하는 것처럼 시를 지어 바쳤다. 황벽 스님의 모습이
거칠게 보여도, 사실은 한없이 섬세한 것이다. 거친 듯한 가
운데 정밀하여 상대방의 심금을 울리고, 올바른 길을 지적해
주며 소중한 인연을 열어준 것이다.

　황벽 선사의 자비심은 끝간 데가 없구나. 어떤 것이 불법
의 가장 큰 뜻일까?

29 여래청정선

무릇 도를 배우는 사람은 모름지기 잡다하게 배운 모든 반연을 물리쳐야 한다. 그리하여 결정코 구하지도 말고 집착하지도 않아서, 깊은 법을 듣더라도 맑은 바람이 귓가에 잠깐 스쳐 지나간 듯이 여기어 그것을 좇아서는 안 된다. 이것이 바로 여래선如來禪에 매우 깊숙이 들어가 참선을 한다는 생각마저도 내지 않는 것이다. 위로부터 역대 조사들께서 오로지 한마음만을 전하셨다. 결코 두 법이 있을 수 없으니, 마음이 그대로 부처임을 바르게 가르치신 것이다.

夫學道者 先須屛却雜學諸緣. 決定不著 聞甚深法 恰似淸風屆耳 瞥然而過 更不追尋. 是爲甚深入如來禪 離生禪想. 從上祖師 唯傳一心. 更無二法 指心是佛.

▬▬ 도 배우는 사람이라면 순수한 입장에서 사고하고 행동해야지, 쓸데없이 잡스러운 시간을 보내서는 도와는 상관없게 된다. 오로지 생사대사를 밝히는 데에 마음을 두고, 본분사에 전념해야 한다. 그리고 도인의 마음 씀씀이는 보통 사람들과는 달라서 선악善惡이나 호오好惡의 상相이 없다. 그래서 그 모습이 특별히 거룩하거나 휘황한 게 아니라, 어쩌면 평범하기 그지없는 것이다. 하지만 무심도인이 마음을 쓰는 인연은 귀신도 엿볼 수 없다고 했다.

여기서 여래선이라 한 것은 조사선과 우열을 두고 한 말이 아니라, 여래선과 조사선을 따로 나누지 않고 여래선이 곧 조사선이라는 입장에서 한 말로 보인다.

그런데 뒷날 앙산 스님이 향엄 스님을 점검하는 자리에서 '여래선'이니 '조사선'이니 하는 말을 가려서 썼지만, 안목을 갖춘 사람의 입장에서는 여래선이라 해도 소화되고 조사선이라 해도 걸리는 게 없는 법이다. 안목이 없는 사람이 괜히 말 따라 가서 쪼개면 쪼갤수록, 분별심만 더 치성해져서 어두워지고 아무런 이익이 없다.

왜 이런 소리들을 이렇게 했는지 하는 것은 다 그때의 인연이고 까닭이 있어서 얘기하는 것이다. 눈도 못 뜬 사람이 말과 뜻만 배우고 명상名相에 빠져서 정신 나간 짓을 하면, 참공부와는 멀어진다.

등각이니 묘각이니 하는 지위를 단박에 뛰어넘어서, 절대로 제이념第二念으로 흘러 들어가서는 안 된다. 이렇게 해야 비로소 우리 선문禪門에 비슷하게나마 들어오는 것이니, 너희 경망한 사람들이 어떻게 이 법을 배울 수 있겠는가?

頓超等妙二覺之表 決定不流至第二念. 始似入我宗門 如斯之法 汝取次人 到這裏 擬作魔生學.

━━ 여래선이라면 등각이니 묘각이니 하는 지위나 점차에 머물지 말고, 앞뒤가 다 끊어져 실제로 완벽한 것을 구축할 수 있어야 한다.

이와 같이 황벽 스님은 두말할 것도 없이 싹 쓸어버리는 입장에서 철저하게 법을 쓰고 있다.

선사라면 모름지기 이러한 자신감을 가지고 납자들을 더욱 크게 격발시키면서 제접해야 할 것이다.

그러므로 말하기를 "마음으로 헤아릴 때에는 그 헤아리는 마음이라는 마구니에 묶여버리고, 한편 마음으로 헤아리지 않을 때에는 또 헤아리지 않는 마음이라는 마구니에 묶인다. 그렇다고 마음으로 헤아리지 않는 것도 아닐 때에는 또 역시 헤아리지 않는 것도 아닌 마음의 마구니에 묶인다. 그러므로 마구니는 밖에서 오는 것이 아니라 그대 마음에서 나온다"고 한 것이다. 이것은 오직 신통마저 없는 보살이라야 그 발자취를 찾아볼 수 없다는 뜻이다.

所以道 擬心時 被擬心魔縛. 非擬心時 又被非擬心魔縛. 非非擬心時 又被非非擬心魔縛. 魔非外來 出自你心. 唯有無神通菩薩 足跡 不可尋.

━━ 헤아려도 안 되고 헤아리지 않아도 안 된다는 것은 결국 깨달아야 결판이 난다는 말이다. 아는 사람은 무슨 말이나 무슨 행동을 해도 법에 들어맞고, 모르는 사람은 헤아려도, 헤아리지 않아도 법에 어긋난다.

부처가 와도 삼십방, 마구니가 와도 삼십방이로다.

누가 있어 방을 면할 수 있을 것인가?

만약 언제든지 마음에 상견常見이 있으면, 그것이 바로 상견외도常見外道다. 만약 일체의 법이 공空하다고 관觀하고 공견空見을 지으면, 그것이 바로 단견외도斷見外道다. 그러므로 "삼계는 오직 마음이고 만법은 오직 식이다[三界唯心 萬法唯識]"라고 하는 것도 외도와 삿된 견해를 가진 사람들을 제도하기 위한 말일 뿐이다. 만약 법신을 최상의 깨달음이라 한다면, 그것도 삼현십성에 해당하는 사람들을 위해서 하는 말이다.

若以一切時中 心有常見 卽是常見外道. 若觀一切法空 作空見者 卽是斷見外道. 所以 三界唯心 萬法唯識 此猶是對外道邪見人說. 若說法身以爲極果 此對三賢十聖人言.

━━ '상견'이란 모든 것이 영원불멸하다는 견해다. 예컨대 사람은 죽지만 자아는 없어지지 않는다거나, 오온은 언제나 상주불변하다는 그릇된 견해를 말한다. '단견'이란 상견과 반대되는 말로서, 모든 것이 단멸斷滅하고 무상하여 실재하지 않는다는 견해다. 이런 견해를 가진 자는 사람이 죽으면 몸과 마음이 모두 없어져서 아무것도 남지 않는다는 그릇된 소견을 고집한다.

그리하여 인과를 부정하고, 아무런 노력도 하지 않는 허무에 빠지기 쉽다. 상견과 단견을 '이견二見'이라 하는데, 육사외도들의 생각이다.

이에 비해 불법은 언제나 중도에서 벗어나지 않는다. 특히 본래 어떤 일도 없는 본지풍광의 입장에서 본다면, 상견이니 단견이니, 삼계유심이니 만법유식이니, 삼현십성이니 법신이니 하는 말들도 한쪽에 치우쳐 있거나 머무르고 있는 사람에게 방편으로 일러주는 것일 뿐이다.

구지 선사는 누군가 법을 물어올 때면, 그저 손가락 하나만 세워 보여주었다. 그러면서 '이 법을 평생 썼지만 다 쓰지 못하고 간다' 하였다.

그러므로 불조께서 이심전심으로 전해주신 불이법이 참으로 귀하다고 할 것이다. 다만 이 법은 들을 수 있는 눈과 귀를 갖춘, 자격 있는 사람만이 들을 수 있다.

그러므로 부처님께서는 두 가지의 어리석음을 끊으셨는데, 하나는 미세한 알음알이의 어리석음이며, 또 하나는 극히 미세한 알음알이의 어리석음이다.

故 佛斷二愚 一者 微細所知愚 二者 極微細所知愚.

━━ 공부를 하다가 뭔가 체험이 온다든지 혹은 화두가 풀린다든지 할 때, 더 조심해야 한다. 경계를 법인 줄 알고 붙잡으면 그곳에 머물게 되어 더 이상 진전할 수 없게 된다.

그래서 순경계가 역경계보다 더 무섭다고 한 것이다.

미세한 알음알이는 공부인들로 하여금 자기도 모르게 집착하게 만들기 때문에 법상法相이라고 하는 것이다.

아주 고요한 경계에서 일어나는 굉장한 것일지라도 무심하게 흘려보내야 하는데, 자칫하면 그것에 머무르게 되는 것이다.

한 번 분명히 계합했다면, 알음알이에 국집하지 않고 바보 멍청이처럼 지내도, 결국엔 훤히 드러나는 법이다.

부처님께서는 이미 이와 같으셨거늘, 다시 무슨 등각과 묘각을 말하겠는가? 그러므로 모든 사람은 그저 밝음만을 원하고 어둠을 싫어하며, 단지 깨달음만 구하고 번뇌와 무명은 물리치면서 말한다. "부처님은 깨달으셨고, 중생들은 망상 피운다." 그러나 만약 이런 견해를 짓는다면, 백 겁 천 생이 지나도록 육도 윤회해도 결코 끝나지 않으리라. 왜냐하면 모든 부처님의 본원本源인 자성을 비방한 것이기 때문이다.

佛旣如是 更說什麽等妙二覺來. 所以 一切人 但欲向明 不欲向闇 但欲求悟 不受煩惱無明. 便道 佛是覺 衆生是妄. 若作如是見解 百劫千生 輪廻六道 更無斷絕. 何以故 爲謗諸佛本源自性故.

■■■ 교학에서 차제를 정하고 정리해놓은 것에는 다 까닭이 있다. 중생들로 하여금 믿음을 내게 하고, 그 믿음을 더 큰 믿음으로 전환시켜 안목으로 거듭나게 하려는 방편설이다.

그렇지만 근본자리에 무슨 차제가 있겠는가? 큰 공부는 사교입선捨敎入禪해야 더 큰 인연으로 거듭나는 것이다.

수행자라면 단칼에 모든 양변을 여의고, 일체 중생이 본래 부처임을 즉각 계합해야 한다.

부처님께서는 그대들에게 분명히 말씀하셨다. "부처라 해서 밝지 않고, 중생이라 해서 어둡지 않다. 왜냐하면 법에는 밝음도 어둠도 없기 때문이다. 부처라고 해서 또한 강하지도 않고, 중생이라고 해서 약하지도 않다. 왜냐하면 법에는 강함도 약함도 없기 때문이다. 또 부처라고 해서 지혜로운 것도 아니고, 중생이라 해서 어리석은 것도 아니다. 왜냐하면 법에는 지혜로움도 어리석음도 없기 때문이다."

他分明向你道. 佛且不明 衆生且不闇. 法無明闇故. 佛且不彊 衆生且不弱. 法無彊弱故. 佛且不智 衆生且不愚. 法無愚智故.

━━ 이것은 법에 입각해서 최상승을 논한 것이기 때문에, 안목 없이 말을 들으면 뒤집어지기 쉽다.

부처님께서 이르시기를 차제 방편을 펼쳐서 차근차근 딛고 올라가라고 하셨는데, 왜 조사들은 모든 차제 방편을 쓸어버리는 이런 말을 하여 혼동하게 만들까?

이렇게 오해해서 도토리 키 재기를 하고 있다면 최상승법을 공부하기가 어렵다.

그래서 조사선에서는 따라오는 놈만 건지는 입장을 취하

기도 한다. 물속에 통발을 드리우는 게 아니라, 오히려 미끼도 쓰지 않고 수면 한 자 위에다가 낚시를 드리워서 뛰어오르는 놈만 건져낸다는 것이다.

아무튼 부처와 중생의 분별도 없고 지혜와 미혹의 분별도 없는, '불이중도'의 불법에 대한 확고한 입장은 요지부동이다.

그대들이 얼굴을 들고 모두들 '선을 안다'고 말들 하지만, 입을 열면 그대로 병통이 생기고 만다. 근본은 말하지 않고 그저 지말만을 말하며, 미혹함은 말하지 않고 오직 깨달음만 말하며, 본체는 말하지 않고 다만 작용만 말하는데, 제대로 말한 것이 전혀 없다.

是你出頭 總道解禪 開著口 便病發. 不說本 祇說末. 不說迷 祇說悟. 不說體 祇說用. 總無你話論處.

━━ 근본에 철저하지 못하면서도 사람들은 스스로 '선을 안다'고 말하며 이런저런 설명을 곧잘 하지만, 이와 같은 모든 설명은 분별망상에 불과하다. 명안종사들은 학인이 법을 물어오면 곧장 손가락을 세우거나 "뜰 앞의 잣나무"라고 했지, 구구하게 설명을 해준 적이 없다. 입을 열어 논리로 설명하는 즉시 당체에서 어긋나기 때문이다. 그래서 "설파는 곧 독이다[說破砒霜]"라고 하는 것이다. 바로 통하면 언하에 일을 마치지만, 못 알아들으면 설상가상으로 의문이 더 커지게 된다.

진정 자비로운 선사는 법을 설파해주지 않고, 의심이 더 커지게 해준다. 그 의심이 커져서 온 우주를 삼키는 의단[疑團]이 되어 마침내 타파될 때, 생사대사를 마친 대장부가 되는 것이다.

일체 법은 본래 있는 것도 아니고, 지금 또한 없는 것도 아니다. 인연 따라 일어나도 있는 것이 아니고, 인연이 다한다고 해서 없어지는 것도 아니다. 근본도 있지 않으니, 근본이라 해도 근본이 아니기 때문이다. 또한 마음도 마음이 아니니, 마음이라 해도 마음이 아니기 때문이다. 모양 또한 모양이 아니니, 모양은 모양이 아니기 때문이다. 그러므로 말하기를 "법도 없고 본래 마음도 없어야 비로소 마음이라는 마음법을 알게 된다"고 했다. 법法은 곧 법이 아니요, 법 아님이 곧 법이다. 법도 없고 법 아님도 없다. 그러므로 이것이 바로 마음이라 하는 마음법이다.

他一切法 且本不有 今亦不無. 緣起不有 緣滅不無. 本亦不有 本非本故. 心亦不心 心非心故. 相亦非相 相非相故. 所以道 無法無本心 始解心心法. 法卽非法 非法卽法. 無法無非法. 故是心心法.

━━ 우리가 '근본'이라고 하는 것은 그 이름이 근본일 뿐이다. 마음이니 법이니 하는 것도 마찬가지다. 일체 모습이 없어서 어디서부터 어디까지라고 못 박아놓고, "이것이 근본이다! 이것이 마음이고, 이것이 법이다!"라고 얘기할 수

있는 근거는 없다. 그렇다고 만약 뿌리가 없다면, 이 대자연의 모든 것들이 어떻게 드러났겠는가. 뭔가가 있기 때문에 드러난 것 역시 사실이어서, 그것을 할 수 없이 이름 하여 '근본'이라는 표현을 빌려 쓴 것이다.

그렇지만 실지로는 '근본'이라고 얘기할 수 있는 근거는 없다. 왜 그런가? 찾아봐도 결코 찾을 수 없기 때문이다.

그래도 일체 법이 드러나 있는 것이 사실이기 때문에, 근본이 없다고 할 수도 없다. 이 사실을 어떻게 말해야 되나? 있다고 말해야 되나, 없다고 말해야 되나?

이 문제가 풀리지 않으니, 간절한 공부인이라면 결국 선지식에게 물을 수밖에 없는 것이다.

그 문답 끝에 인연이 맞아떨어질 때, 근본과 계합하게 되면 모든 것이 명백해지는 것이다.

이 일단의 일은 불가사의不可思議해서 말로 표현할 수는 없지만, 완벽하고 통쾌해서 의문이 있을 수 없다.

홀연히 한생각이 일어났을 때, 그것이 허깨비인 줄 분명히 안다. 생각이 과거불過去佛로 흘러가도 과거불은 있지 않다. 미래불이 없지 않다 여겨도 미래불이라고 할 것이 없다. 현재는 순간순간 머물지 않으니 현재불이라고 할 수도 없다. 부처라는 생각이 만약 일어났을 때, 그것을 두고 깨달았다거나 혹은 미혹했다거나, 또 좋은 것이라거나 혹은 나쁜 것이라고 헤아리지 않는다. 또한 그것에 집착하지도 않고 끊지도 않는다.

忽然瞥起一念 了知如幻如化. 卽流入過去佛 過去佛 且不有. 未來佛 且不無 又且不喚作未來佛. 現在念念不住 不喚作現在佛. 佛若起時 卽不擬他是覺是迷 是善是惡. 輒不得執滯他 斷絕他.

━━ 《금강경》에도 과거심 불가득, 미래심 불가득, 현재심 불가득이라고 했다. 어떤 형상이 나타나더라도, 그것은 환화幻化라서 실체가 없다.

이렇게 얻을 것이 없다는 사실을 분명히 알면, 생각이 일어나더라도 그에 대해 사량분별하거나 취사선택하지 않게 된다.

만약 한생각이 갑자기 일어나면, 천 겹의 자물쇠로도 가둘 수가 없고 만 길[丈]의 오랏줄로도 묶지 못한다. 이미 이와 같은데, 어찌 그것을 없애거나 그치려고 하겠는가? 분명히 말하노니, 그대들의 치성한 알음알이는 마치 아지랑이와 같아서 어떻게 끊겠는가? 그대들이 가깝다고 말해도, 시방세계를 두루 구해도 얻지 못한다. 그렇다고 멀다고 말하면, 볼 때에 바로 눈앞에 있다. 그대가 쫓아가면 더더욱 멀리 가버리며, 그렇다고 피하려 하면 또 쫓아온다. 취할 수도 없고, 버릴 수도 없다. 이미 이러하다면, 일체 법성法性이 스스로 그러함을 알게 되므로, 아지랑이 같은 의식을 걱정할 것도 없고 염려할 것도 없다.

如一念瞥起 千重關鎖鎖不得 萬丈繩索索他不住. 旣若如是 爭合便擬滅他止他. 分明向你道 爾焰識 你作麼生擬斷他 喩如陽焰. 你道近 十方世界求不可得. 始道遠 看時 祇在目前. 你擬趁他 他又轉遠去. 你始避他 他又來逐你. 取又不得 捨又不得. 旣若如此 故知一切法性 自爾 卽不用愁他慮他.

▬ 한생각 일어난 것을 가둔다고 해서 가둬지는 것도 아니고, 없애려고 한다고 해서 없앨 수도 없다. 망념을 끊으려

는 것도 망념이어서 생각으로 생각을 없앨 수는 없다.

본래 허망한 그림자에 불과한 것을 알면, 생한 것은 저절로 멸하게 된다. 생각이란 끊고 말고 할 것이 본래 없는 것이다.

그래서 《금강경》에서 '머무르지 말고 그 마음을 내라[應無所住而生其心]'고 한 것이다.

앞 생각은 범부였으나 손을 뒤집는 것과 같이 뒷 생각이 성인이 되었다고 하면, 이것은 삼승의 지극한 가르침이다. 그러나 우리 선종에는 앞 생각 또한 범부가 아니고 뒷 생각 또한 성인이 아니며, 앞 생각이 부처가 아니고 뒷 생각도 중생이 아니다. 그러므로 모든 색色이 부처의 색이며, 모든 소리가 그대로 부처의 소리다.

如言前念是凡 後念是聖 如手翻覆一般. 此是三乘教之極也. 據我禪宗中 前念且不是凡 後念且不是聖. 前念不是佛 後念不是衆生. 所以一切色 是佛色 一切聲 是佛聲.

━━ 차제가 있는 가르침에서는 낮은 단계에서 빨리 위로 올라가는 것이 최고의 공부법이겠지만, 선종은 본래 높고 낮은 차별이 없음을 깨닫게 하는 돈오법문頓悟法門이다.

인연 따라 아무리 구름이 생기고 흩어지더라도 허공은 여여부동하다는 사실을 깨달으면, 구름의 생멸에는 연연하지 않게 되는 것이다. 겉으로 어떤 변화가 오더라도 근본이 변화하지 않는다는 사실을 확철하게 알았으면 분명한데, 변화하는 경계를 따라서 생각을 일으키고 있으니 어리석어질 수밖에 없는 것이다.

한 이치[理]를 들면 모든 이치가 다 그러하며, 한 현상[事]을 보면 모든 현상을 다 본다. 한 마음을 보면 모든 마음을 보며, 한 도를 보면 모든 도를 보아서 모든 곳이 도 아님이 없다. 한 티끌을 보면 시방세계의 산하대지가 모두 그러하며, 한 방울의 물을 보면 즉시 시방세계에 있는 모든 성품의 물을 본다. 또한 일체의 법을 보는 것이 곧 일체의 마음을 보는 것이고, 일체 법이 본래 공空해서 마음은 없지도 않다. 없지 않음[不無]이 바로 묘하게 있는 것[妙有]이다. 있음[有] 또한 있는 것이 아니고, 있지 않음이 바로 있는 것이다. 즉 진공묘유眞空妙有다.

擧著一理 一切理皆然 見一事 見一切事. 見一心 見一切心 見一道 見一切道 一切處無不是道. 見一塵 十方世界山河大地皆然. 見一滴水 卽見十方世界一切性水. 又見一切法 卽見一切心 一切法本空 心卽不無. 不無卽妙有 有亦不有 不有卽有. 卽眞空妙有.

━━ '진공묘유'에 비유하자면, 진공에는 과거·현재·미래나 동서남북이 없지만, 그 진공 가운데서 청·황·저·백의 온갖 모양이 생겨나는 것과 같다. 일체 모든 법들이 진공

가운데 생겼다가 변하고 사라진다. 어떤 변화가 일어나도 진공은 여여부동한 것이다. 그 바탕인 진공眞空 가운데 신령스러운 기운, 즉 묘유가 있어 만법을 만들어내고 있다.

그렇지만 이런 말들은 모두 삼구 법문이라서 아무리 잘 이해했더라도 스스로를 제도시키지는 못한다고 했다.

진정으로 자유자재하려면 진공묘유라는 언구조차 싹 쓸어버릴 정도로 스스로 분명해야 한다.

이미 이와 같다면 시방세계가 나의 '한마음'을 벗어나지 않으며, 일체의 티끌처럼 많은 국토가 나의 '한생각'을 벗어나지 않는다. 그렇다면 무슨 안과 밖을 설하겠는가? 마치 꿀의 성질이 달콤하여 모든 꿀이 다 그러하므로, 이 꿀은 달고 저 꿀은 쓰다고 말할 수 없는 것과 같다. 그런 일은 있을 수 없다. 그러므로 말하기를, "허공이 안팎이 없으니 법의 성품도 그러하며, 허공이 중간이 없으니 법의 성품도 또한 그와 같다"고 하였다. 그렇기 때문에 중생이 곧 부처요, 부처가 그대로 중생이다.

旣若如是 十方世界不出我之一心. 一切微塵國土 不出我之一念. 若然 說什麽內之與外. 如蜜性甜 一切蜜皆然. 不可道這箇蜜甜 餘底苦也. 何處有與麽事. 所以道 虛空 無內外 法性自爾 虛空 無中間 法性 自爾. 故衆生卽佛 佛卽衆生.

▬▬ 주객主客과 안팎[內外]을 구별하는 것은 인연 따라서 만들어진 모습에 의한 것이므로, 인연이 벌어지기 전의 성품자리에는 일체의 구분이 있을 수 없다. 일체의 상대가 나투기 전인 본체의 입장에서 보면 중생을 제도할 부처도 없고, 부처의 제도를 받을 중생도 없다.

중생과 부처가 원래 한 본체이고, 생사와 열반 그리고 유위有爲와 무위無爲가 원래 동일한 본체다. 세간과 출세간, 나아가 육도사생六道四生과 산하대지 그리고 유성有性과 무성無性이 또한 같은 한 본체다. 같다고 말하는 것은 이름과 모양도 역시 공이고, 있음도 공이고 없음도 공이기 때문이다. 항하사만큼 많은 온 세계가 원래 하나의 공이기 때문이다.

衆生與佛 元同一體. 生死涅槃 有爲無爲 元同一體. 世間出世間 乃至六道四生 山河大地 有性無性 亦同一體. 言同者 名相亦空 有亦空無亦空 盡恒沙世界 元是一空.

━━ 이 세상의 온갖 벌어진 모습은 끝없이 다양하지만, 근본실상에서는 둘 아닌 것으로 귀결된다.

드러난 모습[相]은 중생과 부처가 다르고, 생사와 열반이 다르며, 유위와 무위가 상대되고, 산하대지가 제각각이며, 유정물과 무정물이 서로 다르지만, 그 본체는 공이다. 천상·인간·아수라·축생·아귀·지옥의 육도六道와 모태에서 태어나는 태생胎生, 알에서 태어나는 난생卵生, 습기 가운데서 태어나는 습생濕生, 업에 의해 천상이나 지옥에 태어나는 화생化生의 온갖 중생들의 성품은 둘이 있을 수 없다.

이미 이와 같다면 부처가 중생을 제도할 곳이 어디 있으며, 중생이 부처의 제도를 받을 곳이 어디 있으랴! 어째서 이러한가? 만법의 자성이 스스로 그러하기 때문이다. 그러나 만약 저절로 그렇다는 견해를 내면 곧 자연외도自然外道에 떨어지고, 만약 나도 없고 나의 것[我所]도 없다는 견해를 내면 삼현십성의 지위에 떨어진다.

旣若如此 何處有佛度衆生 何處有衆生受佛度. 何故如此. 萬法之性 自爾故. 若作自然見 卽落自然外道. 若作無我無我所見 墮在三賢十聖位中.

▬▬ 마치 공이 모든 것을 포함하고 있는 것처럼, 성품이 또한 그렇다는 말이다. 드러난 현상을 꿰뚫어볼 수만 있다면, 일체 만법이 모두 본체의 드러남이어서 새삼 더하거나 뺄 것이 없다.

그래서 얻을 것이 없는 무소득이며, 또한 본래부터 움직인 바가 없는 것이다. 삼현과 십성은 높은 지위의 보살들이지만, 그 모습에도 집착하지 말아야 한다는 말이다.

그대들은 지금 어찌 한 자, 한 치를 가지고 곧 허공을 재려 하는가? 분명히 그대에게 말하기를, "법과 법은 서로 이르지 못하나니, 법은 스스로 공적한 고로 스스로 당처當處에 머물러 있으며, 그 자리에서 스스로 참되다"고 하였다.

你如今 云何將一尺一寸 便擬量度虛空. 他分明向汝道. 法法不相到 法自寂故 當處自住 當處自眞.

━━ 법은 찾고 구할 것이 아니라 늘 함께하고 있는 것이다. 일체 만법이 이 자리를 벗어나지 않았다. 과거도 없고 현재도 없으며 미래도 없이 온통 꽉 차서 남거나 모자람이 없는 것이 법의 모습이다. 이 법의 당처에서 비롯된 인연에 의해 빨강색도 나오고 노란색도 나오고, 큰 것도 나오고 짧은 것도 나오고, 긴 것도 나오고 토막 난 것도 나오고, 완벽한 것도 나오고 모자란 것도 나온다.

그렇지만 아무리 부자연스럽거나 조화롭지 않아도, 다 법을 여의고 또 다른 모습이 만들어진 것이 아니기 때문에 그 모습이 둘이 아니다. 눈에 비친 어떤 인식의 차이 때문에 시비분별하는 것이지, 법의 실상에서 보면 모두 그 속의 일이어서 또 다른 모습이 있을 수 없다.

몸이 공이므로 법이 공이라고 하고, 마음이 공이므로 성품이
공이라고 한다. 몸과 마음이 모두 공이므로 법성이 공하다고
하며, 나아가 천 갈래로 다른 갖가지 말들이 모두 다 그대의
본래 마음을 여의지 않는다. 지금 보리와 열반, 진여와 불성,
이승과 보살 등을 말하는 것은 모두 나뭇잎을 가리켜 황금이
라고 손에 쥐어 보이는 것과 같다.

以身空故 名法空 以心空故 名性空. 身心 總空故 名法性空.
乃至千途異說 皆不離你之本心. 如今 說菩提涅槃 眞如佛性
二乘菩薩者 皆指葉爲黃金 拳掌之說.

━━ 보이거나 보이지 않거나 관계없이, 모든 것은 이 마음
의 작용이다. 이 마음을 떠나서 또 다른 모습이 있을 수 없
다. 그렇기 때문에 이름이 법, 마음, 성품, 법성, 보리, 열반,
진여, 불성, 이승, 보살이거나 관계없이 천 갈래, 만 갈래로
아무리 생겨나더라도 모두 살아 있는 지금 이 하나의 마음을
가리키는 손가락에 불과한 것이다.

할 수 없이 그런 방편을 쓰는 것은 우는 아이를 달래기 위
한 사탕 같은 것이다.

이와 같은 방편을 좇아 옳으니, 그르니 하면서 지적 호기

심을 채우는 것은 어리석은 짓이다.

손가락은 모두 하나를 가리키고 있는 바, 그 하나가 문득 눈앞에 분명히 드러나면 그동안 미세망념을 일으켰던 수많은 이름과 분별망상이 일거에 사라진다.

사자가 포효하면 뭇 여우들의 뇌가 찢어진다는 말이 이것이다.

주먹을 펴면 천상계와 인간계의 모든 대중들이 빈손에는 아무것도 없음을 볼 것이다. 그러므로 말하기를, "본래 한 물건도 없거니, 어느 곳에 티끌이 있으리오"라고 하였다. 본래 한 물건도 없어서 삼세三世 역시 있는 게 아니다.

若也展手之時 一切大衆 若天若人 皆見掌中 都無一物. 所以道 本來無一物 何處有塵埃. 本旣無物 三際 本無所有.

━━ 사람들은 내외명철內外明徹이나 확철대오라는 말을 듣고, 마음이나 법이라는 어떤 신령스러운 것이 있다고 막연히 추측한다. 조사 스님들의 말씀에서 그 안에 무슨 심오한 도리가 숨어 있을 것이라고 생각한다.

그런데 법이란 확연무성廓然無聖하고 본래무일물本來無一物이며, 깨달음이란 '무소득無所得'이다. 본래면목은 허공처럼 툭 트여서 동서남북도 없고, 과거·현재·미래도 없다.

제아무리 머리가 좋아도 이것만은 헤아릴 수 없기에, 다만 문득 계합해 들어갈 수밖에 없다.

그래서 모든 명안종사들이 설파해주지 않고 의심하도록 유도하여 마침내 의심덩어리[疑團]가 타파되면서 통하도록 한 것이다.

그러니 도를 배우는 사람은 단도직입으로 이러한 뜻을 봐내야만 한다. 그러므로 달마 대사께서 인도에서 중국에 오시어 여러 나라를 거치셨지만, 오직 혜가 스님 한 분을 찾아 얻어서 마음의 도장[心印]을 은밀히 전하였다. 이는 그대의 본래 마음에 도장을 찍은 것이다. 마음으로써 법에 새기며 법으로써 마음에 새겨서 마음이 이미 이와 같으며 법 또한 이와 같아서 진제眞際와 같고 법성과 평등하다. 법의 성품이 공한데 누가 수기授記하는 사람이며, 누가 성불成佛하는 사람이며, 누가 법을 얻는 사람이겠는가?

故學道人 單刀直入 須見這箇意. 始得 故達摩大師從西天來 至此土 經多少國土 祇覓得可大師一人 密傳心印. 印你本心. 以心印法 以法印心 心旣如此 法亦如此 同眞際等法性. 法性 空中 誰是授記人 誰是成佛人 誰是得法人.

━━━ 법은 이심전심으로 주는 바 없이 주고, 받는 바 없이 받는 것이다.

달마 대사에게 제자가 여럿 있었지만, 결국 혜가 스님이 그 골수를 얻어 법을 전해 받았다.

그러나 불조께서 대대로 법을 전등하였다고 해도, 사실은 법의 성품이 공하여 주는 자도 받는 자도 주고받는 법도 모두 공할 뿐이다.

이 불가사의한 법은 몸소 체득해야 알 수 있고, 그 전에는 무슨 말을 해도 희론戱論에 지나지 않는다.

그대에게 분명히 말하였다. "보리란 몸으로 얻을 수 없으니, 몸은 모양이 없기 때문이다. 또 마음으로도 얻을 수 없는데, 마음은 모양이 없기 때문이다. 그렇다고 성품으로도 얻을 수 없으니, 성품은 곧 본원자성本源自性의 천진불天眞佛이기 때문이다."

他分明向你道. 菩提者 不可以身得 身無相故. 不可以心得 心無相故. 不可以性得 性卽便是本源自性天眞佛故.

▬ 보리는 얻고 말고 할 것이 아니다. 깨닫고 못 깨닫고의 인연에 속하지도 않는다. 이 우주가 만들어지든 변하여 없어지든 상관없다. 본원자성의 천진불은 불교가 있고 없고를 떠나서 불교 이전에도 그러했고, 불교가 극성으로 세상 사람들이 다 믿을 때도 그렇고, 안 믿을 때도 그렇고, 이 우주가 왕창 무너져 내려서 사라질 때도 변함이 없다. 알고 보면 '변함이 없다' 하는 이 말도 역시 허망한 소리다.

부처로써 다시 부처를 얻을 수 없고, 모양이 없는 것[無相]으로 다시 모양이 없는 것을 얻을 수 없다. 또한 공空으로써 공을 얻을 수 없고, 도道로써 도를 얻을 수 없다. 본래 얻을 것이 없어서, 얻을 것이 없음도 얻을 수 없다. 그러므로 "얻을만한 한 법도 없다"고 하신 것이다.

不可以佛更得佛 不可以無相更得無相. 不可以空更得空 不可以道更得道. 本無所得 無得亦不可得. 所以道 無一法可得.

━━ "법이 없다면, 어떻게 법을 깨달으라고 이야기합니까? 법이 있으니, 깨달으라고 말하는 것 아닙니까?" 하고 생각할 것이다.

알고 쓰면 이치가 분명해서 뜻을 다 드러내지만, 모르고 쓰면 아무리 이치를 이야기해도 망상일 뿐이다.

다만 그대들로 하여금 본심을 깨닫도록 가르치는 것이다. 당장 요달했을 때라도 요달한 모양을 얻을 수 없어서 요달함이 없다거나, 요달하지 못했음도 없다거나 하는 모양도 또한 얻을 수 없다. 이와 같은 법을 얻은 사람은 곧 스스로 느끼고 알지 못하고, 얻지 못한 사람이라도 또한 스스로 느끼고 알지 못한다. 이와 같은 법을 예로부터 몇 사람이나 알았으랴. 그러므로 말하기를, "천하에 자기를 잊은 사람이 몇인가?"라고 하였다.

祇教你了取本心. 當下了時 不得了相 無了無不了相 亦不可得. 如此之法 得者卽得 得者 不自覺知 不得者 亦不自覺知. 如此之法 從上已來 有幾人. 得知 所以道 天下 忘己者有幾人.

━━ 도道는 이미 환히 드러나 있어서, 깨닫거나 못 깨닫거나 상관없이 그 속에서 늘 함께하고 있다. 그것을 분명히 아는 사람은 인과에 투철하여 받은 바 없이 받지만, 모르는 사람은 인과를 무시하기 때문에 더 큰 업을 짓고 만다.

이와 같은 법문은 근본마음의 실상을 깨달은 분들이 이 공부에 뜻을 낸 학인들로 하여금 깨닫게 하기 위한 장치의 일환으로 이렇게 드러낸 것이지, 이 말을 배워 알음알이로 간직하라고 하는 것이 아니다.

그리고 이 말을 소화하고 있는 수행자라면, 어느 곳에도 집착하거나 머물러서는 안 된다.

지금 한 기틀, 한 경계, 한 경전, 한 가르침, 한 생애, 한 시대, 한 이름, 한 글자를 육근六根의 문 앞에서 알아차린다면, 몸이야 꼭두각시와 더불어 무엇이 다르겠는가? 홀연히 한 사람이 나와서 한 이름과 한 모양 위에서 알음알이를 내지 않는다면, 나는 시방세계를 다 찾아보아도 이런 사람을 찾지 못하리라고 말할 것이다.

如今 於一機一境 一經一教 一世一時 一名一字 六根門前. 領得 與機關木人 何別. 忽有一人出來 不於一名一相上 作解者. 我說此人 盡十方世界覓這箇人 不可得.

━━ 몸은 무정물無情物이라서 꼭두각시와 더불어 다를 바가 없지만, 지금 목전에서 보고 듣고 느끼고 아는 것은 분명히 눈앞에 드러나 있다. 이것을 두고, 불성이니 본체니 법신이니 하면서 이름을 붙인다면 그것은 목 위에 또 다른 목을 덧붙이는 어리석은 짓이다.

누구나 본래면목을 가지고 쓰고 있지만, 다만 아직 확실하지 않다면 근본에 대한 의심으로 인해서 마침내 정신적인 벽이 무너지는 체험을 해야만 할 것이다.

다시 다른 사람이 없어서 조사의 자리를 이으며 또한 부처님의 종자라고 하니, 순수하여 잡됨이 없기 때문이다. 그러므로 "왕이 성불할 때, 왕자도 역시 따라서 출가한다"고 했는데, 이 뜻은 알기가 매우 어렵다.

以無第二人故 繼於祖位 亦云釋種 無雜純一. 故言 王若成佛時 王子亦隨出家 此意大難知.

━━ 깨닫는 순간, 오직 이 하나의 마음만 밝게 드러난다. 이럴 때 순수하고 잡됨이 없어서, 가히 조사의 지위를 잇는 부처의 종자라고 일컬을 만하다. 한마음이 드러나면 다시 다른 일이 없어서, 일체 만법이 동시에 성불해 마친다.

　왕이 출가하면 왕자뿐만 아니라 일체 만백성이 동시에 출가하는 것처럼……

다만 그대들에게 찾지 말도록 할 뿐이니, 찾으면 곧 잃어버린다. 마치 어리석은 사람이 산 위에서 한 번 고함을 질러 골짜기에 메아리가 울리면 곧장 산 아래로 달려 내려가 찾아도 끝내 찾지 못하고, 거기서 또 한 번 소리를 질러 산 위에서 메아리가 울리면 다시 산 위로 달려 올라가는 것과 같다.

祇敎你莫覓. 覓便失却. 如癡人 山上叫一聲 響從谷出. 便走下山趁 及尋覓不得. 又叫一聲 山上響又應 亦走上山上趁.

━━━ 성품은 찾고 구한다고 해서 얻어지는 것이 아니다. 입을 열거나, 생각을 일으키면 즉시 빗나간다.

그런데 내버려두면 저절로 눈앞에 드러난다.

공부인은 그 까닭을 안다. 그렇지만 공부를 알지 못할지라도, 이 공부에 인연이 있다면 왜 그런 말을 하는지를 알기 위해 참구해야 한다. 그런데 말만 배운 사람은 이해한 것을 가지고 고정관념을 만들고, 그 속에서 빠져 나오려 하지 않는다.

그렇기 때문에 깨달을 기약 없이 늘 허망한 그림자에 속는 줄도 모르고 평생을 헤매다가 끝난다.

그래서 명안 종사는 설파해주지 않고 의심하도록 걸어주는 것이다.

이렇게 천 생 만겁 동안 소리를 찾고 메아리를 좇는 사람은 허망하게 생사를 유랑하는 자다. 만약 그대가 소리를 지르지 않는다면 메아리도 생기지 않을 것이다. 열반이란 들음도, 앎도, 소리도 없어서, 자취도 발자국도 끊긴 것이다. 만약 이와 같다면, 겨우 조사와 가까운 것이리라.

如是千生萬劫 祇是尋聲逐響人 虛生浪死漢. 汝若無聲卽無響. 涅槃者 無聞無知無聲 絕迹絕踪. 若得如是 稍與祖師隣房也.

━━ 열반을 증득하려면 '한생각도 일으키지 말아야 된다'라는 것이 아니라, 아무리 생각을 일으켜도 본래 한생각도 일으킨 바가 없는 실상에 계합하라는 것이다.

그 일을 분명히 알고 쓰는 사람은 시시비비를 가릴 줄 알고, 일을 해도 분명하다. 하루 종일 움직여도 움직인 바 없이 움직인다. 그렇지 않은 사람들은 꼼짝하지도 생각하지도 않고 이틀삼 일 앉아 공부한다 하지만, 깨달음과 거리가 멀다.

부처님 가르침을 만나 불교에 들어왔다면, 한 발짝 더 나아가 불법에 눈을 떠야 한다. 교와 법이 둘이 아닌 입장에서 마음대로 교적 입장을 펼쳐도 얽히지 않아야 된다.

내려놓을 것이 본래 없다는 사실에 눈떠, 인연 따라 세간에 살더라도 법을 알고 마음 비울 줄 아는 모습을 지녀야 한다.

황벽 스님의 면목을 보면 깨닫기 전에도 굉장한 실력을 갖추고 교학을 공부한 것 같다.

안목을 열고 난 뒤에도 소홀히 하지 않고 정진해온 결과가 법문을 통해 드러나고 있는 것이다. 그렇기 때문에 임제 스님을 깨닫게 해준 인연을 보면 언어문자를 떠난 경지를 짐작케 한다. 만일 임제에게 설파해주었더라면, 임제는 깨달음의 그림자도 보지 못했을 것이다.

제일 가까운 극단적인 도리로서 세 번에 걸쳐서 몽둥이로 통방을 쳐버렸다. 그것도 인정사정 두지 않고 혼비백산하여 방을 쳤는데, 대우 스님을 찾아간 임제의 안목이 열리면서 황벽의 통방이 깨닫게 해주려는 자비였다는 사실에 감사하게 되었다.

배휴의 경우도 크게 다르지 않다. 황벽 스님을 처음 만나 물었을 때, 사나운 개가 목덜미를 잡아 물고 확 흔들어놓는 것처럼 내동댕이쳤다. 이에 배휴는 정신이 바짝 나면서 꿈에서 깼던 것이다. 그것은 무자비가 아니라 진정한 자비심이 철철 넘치는 것임을 알아야 된다.

30 양 뿔

대사께 여쭈었다.

" '왕의 창고에는 이런 칼이 전혀 없다'고 하는데, 바라옵건
대 그 뜻을 가르쳐주십시오."

황벽 스님이 말했다.

"임금님의 창고란 바로 허공의 성품[虛空性]이다. 그것은 능
히 시방의 허공세계를 품는데, 모두 그대의 마음을 벗어나지
않는다. 또한 그것을 허공장보살이라고도 한다. 그대가 만약
그것을 있기도 하고 없기도 하다거나, 있지도 않고 없지도
않다고 말한다면, 모두가 양 뿔이 되고 만다. 양 뿔이란 바로
그대가 구하여 찾는 것이다."

여쭈었다.

"왕의 창고에 진짜 칼이 있지 않습니까?"

스님이 말했다.

"이것 역시 양 뿔이다."

여쭈었다.

"만약 왕의 창고에 본래부터 진짜 칼이 없었다면, 어찌 왕자가 왕의 창고에서 진짜 칼을 가지고 다른 나라로 갔다고 하였습니까? 어찌하여 스님께서는 그저 없다고만 하십니까?"

스님이 말했다.

"칼을 가지고 나갔다는 것은 여래의 심부름꾼을 비유한 것이다. 그대가 만약 왕자가 왕의 창고에서 진짜 칼을 가지고 나갔다고 말한다면, 마땅히 창고 안의 허공을 가지고 가야 한다. 그러나 본원의 허공성虛空性은 다른 사람이 가지고 갈 수 없다. 이것이 무슨 말인가? 설령 그대에게 무엇인가 있다면, 그것은 모두 양 뿔이다."

問 如王庫藏內 都無如是刀 伏願誨示. 師云 王庫藏者 卽虛空性也. 能攝十方虛空世界 皆總不出你心. 亦謂之虛空藏菩薩. 你若道是有是無 非有非無 總成羊角. 羊角者 卽你求覓者也. 問 王庫藏中有眞刀否. 師云 此亦是羊角. 云 若王庫藏中 本無眞刀 何故云王子持王庫中眞刀 出至異國. 何獨言無. 師云

持刀出者 此喩如來使者. 你若言王子持王庫中眞刀出去者 庫
中應空去也. 本源虛空性 不可被異人將去. 是什麽語. 說你有
者 皆名羊角.

━━ 《대반열반경》에 이런 말이 나온다. 어느 왕자에게 가
난한 친구가 한 명 있었다. 친구는 왕자의 멋진 칼을 보고 탐
을 내었다. 왕자가 다른 나라로 가버리자, 친구는 자다가
"칼, 칼." 하며 잠꼬대를 하였다. 사람들이 그를 잡아 궁으로
끌고 갔다. 왕이 칼을 추궁하자 친구는 말하기를, 그저 보기
만 했으니 자신의 몸을 갈라도 있을 리가 없다고 대답하였
다. 왕은 칼의 모습이 어떠했는지 물었다. 친구는 말하기를,
마치 '양 뿔[羊角]'과 같다고 했다. 왕은 웃으며 말했다. "나
의 창고에는 그런 칼이 없는데, 하물며 왕자가 가지고 갔겠
느냐?" 하였다.

부처님께서 비유해서 말씀하시기를, 여래의 심부름꾼과
같은 보살마하살이 세상에 나가 설법한 뒤 곧 떠난 것은 마
치 왕자가 멋진 칼을 잠깐 보여주고 다른 나라로 가버린 것
과 같다고 하였다. 그러자 사람들이 법에 대해 이러쿵저러쿵
하는 것은, 곧 친구가 "칼, 칼." 하면서 잠꼬대하고 그 모양

을 '양 뿔'이라고 말하는 것과 같다는 것이다.

그래서 부처님께서는 분별망상을 끊어주기 위해, "나의 창고에는 이런 칼이 전혀 없다"고 말씀하셨다.

모든 사람은 '안이비설신의眼耳鼻舌身意를 다스리는 육국의 왕'이다. 우리의 본심인 '왕의 창고'는 허공성이라, 굳이 부르자면 '허공장보살'이라고 할 수밖에 없다. 허공을 있다거나 없다거나 혹은 있지도 않고 없지도 않다거나 하는 모든 분별은 희론에 지나지 않는다.

본래 있지도 않은 것을 붙잡으려고 하는 중생의 고질병을 고치기 위해, 부처님께서 "나의 창고에는 그런 칼이 전혀 없다"고 하신 뜻을 깊이 새겨야 할 것이다.

공부상에서 가장 극복하기 어려운 최후의 과제는 미세망념인데, 이것을 '양 뿔'에 비유한 것이다.

31 가섭과
아난

여쭈었다.

"가섭존자는 부처님의 심인心印을 받고, 말을 전하는 사람이 된 것 아닙니까?"

황벽 스님이 말했다.

"그렇다."

"만약 말을 전하는 사람이라면, 응당 양 뿔을 벗어나지 못했겠군요."

스님이 말했다.

"가섭존자는 본심을 깨달았기 때문에, 양 뿔이 아니다. 만약 여래의 마음을 깨달으면, 곧 여래의 뜻을 본다. 여래의 겉모습을 보는 자는 곧 여래의 심부름꾼에 속하는 자로서, 말 전하는 사람이 된다. 이십 년 너머 부처님의 시자로 지낸 아난 존자도 다만 여래의 겉모양만 보았기 때문에, 부처님으로부 터 '구세자救世者만 봐서는 양 뿔을 벗어나지 못한다'는 꾸지 람을 들었다."

問 迦葉受佛心印 得爲傳語人否. 師云 是. 云 若是傳語人 應 不離得羊角. 師云 迦葉 自領得本心 所以不是羊角. 若以領得 如來心 見如來意 見如來色相者 卽屬如來使 爲傳語人. 所以 阿難 爲侍者二十年 但見如來色相 所以被佛訶云 唯觀救世者 不能離得羊角.

━━ 마음을 깨닫고 성품을 밝힌 사람은 보배자리에 앉아서 늘 천하를 호령할 수 있는 힘을 가지겠지만, 껍데기만 보고 매달리는 사람들은 그저 심부름꾼에 불과하다. 한생각 돌이 키면 주인이 되지만, 한생각 따라가면 언제나 심부름꾼을 면 치 못한다.

어리석은 개는 던진 흙덩이를 쫓아가지만, 눈밝은 사자는 던진 사람을 문다. 여래의 겉모습만 보는 자는 상相놀음에서 벗어날 수 없지만, 여래의 본심을 깨달으면 여래의 뜻을 보 고 당당히 천하의 주인으로 살게 되는 것이다.

부처님 곁에서 이십오 년 동안 시자생활을 하며 법문을 많이 들은 아난이지만, 부처님께서 살아생전에 안목을 열지 못했다. 아난은 부처님께서 돌아가시고 난 뒤에 비로소 가섭존자에 의해 깨닫고 법을 이어받게 된다.

뒷날 이야기지만, 운문 스님의 법을 받은 향림징원香林澄遠(908~987) 선사는 오랫동안 시자생활을 했다. 늘 운문 스님이 "원 시자遠侍子야!" 하고 불러서 "예." 하면, "이 무엇인가?" 하고 일러주었다. 향림 스님이 둔했는지 아니면 인연이 그랬는지, 늘 그렇게 운문 스님의 추궁을 받아오다가 마침내 십팔 년 만에 깨치니, 운문 스님이 말하기를 "내가 지금 이후로는 너를 부르지 않으리라"고 하였다. 그 향림징원의 제자가 지문광조智門光祚이고, 그 밑에서 설두중현雪竇重顯이 나와서 《벽암록》의 '송고백칙頌古百則'을 지었으니, 운문 스님이 십팔 년간이나 "이 뭐꼬?"를 물어준 공덕이 적지 않다 하겠다.

32 지혜와 지혜가 서로 벤다

여쭈었다.

"문수보살이 부처님 앞에서 칼을 든 것은 어찌 된 까닭입니까?"

황벽 스님이 말했다.

"오백 명의 보살들은 숙명통을 얻어서 지난 과거 생의 업장을 볼 수 있었다. 오백이란 곧 그대의 오음五陰으로 된 몸이다. 숙명통으로 업장을 보았기 때문에, 부처가 되기를 구하고 보살의 열반을 구하였다. 그러므로 문수보살이 지혜의 칼로 이 불심이 있다는 견해를 잘라버렸다. 그래서 '아주 잘 잘랐다'고 하는 것이다."

여쭈었다.

"어떤 것이 칼입니까?"

대사가 말했다.

"해탈한 마음이 칼이다."

"해탈한 마음이 이미 칼이어서 불심이 있다는 견해를 잘라 버린 것이군요. 그렇다면 능히 견해를 자르는 그 마음은 어떻게 자를 수 있습니까?"

대사가 말했다.

"그대의 무분별지無分別智로써 이 분별심이 있다는 견해를 자른다."

여쭈었다.

"불심이라는 견해를 내고 구하는 것이야 무분별지의 칼로 자르겠지만, 그 지혜의 칼이 있는 것은 어찌해야 합니까?"

대사가 말했다.

"무분별지로써 있다는 견해[有見]와 없다는 견해[無見]를 잘라 버리면, 무분별지 또한 얻을 수 없다."

여쭈었다.

"지혜로써 다시 지혜를 자를 수 없고, 칼로써 다시 칼을 자를 수 없습니다."

대사가 말했다.

"칼이 스스로 칼을 잘라서 칼과 칼이 서로 잘라지면, 칼 또한 얻을 수 없다. 지혜가 스스로 지혜를 잘라서 지혜와 지혜가 서로 잘라지면, 지혜 또한 얻을 수 없다. 어미와 자식이 함께 죽는다는 것이 이와 같다."

問 文殊執劍於瞿曇前者 如何. 師云 五百菩薩 得宿命智 見過去生業障. 五百者 卽你五陰身. 是 以見此夙命障故 求佛求菩薩涅槃. 所以文殊將智解劍 害此有見佛心故. 故言你善害. 云何者是劍. 師云 解心 是劍. 云 解心旣是劍 斷此有見佛心. 祇如能斷見心 何能除得. 師云 還將你無分別智 斷此有見分別心. 云 如作有見有求佛心 將無分別智劍斷 爭奈有智劍在何. 師云若無分別智 害有見無見 無分別智 亦不可得. 云 不可以智更斷智 不可以劍更斷劍. 師云 劍自害劍 劍劍相害 卽劍亦不可得. 智自害智 智智相害 卽智亦不可得. 母子俱喪 亦復如是.

━━━ 《오등회원五燈會元》에 이런 이야기가 나온다. 부처님께서 영산회상에서 법을 설하실 때 오백 비구가 있었는데, 그들은 숙명통으로 스스로의 몸을 관하고 이런 몸으로는 법을 깨달을 수 없다는 의심을 내었다. 이때 문수보살이 대중의 의심을 보고, 부처님의 위신력을 빌려 칼을 쥐고 나타나 부

처님을 몰아붙였다. 이에 오백 비구는 부처님이나 칼이나 둘이 없는 실상이며, 모습도 없고 생겨남도 없는 실상 속에서 부처님을 죽일 수 없다는 것을 깨닫고 문수보살을 찬탄한다.

'색수상행식'의 오온으로 된 몸은 업장에서 자유로울 수 없다. 그래서 몸이 해탈한다고 착각하는 사람은 업장을 없애려고 애쓴다. 그런 사람은 하염없는 세월을 수고롭게 번뇌를 없애려고 애쓴다. 하지만 불이법은 '색즉시공'이어서 이것을 깨닫게 되면, '번뇌즉보리煩惱卽菩提'요 업장이 그대로 묘용이어서, 진흙에서 연꽃이 피어나는 도리인 것이다. 번뇌와 보리가 중도로 회통하면, 업장과 열반도 둘이 아니게 된다.

그러므로 문수보살은 지혜의 칼로 업장이라는 견해뿐만 아니라 불심이라는 견해마저도 잘라버려서, 양변兩邊을 함께 막음으로써[雙遮] 분별의 원인을 아예 제거해버린 것이다.

이 대목에서 이제 제법 꾀가 난 배휴 상공이 "능히 견해를 자르는 그 마음은 어떻게 자를 수 있습니까?" 하고 되묻고 있다. 즉 '지혜까지 없앨 수 있는 그런 인연은 어떻게 살펴야 되겠습니까?' 하고 고준한 질문을 던지는 것이다. 아직 지혜의 칼이 남아 있으면, 그것이 자기도 모르게 미세망념으로 변하기 때문에 참으로 조심해야 한다.

황벽 스님께서 무분별지가 유견과 무견을 잘라버리지만, 무분별지 또한 얻음이라고 일러주자, 다시 한 번 배 상공의 날카로운 질문이 나온다. 지혜로써 다시 지혜를 없앨 수 없고, 칼로써 다시 칼을 자를 수 없다는 것이다.

이에 황벽 스님은 "어미와 자식이 함께 죽는다." 하고, 크게 한 번 죽은 후 평상심으로 소생蘇生하는 불가사의한 묘법을 드러내고 있다.

33 견성이란

여쭈었다.

"무엇이 견성입니까?"

"성품[性]이 곧 보는 것[見]이요 보는 것이 곧 성품이니, 성품으로써 다시 성품을 볼 수 없다. 듣는 것[聞]이 곧 성품이니, 성품으로써 다시 성품을 들을 수 없다. 다만 그대가 성품이라는 견해를 만들어 성품을 듣고 보려고 한다면, 즉시 하나의 다른 법이 생기게 된다.

경에서 분명히 말했다. '볼 수 있는 것을 다시 볼 수는 없다.' 그대는 어찌 머리 위에 다시 머리를 붙이겠는가?

경에서 분명히 말했다. '마치 쟁반 위에 구슬을 흩어놓는 것과 같아서, 큰 구슬은 크게 둥글며 작은 구슬은 작게 둥글어서 각각의 구슬끼리 서로 알지 못하며 각각 서로 장애되지 않는다. 일어날 때 내가 일어난다고 말하지 않으며, 사라질 때 내가 사라진다고 말하지 않는다.' 사생四生과 육도六道가 이렇지 않은 때가 없다.

問 如何是見性. 師云 性卽是見 見卽是性 不可以性更見性. 聞卽是性 不可以性更聞性. 祇你作性見 能聞能見性 便有一異法生. 他分明道 所可見者 不可更見. 你云何頭上更著頭. 他分明道 如盤中散珠 大者大圓 小者小圓 各各不相知 各各不相礙. 起時 不言我起 滅時 不言我滅. 所以 四生六道 未有不如時.

━━ 성품은 보고 말고 하는 대상으로서의 모습이 아니다. 이미 온 천하에 다 드러나서 누구나 완전하게 보고 있거늘, 또다시 찾고 구하면 어리석어진다. "부처는 부처를 보지 못하고, 부처가 부처에게 예경하지 않는다."

세상의 크고 작은 일들이 다 자성을 여의지 않고, 인연 따라서 나타나고 변하고 사라질 뿐이다. 변하고 사라지는 인연의 합성이 움직이는 것은 정해진 법칙처럼 보이지만, 실질적인 자성의 근본실상은 '변한다거나, 변하지 않는다거나' 하는 것으로 설명할 수 없다. '변하되, 변한 바가 없다'거나 '변하지 않으면서도 변한다'는 등 보살심으로 중생에게 방편으로 베푼다는 소리를 금과옥조처럼 믿고 받아들여 써먹는 것은 한계가 있을 수밖에 없다.

그 한계를 벗어나서 실질적인 자성을 요달해야만, 허망한 온갖 소리를 싹 쓸어서 자취를 끊어버릴 수 있다.

《유마경》에서 유마 거사는 문수보살이 문병을 오자, "문수사리여, 오시는 모습이 없이 오시고, 보시는 모습이 없이 보십니까?" 하며 맞았다. 문수보살은 이에, "그렇습니다, 거사시여. 만약 이미 왔다면 다시 오지 않고, 만약 이미 갔다면 다시 가지 않으니, 어찌 그렇습니까? 오더라도 좇아서 오는 바가 없고, 가더라도 이를 데가 없으며, 볼 수 있는 것을 다시 볼 수는 없습니다"라고 했다. 가니, 오니, 보니 하는 상相이 있다면, 법은 둘이 되어 《유마경》에서 강조하는 '불이법'에 어긋나는 것이다. 만법은 무자성無自性으로 근본은 둘이 아니기 때문에, 온갖 모습으로 피어나도 어지럽게 섞이지 않고 조화롭게 어우러진다.

중생이 부처를 보지 않고, 부처가 중생을 보지 않는다. 사과가 사향을 보지 않고, 사향이 사과를 보지 않는다. 삼현과 십성이 등각과 묘각을 보지 않고, 등각과 묘각이 삼현과 십성을 보지 않는다. 나아가 물이 불을 보지 않고, 불이 물을 보지 않는다. 땅이 바람을 보지 않고, 바람이 땅을 보지 않는다. 중생이 법계에 들어가지 않고, 부처가 법계를 벗어나지 않는다.

그러므로 법의 성품에는 가고 옴이 없으며, 주관도 객관도 없다. 능히 이와 같다면, 무엇 때문에 내가 본다느니 혹은 내가 듣는다느니 하겠는가?

且衆生 不見佛 佛不見衆生. 四果不見四向 四向不見四果. 三賢十聖 不見等妙二覺 等妙二覺 不見三賢十聖. 乃至水不見火 火不見水. 地不見風 風不見地. 衆生 不入法界 佛不出法界. 所以法性 無去來 無能所見. 能如此 因什麼 道我見我聞.

━━ 방편으로 세워놓은 것을 실상으로 착각하면 도리어 집착하게 되어 어리석어진다. 알고 보면 견성이란 말도 허망한 소리다. 왜냐하면 성품을 보고 있지 않은 중생이 없기 때문이다. 보고 있지만 보고 있다는 것을 미처 알지 못하기에, 근

본을 놓치고 있다.

비유하자면, 자성을 여의지 않은 일체 모든 것이 여섯 바라밀 속의 일이다. 다만 때에 당해서 수행을 통해 근본 실상을 여의지 않고 확철대오하도록 이끌기 위한 수단으로 여섯 바라밀을 말하는 것임을 잘 살필 줄 알아야 된다.

사과는 수다원과, 사다함과, 아나함과, 아라한과를 말한다. 사향이란 사과의 경지를 향하여 수행하는 단계를 말하며, 수다원향, 사다함향, 아나함향, 아라한향이 있다. 삼현은 십주+住, 십행+行, 십회향+廻向의 보살을 말하고, 십성은 십지+地의 보살을 말한다. 등각等覺은 보살수행 52계위 중에서 51위를 말하며, 묘각妙覺은 52위를 말한다. 묘각이란 온갖 번뇌를 끊어버린 부처의 경지[佛果]로, 등각 위位에 있는 보살이 다시 일품의 무명을 끊고 이 지위에 들어간다.

수행의 점차에는 온갖 지위가 벌어지더라도, 법의 성품에는 본래 지위 점차가 있을 수 없어서 수행해도 수행한 바가 없고, 가고 옴이 없다.

무엇보다도 선지식의 회하에서 깨닫도록 하라. 선지식이 나에게 법을 설하시며, 모든 부처님께서 세간에 나오셔서 중생들에게 법을 설해주신다. 그러나 가전연은 다만 생멸심生滅心을 가지고 실상법實相法을 전하였기에, 유마 거사에게 꾸중을 들었다.

於善知識處 得契悟. 善知識 與我說法 諸佛 出世 與衆生說法. 迦旃延 祇爲以生滅心 傳實相法 被淨名呵責.

━━ 가전연迦旃延존자는 남인도 출신으로, 부처님의 십대 제자이며 논의제일論議第一이다. 《유마경》을 보면, 부처님께서 유마 거사에게 가서 문병하라고 했을 때, 존자는 이렇게 말했다. "세존이시여, 저는 그분에게 가서 문병하는 일을 감당할 수 없습니다. 왜냐하면 기억해보니 옛적에 부처님께서 여러 비구들을 위하여 법요를 간략하게 설명하셨는데, 제가 곧 그 뒤에 그 뜻을 부연하였습니다. 이를테면, 무상無常과 고苦와 공空과 무아無我와 적멸寂滅의 뜻을 말했습니다. 그때에 유마힐이 저에게 와서 말했습니다. '여보시오, 가전연이여! 생멸하는 분별심으로 실상법을 설하지 마십시오. 무슨 까닭입니까? 모든 법은 필경에 이미 생긴 것도 아니고, 지금

생기는 것도 아니며, 앞으로 생기지도 않습니다. 이미 멸한 것도 아니고, 지금 멸하는 것도 아니며, 앞으로 멸할 것도 아닙니다. 이것이 무상의 뜻입니다. 오음五陰을 통달하여 필경에 성품이 텅 비어 일어나는 바가 없는 이것이 고의 뜻입니다. 제법이 구경에 있는 바가 없는[無所有] 이것이 공의 뜻입니다. 아와 무아가 둘이 아님을 아는 이것이 무아의 뜻입니다. 자성이 있지 않고 타성 역시 없으며, 본래 타오른 적도 없고 지금 식어 없어진 적도 없으며, 적정寂靜이 있지 않음이 필경의 적정이고 구경의 적정인 이것이 적멸의 뜻입니다.'
이러한 법을 설할 때 저 여러 비구들이 마음에 해탈을 얻었습니다. 그러므로 저는 그분께 가서 문병하는 일을 감당할 수가 없습니다."

분명히 말하건대, 일체 법이 본래 묶은 바가 없거늘 어찌 풀 필요가 있겠는가? 본래 물든 바가 없는데, 굳이 맑힐 필요가 있겠는가? 그러므로 말하기를, "실상이 이와 같거늘, 어찌 말로써 설명할 수 있겠는가?"라고 하였다. 그대가 지금 다만 시비심是非心과 염정심染淨心을 내어 하나하나 알음알이를 배워 얻고, 온 천하를 두루 돌아다니면서 사람을 만나며 '누구에게 심안心眼이 있는지' 또는 '누가 강하고 누가 약한지' 따지려고 든다. 만약 이렇게 한다면 하늘과 땅만큼이나 차이가 벌어지는데, 다시 무슨 견성을 논하겠는가?"

分明道 一切法 本來無縛 何用解他. 本來無染 何用淨他. 故云實相 如是 豈可說乎. 汝今祇成是非心染淨心 學得一知一解. 遶天下行 見人便擬定當取 誰有心眼 誰彊誰弱. 若也如此 天地懸殊 更說什麽見性.

━━━ 근본실상은 물들일 수도 없고, 어떻게 나눠놓을 수도 없으며, 태워 없앨 수도 없고, 갖다 붙일 수도 없어서 본래 그러한데, 인연 따라 천차만별의 그림자가 만들어질 뿐이다. 이미 만들어진 그림자는 옳고 그름[是非]과 물들고 맑음[染淨] 등 온갖 차별이 벌어지지만, 실상은 언제나 불생불멸로 여여할

따름이다. 이 근본에 계합하지 못하면 알음알이를 이길 수 없어서, 만나는 사람마다 그 안목을 저울질하고, 힘의 강약을 재어보려고 한다.

그렇지만 이런 시비를 일으키는 순간, 본지本地와는 천지현격으로 벌어지는 것이다.

그래서 선지식께서는 "부디 간택하지 마라[唯嫌揀擇]"거나 "단지 오염시키지만 마라[但莫汚染]"고 일깨워주신 것이다.

결국 확철대오하면, 저절로 모든 시비분별의 망상이 소멸된다. 안개가 서린 것 같은 미세망상의 기운마저 모두 사라질 때, 일체의 망상까지도 모두 묘용으로 드러나서, 어떤 그림자가 어른거릴지라도 물들지 않는다.

여쭈었다.

"이미 성품이 그대로 보는 것이며 보는 것이 그대로 성품이라고 말씀하셨는데, 그렇다면 성품이 본래 장애가 없어야 하며 제한이 없어야 할 것입니다. 그러나 어찌하여 물건이 가로막으면 곧 보지 못하고, 또 허공중에 가까우면 보고 멀면 보지 못하는 것은 무슨 까닭입니까?"

대사께서 말씀하셨다.

"이것은 네가 망령되이 다르다는 견해를 낸 것이니라. 만약 사물에 가로막히면 보지 못하고 사물이 없어지면 본다고 생각해서, 가로막히는 장애가 성품에 있다고 말하는 것은 큰 잘못이다. 성품이란 보는 것도 아니며 보지 않는 것도 아니며, 법 또한 보는 것도 아니며 보지 않는 것도 아니다. 만약 견성한 사람이라면, 어느 곳이라도 나의 본성 아닌 곳이 있겠는가? 그러므로 육도사생六道四生과 산하대지가 모두 내 성품의 맑고 밝은 본체 그대로다. 따라서 '색色을 보는 것이 곧 마음을 보는 것이다'라고 하였으니, 색과 마음이 다르지 않기 때문이다.

問 旣言性卽見見卽性 祗如性自無障礙 無劑限. 云何隔物卽不見 又於虛空中 近卽見遠卽不見者 如何. 師云 此是你妄生

異見. 若言隔物不見 無物言見 便謂性有隔礙者 全無交涉. 性
且非見非不見 法亦非見非不見. 若見性人 何處不是我之本
性. 所以 六道四生 山河大地 總是我之性淨明體. 故云見色便
見心 色心 不異故.

━━ 일체 모든 것을 보는 것은 결국 마음이 보는 것이다.
마음이 없으면 처음부터 볼 수 없기 때문이다. 이미 마음을
보고 있기 때문에, '일체 모든 것이 보인다'는 말이 가능한
것이다.

그러므로 '이미 마음을 보고 있다' 하고 믿어야 하는데,
이런 말을 쉽게 믿지 않는다. 중생들은 성품을 보고 있다는
사실을 깨닫지 못하고 있기 때문이다.

'믿어라' 하기 전에 이미 보고 있음을 믿어야 된다.

성품은 본래 장애도 없고, 제한도 없다. 거기에 '같다' '다
르다' 하는 견해를 일으키면, 그것이 장애가 되어서 허망한
모양을 짓게 된다. 누구나 성품을 여의지 않고 있기에, 보고,
듣고, 느끼고 하는 것이다.

그런데 식심이 허망한 그림자를 만들어 속고 속이는 쓸데
없는 짓을 하는 것이다.

성품을 밝혔으면 다 내려놓으면 되는데, 배휴 거사는 지견을 내어서 논리적으로 따지려 하니, 공연히 평지풍파를 일으키고 있다.

부처님께서 《금강경》에서 말한 육안肉眼, 천안天眼, 혜안慧眼, 법안法眼, 불안佛眼의 오안조차도 본래 차별이 없는 것인데, 망령된 견해 때문에 차별이 생긴다는 것이다.

알고 보면 실상은 불이법이어서, 모든 것이 근본에서 보면 같다. 즉 육안이 천안이고 또한 불안인 것이다. 배 상공의 착각 역시 앞에서 유마 거사가 말한 대로, 생멸하는 분별심을 가지고 실상법을 논하기 때문에 일어난 것이다.

근본실상과 분명히 계합하여 확철해지면 저절로 모든 의문은 화로에 눈 녹듯이 사라질 것이다.

다만 모양을 취하여 보고 듣고 느끼고 알려고 하기에, 눈앞의 물건을 없애고 나서야 비로소 보려고 하는 자들은 이승의 무리 중의 의통이라는 견해에 떨어진다. 허공중에서 가까우면 보고 멀면 볼 수 없다고 한다면, 이것은 외도에 떨어지고 만다. 분명히 말한다. 안도 아니고 밖도 아니며, 가깝지도 않고 멀지도 않다. 가까워도 볼 수 없는 것이 만물의 성품이다. 가까이 있는데도 보지 못하거늘, 오히려 멀어서 볼 수 없다고 한다면, 무슨 의미가 있겠는가?"

祇爲取相作見聞覺知 去卻前物 始擬得見者 卽墮二乘人中依通見解也. 虛空中 近則見遠則不見 此是外道中收. 分明道. 非內亦非外 非近亦非遠. 近而不可見者 萬物之性也. 近尙不可見 更道遠而不可見 有什麼意旨.

━━━ 대부분 모양 있는 세계 안에서만 견문각지하기 때문에, 사물 뒤에 가려져 있는 것을 본다면 곧 '의통依通'이라는 신통으로 여긴다. 또한 가까운 것은 또렷이 보고, 멀리 있는 것은 잘 보지 못한다고 말한다. 모두 모양을 취해서 보는 육안에만 의지하고 있기 때문이다. 이는 성품을 보고 안 보고 하는 것과 상관이 없는 것이다.

또한 번뇌망상에 가려 성품을 보지 못한다고 생각하기 때문에 가로 막고 있는 것을 없애려고만 한다.

구름이 있거나 사라지거나, 관계없이 허공은 여여하다는 사실에 착안해야 할 것이다.

늘 그 속의 일이어서 부처님도 중생들도 성품을 가지고 쓰고 있지만, 이 성품은 육안으로는 알 수 없고, 법안이 열려야만 알 수 있다. 이 성품은 가깝고 멀고가 없다. 항상 명명백백하게 눈앞에 있는데도 불구하고 놓치고 있기 때문에 '눈 뜬 장님'이라고 하는 것이다.

34 한생각 일어나지 않으면 곧 보리

여쭈었다.

"저는 알지 못하겠으니, 스님께서 가르쳐주십시오."

대사께서 말씀하셨다.

"내게는 한 물건도 없어서, 이제까지 남에게 한 물건도 준 바가 없다. 그대는 무시無始 이래로 그저 남의 가르침을 좇아서 계합하고 깨치려고 드니, 이야말로 스승과 제자가 함께 큰 어려움에 빠지는 것이 아니겠느냐. 그대가 다만 한 순간 느끼지 않을 줄 알면, 즉시 수신受身이란 없을 것이다. 한 순간 생각이 없으면, 상신想身이란 없을 것이다. 결정코 변화와 조작이 없다면, 즉시 행신行身이란 없을 것이다. 사량하고 헤아리며 분별하지 않는다면, 즉시 식신識身이란 없을 것이다.

問 學人 不會 和尙 如何指示. 師云 我無一物 從來 不會將一物與人. 你無始已來 祇爲被人指示 覓契覓會. 此可不是弟子與師 俱陷王難. 你但知一念不受 卽是無受身. 一念不想 卽是無想身. 決定不遷流造作 卽是無行身. 莫思量卜度分別 卽是無識身.

━━ '출가' 본연의 의미는, 재가자나 출가자나 상관없이, 깨달으면 출가고 깨닫지 못하면 재가다. 진정한 출가란 집을 나오는 것이라기보다, 상相을 여의는 것이다. 남의 가르침이나 쫓아다니면, 오온의 집에서 빠져나올 기약이 없다. 상을 여의지 못하면, 무슨 일을 해도 몸[身]의 구속에서 자유로울 수 없다.

반면 불법에 눈을 떠서 상을 여의면, 구속도 없고 자유도 없다. 이 말은 뼈저린 일침인 동시에, 실상을 곧바로 드러내는 일구一句이기도 하다.

그대가 따로 한생각 일으키기만 하면 그대로 십이인연十二因緣에 빠져들어서, 무명을 연緣하여 행이 일어나니 인因과 과果도 생긴다. 나아가서는 노사老死에 이르니 역시 인과 과가 있게 된다. 그러므로 선재동자가 백십 곳에서 선지식을 구했지만, 다만 십이인연 속에서 구한 것이다. 마지막에 미륵보살을 만났는데, 미륵보살이 손가락을 튕기자 다시 문수보살을 만났다. 문수보살이란 다름 아닌 그대의 근본 무명이다.

你如今 纔別起一念. 卽入十二因緣 無明緣行 亦因亦果. 乃至老死亦因亦果. 故 善財童子一百一十處求善知識. 祇向十二因緣中求. 最後 見彌勒 彌勒 却指見文殊. 文殊者 卽汝本地無明.

━━ 본심에 계합하지 못하고 생각을 일으키기만 하면 십이연기에서 벗어날 수 없다. 십이연기는 무명無明, 행行, 식識, 명색名色, 육처六處, 촉觸, 수受, 애愛, 취取, 유有, 생生, 노사老死가 차례로 일어나는 것이다.

선재동자는 《화엄경》의 〈입법계품〉에 나오는 구도자로서, 쉰세 명의 선지식을 찾아뵙고 깨달음의 세계로 들어갔다.

그런데 황벽 스님은 '근본 무명이 문수보살의 본래 모습이다'라는 기가 막힌 소리를 한다. 교학에서는 쉰세 명의 선지식으로 상징되는 계위를 차례차례로 밟아서 법계로 들어간다고 말하지만, 선에서는 무명과 상관없이 실체는 여여부동한 것이다.

'미륵보살이 손가락을 한 번 튕기니, 선재동자가 생사를 몰록 잊었다[彌勒一彈指 頓忘生死]'는 말이 있다. 선재동자가 수십 명의 선지식을 차례로 만나 배운 공부를 미륵보살이 한 순간에 몰록 잊게 해서, 처음의 문수보살에게로 돌려보낸다는 말이다. 근본입장에서 볼 때, 선재동자가 여러 선지식에게 배운 것은 모두 십이인연 속에서 구한 생멸심이라는 말이다.

생멸심으로 실상을 묻고 있는데, 그 생멸심을 돌이켜 즉각 실상에 계합하라고 황벽 스님께서 노파심으로 거듭 지적하고 있다.

십이연기와 무명업식과 탐진치 삼독 등 별의별 분별이 벌어지는 생멸세계를 시비하지 말고, 한생각 돌이켜 마음을 분명히 깨달으라는 것이다.

만약 마음 마음이 달라지면서 그저 밖으로만 선지식을 구하는 자는 한생각이 일어났다가 곧 꺼지고, 꺼졌다가 다시 일어난다. 그러므로 그대 비구들도 생·로·병·사 하며 다섯 갈래[五聚] 생멸의 인과를 겪는다. 그 다섯 갈래란 오음을 말한다. 한생각 일어나지 않으면 곧 십팔계가 공하여 즉시 보리의 꽃 열매가 열려, 이 마음이 그대로 영지靈智이며 영대靈臺다. 신령스런 지혜이며 신령스런 보리좌이니라. 그러나 만약 머물러 집착하는 바가 있으면, 이 몸은 송장이 되니 또한 송장 지키는 귀신이라고 하는 것이다."

若心心別異 向外求善知識者 一念纔生卽滅 纔滅又生. 所以汝等比丘 亦生亦老 亦病亦死 酬因答果已來 卽五聚之生滅. 五聚者 五陰也. 一念 不起 卽十八界空 卽是便是菩提華果 卽心便是靈智 亦云靈臺. 若有所住著 卽身爲死屍 亦云守死屍鬼.

■■■ 여기서 황벽 스님이 '그대 비구들······'이라고 부르는 것을 보니, 아마도 《완릉록》의 후반부는 배휴 상공에게 한 법문이 아니라, 선원 내에서 수좌들에게 소참법문을 해주신 것을 다른 제자가 기록한 것이 아닌가 생각한다.

이것이 후에 《완릉록》에 추가된 것이다.

자기 본심을 두고 밖으로 법을 구하면, 그 마음은 모조리 생멸하는 오온이 되어 인과를 받게 된다. 오온을 달리 오취五趣나 오음五陰이라고도 부른다. 십팔계란 색성향미촉법의 육경과 안이비설신의의 육근 그리고 안식, 이식, 비식, 설식, 신식, 의식의 육식을 합친 것이다. 오온이나 십팔계나 모두 이 마음을 분석하여 설명한 것이다.

35 불이법문

여쭈었다.

"유마 거사가 침묵하니 문수보살이 찬탄하기를, '이것이야 말로 진실로 불이법문에 드는 것이다' 했는데, 이것이 무슨 뜻입니까?"

대사가 말했다.

"불이법문이란 바로 그대의 본심이다. 말하고 말하지 않고 는 곧 기멸起滅이 있는 것이다. 말하지 않을 때는 드러내 보 인 것도 없으므로, 문수보살이 찬탄한 것이다."

問 淨名 默然 文殊讚歎云是眞入不二法門 如何. 師云 不二法 門 卽你本心也. 說與不說 卽有起滅. 無言說時 無所顯示故 文殊讚歎.

━━ 《유마경》의 〈입불이법문품〉에는 유마 거사가 "어떻게 하면 보살이 불이법문에 들 수 있겠습니까?" 하고 묻는 장면이 나온다. 이에 서른두 명의 보살이 차례차례로 본인의 견해를 말했다. 모두 진眞과 속俗의 두 가지 진리[二諦]를 합일시켜 불이법문에 들어간다고 대답한다. 마지막에 문수보살이 "제 생각에는 일체법에 관하여 말할 수도 없고 설할 수도 없으며, 보일 수도 없고 알 수도 없어서 모든 문답을 여읨이 불이법문에 드는 것입니다." 하고 말하고 난 뒤, 유마 거사의 뜻을 물었다. 이에 유마 거사가 침묵하고 말이 없자, 문수보살은 "선재, 선재!" 하며 찬탄하였다.

《벽암록》 제84칙이 '유마 거사의 불이법문'인데, 원오극근 선사는 송頌하여 이르되, "(유마 거사가) 일묵一默으로 빠져나가니, 황금사자 문수도 찾아낼 길 없도다!" 하였다. 이 유마 거사의 '일묵'은 세상에서 가장 큰 소리인 우레와 같다고 칭송받는다.

서른한 명의 보살은 불이법문에 들기 위해, 말로써 말을 버렸다. 그리고 문수보살은 말 없음으로 말을 버렸다. 하지만 이것은 원오의 평창平唱이 지적한 바대로, "신령한 거북이 진흙땅에 꼬리를 흔들어 발자취를 쓸어버린다는 것이 그만 또 다른 흔적을 남긴 꼴이다."

그런데 유마 거사는 오직 침묵함으로써, 문수보살이 남긴 흔적마저 깨끗이 쓸어버린 것이다.

"유마 거사가 말하지 않은 것은 소리가 단멸한 것 아닙니까?"

대사가 말했다.

"말이 곧 침묵이고, 침묵이 곧 말이다. 말과 침묵이 둘이 아니기 때문에, 소리의 실제 성품 역시 단멸이 없고, 문수보살의 '본래 들음[本聞]'도 역시 단멸이 없다고 한 것이다. 그러므로 여래께서는 늘 말하면서도 일찍이 말한 적이 없다. 여래의 말씀이 곧 법이요 법이 곧 말씀이니, 법과 말씀이 둘이 아니기 때문이다.

云 淨名 不說 聲有斷滅否. 師云 語卽默默卽語. 語默不二故云聲之實性 亦無斷滅 文殊本聞 亦無斷滅. 所以如來常說 未曾有不說時. 如來說卽是法 法卽是說 法說不二故.

━━━ 허공이 곧 구름이고, 구름이 허공과 둘이 아니듯이, 말이 곧 침묵이고 침묵이 곧 말이다.

눈에 비치는 모양이 변하니, 차별경계가 생기면서 분별심이 나타난다. 그렇게 분별하면 생사에 걸려서 고통을 받게 되는 것이다. 소리도 허공 가운데 나타난 구름 같아서 실체가 없다. 그것을 차별하여 별별 모양으로 그려내더라도, 알고 보면 이 하나의 일에서 벗어나지 못한다.

그러므로 여래께서는 평생 설법하셨지만, 한 마디도 설법하신 바가 없는 것이다. 여래의 말씀이 곧 법이요 법이 곧 말씀이듯이, 일체 중생도 역시 마찬가지다.

진정한 납자라면 유마의 침묵까지도 쓸어버려야 할 것이다.

나아가 보신과 화신, 보살과 성문, 산하대지, 물과 새와 수풀이 일시에 법을 설하고 있다. 그러니 말도 설법이고 침묵도 설법이어서, 종일 설하나 일찍이 설한 바가 없는 것이다. 이미 여래와 같다면, 다만 침묵으로써 근본을 삼는다."

乃至報化二身菩薩聲聞 山河大地 水鳥樹林 一時說法. 所以語亦說默亦說 終日說而未嘗說. 旣若如是 但以默爲本.

━━ 일체 모든 것은 당처에서 벗어난 적이 없이 나투고 있을 뿐이다. 일체 만법이 법신과 더불어 천차만별로 인연 따라서 펼쳐지고 있을 뿐이다.

하루 종일 허공에 새가 날았어도 흔적이 없는 것처럼, 이 도리와 계합하면 하루 종일 법을 설했어도 설한 바가 없다. 변화를 수용할 수 있는 지혜로운 힘을 가지고, 이쪽이든 저쪽이든 어디에도 머물거나 집착하지 않는 여유로운 모습으로 산다. 근기 따라서 대기설법對機說法도 해야 하고, 침묵으로 법을 쓸 수 있어야 한다.

그리고 듣는 사람도 유정有情설법, 무정無情설법을 알아들을 정도로 지혜로운 눈을 떠야 한다. 어찌보면 이 공부는 참으로 넓고 깊고 무한하다. 늘 가까이 함께하고 있지만, 불가사의한 것이다.

　여기 황벽 스님의 말씀은, 공부의 맛을 보긴 봤지만 시비 분별하는 습기가 남아서 분별심으로 불이不二의 실상을 헤아리려는 공부인에게 요긴한 이익을 주고 있다.

　그런데 제대로 입문하지 못한 사람은 알아듣고 소화시키기 쉽지 않은 것도 사실이다.

　항상 법을 가까이 하려고 한다면 더 넓고 깊게 받아들일 수 있는 기회가 생기는 법이다. 이런 소중한 말씀을 듣고 발심의 계기로 삼는다면, 시공을 초월해서 황벽 스님과 지음知音이 되어 인간 세상에 살면서도 대자유를 누리게 될 것이다.

36 흔적이 없다

여쭈었다.

"성문이 삼계에서는 모습을 감추지만, 깨달음[菩提]에는 감추지 못하는 까닭은 무엇입니까?"

대사가 말했다.

"모습이란 물질이다. 성문은 다만 삼계의 견혹見惑과 수혹修惑을 끊을 수 있어서 이미 번뇌를 여의긴 하였으나, 깨달음에서는 모습을 감추지 못한다. 그래서 도리어 마왕에 의하여 깨달음 속에 사로잡혀 숲 속에 즐겨 앉아 있으니, 도리어 보리심을 미세하게 본다는 마음을 내게 된다.

問 聲聞人 藏形於三界 不能藏於菩提者 如何. 師云 形者 質也. 聲聞人 但能斷三界見修 已離煩惱 不能藏於菩提. 故 還

被麼王於菩提中捉得 於林中宴坐. 還成微細見菩提心也.

━━ 혹惑은 번뇌이며, 미망심迷妄心이다. 곧 대상과 경계에 미혹하여 사리를 잘못 보는 것을 말한다. 견혹은 제육식인 의식意識이 대상인 법法에 대하여 일으키는 번뇌를 말한다. 수혹은 전오식前五識이 색성향미촉의 오경五境에 집착하여 일으키는 탐진치貪瞋痴 등의 망정妄情이다. 이혹二惑을 끊으면 열반이 얻어지고, 삼계의 생사를 면할 수 있다고 한다. 견혹을 끊은 위位를 견도위見道位, 수혹을 끊은 위를 수도위修道位라고 한다.

이 견혹과 수혹을 끊은 자는 욕계·색계·무색계에서는 번뇌를 여의어 모습을 감추지만, 아직 '도를 닦아야 한다'는 미세망상까지는 여의지 못했다.

그래서 숲 속에 앉아 수행하는 모습을 유지하면서, 오히려 그것을 즐기고 있는 것이다. 도를 닦는 사람은 깨달음의 흔적까지 완전히 지우고, 무심에도 안주하지 말고 평상심으로 살아야 한다.

보살은 이미 삼계나 깨달음에서 결정코 버리지도 않고 취하지도 않는다. 취하지 않으므로 칠대七大 가운데서 그를 찾아도 얻지 못하고, 버리지 않으므로 외도와 마구니가 그를 찾아도 얻지 못한다. 그대가 다만 한 법이라도 집착하면, 즉각 흔적이 찍히게 된다. 유有의 흔적이 찍히면 곧 육도사생의 무늬가 나타나고, 공空의 흔적이 찍히면 곧 모양 없는 무늬가 나타난다. 단지 모든 사물에 흔적을 남기지 않을 줄만 알면, 이 흔적은 허공과 하나도 아니고 둘도 아니어서, 공은 본래 공이 아니고 흔적도 본래 흔적이 아니다.

菩薩人 已於三界菩提 決定不捨不取. 不取故 七大中覓他不得 不捨故 外魔亦覓他不得. 汝但擬著一法 印子早成也. 印著有 卽六道四生文出. 印著空 卽無相文現. 如今 但知決定不印一切物 此印 爲虛空不一不二. 空本不空 印本不有.

━━ 보살은 일을 해도 하는 바가 없어서, 지수화풍공견식地水火風空見識의 칠대 가운데서 모습을 찾으려고 해도 찾지 못한다. 그렇다고 공空에 떨어지지도 않아서, 외도나 마구니가 찾으려고 해도 역시 찾지 못한다. 뭔가 밝히려거나 깨달으려거나 닦으려고 한다면, 다 도장 찍은 바가 되어서 흔적이 남

는다.

아무리 일을 해도 스스로 끄달리지 않는다면, '어디에서나 주인공이고[隨處作主] 어디에 있어도 진실된 것[立處皆眞]'이다.

시방 허공 세계의 모든 부처님께서 세간에 출현하셔도 번갯불을 보는 것과 같고, 온갖 꿈틀거리는 생명체를 보더라도 메아리와 같으며, 시방의 무한한 국토를 보더라도 흡사 바닷속 한 방울 물과 같고, 일체의 깊고 깊은 법문을 듣더라도 환상과 같다. 마음과 마음이 다르지 않고, 법과 법이 다르지 않으며, 나아가 천 가지 경經과 만 가지 논論이 오로지 그대의 한마음이다. 일체의 모습을 취하지 않기에, '이와 같은 한마음 중에 방편으로 부지런히 장엄한다'고 말했던 것이다."

十方虛空世界諸佛出世 如見電光一般. 觀一切蠢動含靈 如響一般. 見十方微塵國土 恰似海中一滴水相似. 聞一切甚深法 如幻如化. 心心不異 法法不異. 乃至千經萬論 祇爲你之一心. 若能不取一切相故 言如是一心中 方便勤莊嚴.

▬▬ 시방세계의 모든 부처님께서 방편으로 짐짓 중생을 구제한다고 하셨지만, 사실은 제도해야 할 중생이 없다.

그러므로 부처님께서 세간에 출현했다 하지만, 알고 보면 출현한 적이 없다. 출몰이니 생사니 하는 모습은 환상에 불과한 것이다. 고해에서 허덕이는 중생을 위하여 온갖 지위地位와 점차의 방편을 베풀었지만, 실제로는 단 한 번도 방편을 베푼 적이 없음을 알아야 한다.

그러나 황벽 스님처럼 '한마음'에 철저하면, '방편으로 부지런히 장엄하는' 중도적 삶을 살게 된다.

우리가 황벽 스님의 법문을 거듭 듣다보면, 어느 정도 말귀를 알아듣게 된다. 배휴처럼 어떤 체험이 있는 사람은 기존의 견해를 정리하여 선지禪를 터득할 것이고, 그렇지 않은 사람이라도 이 공부로 발심하게 되면 스스로 큰 이익이 있을 것이다. 법문 듣는 귀가 열리면, 점차 내려놓을 줄도 알게 된다. 들어도 듣는 바 없이 듣는 힘도 붙는다.

그런데 조심할 것은 말만 배워서는 안 된다는 사실이다.

37 인욕선인

여쭈었다.

" '내가 옛날 가리왕에게 몸뚱이가 절단되었다'고 하신 것은 어떤 경우입니까?"

대사가 말했다.

"선인仙人이란 곧 그대의 마음이며, 가리왕이란 구하기 좋아하는 마음이다. 그리고 왕위를 지키지 않는 것을 일러 이로움을 탐하는 마음이라고 한다. 요사이 공부하는 이들이 공덕을 쌓지는 않고, 보는 것마다 배우려고 드니 가리왕과 무엇이 다르겠는가? 물질을 볼 때는 선인의 눈을 멀게 하고, 소리를 들을 때는 선인의 귀를 먹게 한다. 나아가 무엇을 느껴알 때에도 또한 이와 같아서 사지를 마디마디 찢는다고 한 것이니라."

問 如我昔爲歌利王割截身體如何. 師云 仙人者 即是你心 歌
利王 好求也. 不守王位 謂之貪利. 如今學人 不積功累德 見
者便擬學 與歌利王何別. 如見色時 壞却仙人眼 聞聲時 壞却
仙人耳. 乃至覺知時 亦復如是 喚作節節支解.

━━ 앞에서도 나온 것처럼, 가리왕은 부처님의 전생이었던
인욕선인을 질투하여 신체를 절단하였다. 황벽 스님은 여기
서 이 일화의 깊은 뜻을 드러내고 있다. 즉 인욕선인은 우리
의 본래 마음이요, 가리왕은 탐진치 삼독이라는 것이다. 그
리고 왕위를 잘 보전하지 않고 사냥하러 나다니는 것은 곧
본심을 잃어버리고 물질을 탐하는 욕심을 말하는 것이다. 공
부인들이 본래 마음자리에 계합하여 공덕을 쌓지는 않고, 어
리석게 밖으로 배우려 나다니는 것이 바로 가리왕과 같다는
것이다. 우리가 견문각지하면서 사량복탁思量卜度하고 분별
하는 치구심馳求心을 일으켜 자꾸 밖으로 나가는 것을, 바로
가리왕이 사냥을 나갔다가 인욕선인의 사지를 절단한 것으
로 상징한 가르침이다.

우리가 화두 들고 공부할 때에도 부지불식간에 포악한 기

운이 속에서 치밀어 오르는 경우가 있다. 마치 가리왕이 인욕선인의 사지를 찢으면 찢을수록 선인의 몸이 더 빛나는 것처럼, 화두 힘에 의지해 내면에서 분출하는 온갖 갈등을 이겨내면 낼수록 심신은 더 맑아지고 환해진다. 그래서 가리왕이 최후에는 칼을 던지고 인욕선인 앞에 참회한 것처럼, 혼침과 도거掉擧를 조복하면 본래 청정한 마음이 드러난다.

말했다.

"선인이 참을 때는 다시 마디마디 찢김이 이루어지지 않기에, 한마음이 참느니 참지 않느니 하는 말은 해당하지 않겠습니다."

대사가 말했다.

"그대가 '남이 없다[無生]'는 견해, '참는다[忍辱]'는 견해, '구함이 없다[無求]'는 견해를 내는 것은 모두 손상을 주는 것이다."

말했다.

"선인도 몸이 절단될 때, 아프지 않겠습니까?"

그리고 덧붙이기를,

"이 가운데 고통받는 사람이 없다면 곧 누가 아픔을 느낍니까?"

대사가 말했다.

"그대가 이미 고통이 없다면 애써 찾을 것이 뭐 있는가?"

云 祗如仙人 忍時 不合更有節節支解. 不可一心忍一心不忍也. 師云 你作無生見 忍辱解無求解 總是傷損. 云 仙人 被割時 還知痛否. 又云此中無受者 是誰受痛. 師云 你旣不痛 出頭來 覓箇甚麽.

━━━ 질문하는 사람은 아직도 수행하는 모습에 천착하여, 참고 또 참아야 분별심이 일어나지 않고 한마음에 부합하지 않느냐고 묻고 있다. 즉 '인욕'이라는 견해를 세우고 있는 것이다.

이에 황벽 스님은 단도직입으로 근본의 입장에서 잘라 말하고 있다. 지금 그대가 고통이 없으면 됐지, 무슨 인욕의 모습을 만들어서 세우려고 하느냐는 것이다.

38 과거 현재 미래는
   얻을 수 없다

여쭈었다.

"연등불의 수기授記는 오백 세五百歲 이내입니까, 오백 세 밖입니까?"

대사가 말했다.

"오백 세 이내에는 수기를 받을 수 없다. 이른바 수기라 하는 것은 그대의 근본으로써 결코 잊을 수 없는 것이다. 유위도 버리지 않고 보리도 취하지 않아서, 다만 시간이 시간 아님을 요달할 뿐이다. 오백 세 밖으로 나가서 따로 수기를 얻는 것도 아니고, 오백 세 이내에서 수기를 얻는 것도 아니다."

말했다.

"시간의 삼제상三際相을 얻을 수 없음을 요달하는 것입니까?"

대사가 말했다.

"한 법도 얻을 수 없다."

말했다.

"그렇다면 무엇 때문에 경經에서 자주 오백 세 운운하며, 시간이란 앞뒤로 지극히 길다고 하였습니까?"

대사가 말했다.

"오백 세는 길고 멀지만, 연등불께서 수기하실 때 실로 얻을 만한 작은 법도 없었음을 선인仙人은 마땅히 알았다."

問 然燈佛授記 爲在五百歲中 五百歲外. 師云 五百歲中 不得授記. 所言授記者 你本決定不忘. 不失有爲 不取菩提 但以了世非世. 亦不出五百歲外別得授記 亦不於五百歲中得授記. 云 了世三際相 不可得已否. 師云 無一法可得. 云 何故 言頻經五百世 前後極時長. 師云 五百世長遠 當知猶是仙人 故 然燈授記時 實無少法可得.

━━ '누가 누구에게 수기를 주었다'는 것은 세속적인 수기다. 진정한 수기는 '한 법도 얻을 수 없음'을 말한다. 그런 도리를 완벽하게 터득하고, 쓸 줄 알아야 한다. 물론 여기서 '쓴다'는 말도, 써도 쓰는 것 없이 씀을 말한다. 세상 사람들

은 시간을 과거, 현재, 미래로 알고 있지만, 실상에서는 한 법도 얻을 수 없기 때문에 시간이라는 것도 인연 따라 드러난 환幻일 뿐이다. 연등불이 수기하신 것도, 과거에서 현재를 거쳐 미래로 흘러가는 시간 속에서 하신 것이 아니라, 한 법도 얻을 것이 없다는 입장에서 하신 것이다.

보시할 때 주는 사람, 받는 사람, 주고받는 물건의 세 가지가 모두 청정해야 한다는 '삼륜청정三輪淸淨'처럼, 부처님께서는 하되 한 바 없이 하셨기 때문에 수기를 주고받는 것도 마찬가지이다. 수기하는 이나 받는 이나 또 수기하는 내용이 모두 본래 청정해서 흔적이 있을 수 없는 것이다.

그러므로 그것이 시간의 긴 단위인 오백 세 안이냐 밖이냐 하는 분별도 망상일 뿐이다. 한생각을 돌이켜 망상이 사라진 자리에는 하물며 시간이란 의식조차 끼어들 여지가 없다. 그래서 '시간이 시간 아님을 요달한다[了世不世]'고 하는 것이다.

여기서도 천차만별의 그림자가 만들어지는 입장에서 차별된 모습으로 '수기'를 이해하고 질문하고 있다.

그렇지만 황벽 스님은 그림자가 만들어지기 이전의 자리에 서 있기 때문에, '한 법도 얻을 수 없는 것이 곧 수기다' 하는 실상을 분명히 일러주고 있는 것이다.

39 법신은
얻을 수 없다

여쭈었다.

"경전에서 '억겁 동안 전도된 나의 망상을 녹여서 아승기겁阿僧祇劫을 거치지 않고 법신을 얻는다'고 하는데, 무슨 뜻입니까?"

대사가 말씀하셨다.

"만약 무수한 세월 동안 수행하여 증득하려고 한다면, 항하사 같은 겁이 다하도록 얻지 못한다. 만약 한 찰나 사이에 법신을 획득하여 곧바로 견성해 마친다 하더라도, 오히려 삼승교三乘教의 극치를 이룬 말씀일 뿐이다. 왜인가? 가히 얻을 수 있는 법신을 보기 때문이며, 따라서 모두가 불요의교不了義教에 속하는 것이다."

問 教中 云銷我億劫顚倒想 不歷僧祇獲法身者 如何. 師云 若
以三無數劫修行 有所證得者 盡恒沙劫不得. 若於一刹那中獲
得法身 直了見性者 猶是三乘教之極談也. 何以故. 以見法身
可獲故 皆屬不了義教中收.

━━ 법신은 모양이 없어서, 얻고 잃고 하는 것이 아니다.
본래 한 법도 없는데, 다만 인연 따라 모양이 생길 뿐이다.
아무리 오랜 겁 동안 공부한다 하더라도, 머물고 집착하는
바가 있으면 성불은 어렵다. 노력해서 증득하려는 것이 오히
려 고苦인 것이다.

수행 중에 맑고 고요하고 깨끗한 자리를 보게 되면, 그곳
에 집착해서 유지하려고 하고 남에게도 그렇게 되도록 가르
치기가 쉽다. 그렇게 경계에 묶이는 것은 진실한 공부가 아
니다. 한생각 돌이켜서 홀연히 깨닫고 난 뒤에는, 그 깨달음
까지도 허망한 줄 알아야 한다.

법신은 얻을 수가 없는 것이다. 꿈에서 깨서 꿈과 꿈 아닌
도리를 동시에 소화할 수 있는 힘을 가져야 되는데, 꿈 속에
있으면서 벗어나려는 생각만 주입하고 있으면 실제로 깨어
날 기회를 갖기 어렵다.

깨달음이라고 하는 것은 보편타당한 것이어서, 특별한 사람에게만 눈이 열리는 경계가 아니다. 누구나 눈 열 수 있는 요의교了義敎는 오랜 기간 점차로 맑혀가는 공부가 아니다. 흙탕물을 가라앉히는 것과 같은 공부는 불요의교不了義敎에 속한다.

선은 돈오를 전제로 한 법문[頓悟法門]이며, 요의교다.

40 상대가
   끊어졌다

여쭈었다.

"법을 보고 단박에 깨달은 사람은 조사의 뜻도 압니까?"

"조사의 마음은 허공 밖으로 벗어나 있다."

말했다.

"한계가 있습니까?"

대사가 말했다.

"한계가 있니 없니 하는 이것은 모두 헤아리고 상대하는 법이다. 조사께서 말씀하시기를, '한량이 있는 것도 아니고 한량이 없는 것도 아니며, 한량이 있거나 없는 것이 아닌 것도 아니다. 왜냐하면 상대가 끊어졌기 때문이다' 하였다. 그대들 요즘 학인들은 삼승교 밖으로 능히 벗어나지도 못했으니, 어찌 선사라 하겠는가? 그대들에게 분명히 말한다. 일등으로 선을 공부한다면, 망령되이 차제의 이견異見을 내지 마라. 마치 사람이 물을 마셔보고 차거나 따뜻함을 스스로 아는 것과 같다. 한 번 가고 한 번 머무는 찰나 간에도 생각 생각에 다름이 없어야 한다. 만약 이와 같지 않다면 윤회를 면치 못한다."

問 見法頓了者 見祖師意否. 師云 祖師心出虛空外. 云 有限劑否. 師云 有無限劑 此皆數量對待之法. 祖師云 且非有限量 非無限量 非非有無限量 以絶待故. 你如今學者 未能出得三乘教外 爭喚作禪師. 分明向汝道. 一等學禪 莫取次妄生異見. 如人飲水 冷煖 自知. 一行一住 一刹那間 念念不異. 若不如是 不免輪回.

━━ 헤아리고 대대待對하는 것은 모두 사량 분별에 의지하여 일어나는 바, 그것으로 근본실상을 측량할 수는 없다.

조사의 뜻은 그 낙처가 언제나 근본에 있으므로, 대대가 끊어져서 흔적이 없다.

성문승, 연각승, 보살승의 삼승은 아무래도 차제가 있는 가르침이기 때문에, 그것으로 상대가 끊어진 조사의 뜻에 계합할 수는 없다.

　모름지기 선사라면 삼승의 상대적인 가르침을 다 소화할 뿐만 아니라, 나아가 언어도단言語道斷 심행처멸心行處滅의 근본실상에 이심전심으로 통해야 할 것이다.

41 참사리는 보기 어렵다

여쭈었다.

"부처님의 몸은 무위라서 온갖 숫자에 떨어지지 않는데, 어찌하여 부처님 몸에서 여덟 섬 너 말의 사리가 나왔습니까?"

대사가 말했다.

"그대가 이런 견해를 낸다면, 그저 가짜 사리만 볼 뿐 참된 사리는 보지 못한다."

물었다.

"사리가 본래 있는 것입니까? 아니면 노력하여 얻은 결과입니까?"

대사가 말했다.

"본래 있는 것도 아니고, 노력하여 얻은 것도 아니다."

말했다.

"만일 본래 있는 것도 아니고 노력하여 얻은 것도 아니라면, 어찌하여 여래의 사리라는 잘 다듬어지고 정교한 금빛 유골이 남아 있는 것입니까?"

대사께서 꾸짖어 말씀하셨다.

"그대가 이런 견해를 짓고서, 어찌 참선하는 사람이라 할 수 있는가? 그대는 일찍이 허공에 뼈가 있는 것을 보았는가? 모든 부처님의 마음은 태허太虛와 같은데, 무슨 뼈를 찾는가?"

"지금 사리가 있는 것을 보는데, 이것은 무슨 법입니까?"

"그것은 그대의 망상심이 일어나서 사리라고 보는 것이다."

問 佛身無爲 不墮諸數. 何故 佛身舍利八斛四斗. 師云 你作如是見 祗見假舍利 不見眞舍利. 云 舍利爲是本有. 爲復功勳. 師云 非是本有 亦非功勳. 云 若非本有 又非功勳. 何故如來舍利 唯鍊唯精 金骨 常存. 師乃呵云. 你作如此見解 爭喚作學禪人. 你見虛空曾有骨否. 諸佛心同太虛 覓什麼骨. 云 如今見有舍利 此是何法. 師云 此從你妄想心生 卽見舍利.

■ 질문자는 마치 가려운 곳을 긁어주듯이 일반인들이 궁금해한 것을 노골적으로 묻고 있다. 부처님의 몸은 무위라서

형상을 넘어서 있는데, 어떻게 사리를 남기셨는지 알 수 없다는 것이다.

그러자 황벽 스님은 그 질문 자체가 껍데기 사리만 보는 안목에서 나왔기 때문에, 형상을 여읜 진짜 사리를 볼 수 없다고 말한다. 만법의 실상을 볼 수 있는 법안法眼을 뜬 자라면, 일체 중생 모두가 불성을 지니지 않은 자가 없다는 것을 분명히 안다.

그러나 그렇지 못한 자는 형상을 좇아서 부처를 구하며 허망한 짓을 하는 것이다.

황벽 스님은 '묻는 자신'이 바로 부처이거늘, 스스로를 돌아보지 못하고 물질로 남겨진 사리를 가지고 시비를 따지는 것이 얼마나 잘못된 것인지 지적하고 있다.

형상이 있는 것은 비록 부처님 몸에서 나온 사리라고 하여도, 결국 허망한 것이다. 아직 형상을 여의지 못한 사람은 형상에 집착하여, 지금 부처님 사리가 분명히 남아서 전해지고 있는데 왜 부정하느냐고 대꾸한다. 부처님의 진정한 사리는 형상을 떠난 것이어서 보통의 안목으로는 볼 수가 없다.

황벽 스님은 꾸짖으면서도 망상심에 끄달려 다니지 말고 한생각 돌이켜 근본에 계합하라고 자비롭게 일러주고 있다.

눈에 보이는 사리에 집착하는 것이 바로 망상심이다.

말했다.

"그렇다면 화상께서는 사리가 있습니까? 청컨대 꺼내서 보여주십시오."

대사께서 말했다.

"참 사리는 보기 어렵다. 그대가 다만 열 손가락으로 수미산 봉우리를 움켜쥐고 가루로 부순다면, 즉시 참 사리를 볼 것이다. 무릇 참선하고 도 닦는 사람이라면, 오직 어디서나 마음이 일어나지 않아야 한다. 다만 식심을 잊으면 불도가 융성하고 분별한즉 마구니가 성행할 것이다. 필경 얻을 만한 법이라곤 털끝만큼도 없다."

云 和尙 還有舍利否. 請將出來看. 師云 眞舍利難見. 你但以十指 撮盡妙高峯爲微塵 卽見眞舍利. 夫參禪學道 須得一切處不生心. 祇論忘機卽佛道隆 分別卽魔軍盛. 畢竟無毛頭許少法可得.

■■■ 묻는 이가 끝내 식심識心으로 황벽 스님께 당처를 꺼내 보여달라고 조르자, 황벽 스님께서 짐짓 선문답을 해준다. 옛날 방 거사가 "만법과 더불어 짝하지 않는 이는 누구입니까?" 하고 물었을 때, 마조 스님은 "한 입에 서강의 물을 다

마시고 오면 그때 답해주리라." 하자, 다행히 방 거사는 이 말 끝에 마조 스님의 낙처를 깨달았던 것이다.

그런데 지금 여기서는 황벽 스님이 고구정녕하게 일러줘도 알아듣지 못하고 있다. 털끝이라도 분별심이 발동하면, 즉시 천지현격으로 근본과 멀어진다.

참선하는 학인이라면 끝내 얻을 만한 법이 없다는 사실에 눈을 떠서 즉각 식심을 조복해야 할 것이다.

물론 일반인은 업의 작용에서 자유롭지 못해서, 경계 속에서 분별심을 내지 않기가 쉽지 않은 것도 사실이다.

그러나 참선하는 사람이라면 업에 의해 식심이 발동하더라도, 비춰볼 줄 아는 힘을 길러야 한다. 업에 의해 이미 벌어진 일을 거부하지 말고 그대로 수용해야 한다.

마음을 비워 인과를 믿으면 언제나 진실함과 통한다.

42 전해줄 법은 없다

여쭈었다.

"조사께서 전해주신 법을 누구에게 부촉합니까?"

대사가 말했다.

"사람에게 줄 법이란 없다."

말했다.

"그렇다면 어찌하여 이조二祖는 스승에게 마음을 편케 해달라고 청했습니까?"

대사가 말했다.

"만약 그대가 마음이 있다고 말하면, 이조께서는 분명히 마음을 찾아서 얻었을 것이다. 그러나 찾으려 해도 얻을 수 없었기 때문에, '그대의 마음을 이미 편케 해주었다'고 하신 것이다.

만일 얻은 바가 있다면, 그것은 모두 생멸로 돌아가고 만다."

問 祖傳法付與何人. 師云 無法與人. 云 云何二祖請師安心.
師云 你若道有 二祖卽合覓得心. 覓心不可得故 所以道與你
安心竟. 若有所得 全歸生滅.

━━ 황벽 스님은 법은 보이지 않으므로 주고받고 하는 것
이 아니라는 사실을 분명히 일러준다.

　그럼에도 불구하고 묻는 사람은, "전해줄 법이 없다면, 어
찌하여 혜가 스님이 달마 스님께 마음을 편안하게 해달라고
말했습니까?" 하고 질문한다.

　그러자 스님은 말한다. 법은 모습이 없기 때문에, 얻고 잃고
할 대상이 아니다. 뭘 얻었다 하면 그것은 다 허망한 것이다.

　그러므로 허망한 것은 다 생멸법이며, 인연 따라 만들어진
환幻, 즉 그림자일 뿐이다. 얻을 것이 없기 때문에, 마음이
편해지는 것이다.

43 걸림 없는 지혜

여쭈었다.

"부처님께서는 무명을 끝장내셨습니까?"

대사가 말했다.

"무명은 곧 모든 부처님들께서 도를 얻으신 곳이다.

問 佛窮得無明否. 師云 無明 卽是一切諸佛得道之處.

━━ 인류역사상 지혜를 밝힐 수 있는 방법을 찾아서 세상
에 전하신 분이 석가모니 부처님이다. 그 이전에 무명을 없
앨 수 있는 지혜를 눈뜰 수 있는 방법을 전한 적이 있었던가.

근본무명으로 덮여 있던 밝은 지혜가 세상에 드러나는 시
절인연을 위대한 성자 석가모니 부처님께서 선보임으로써,

변화가 시작된 것이다.

그러므로 부처님 이전의 삶의 질과 부처님께서 세상에 출현하고 난 뒤의 삶의 질은 현격하게 차이가 날 수밖에 없다.

알고 보면, 무명이 곧 깨달음의 당처다.

그러므로 연기緣起가 곧 도량이니, 한 티끌 한 빛깔을 보는 것이 그대로 가없는 진리의 성품에 합한다. 발을 들었다 놓는 것이 도량을 여의지 않으니, 도량이란 얻을 바가 없는 것이다. 내 그대들에게 말하노니, 다만 얻을 바 없는 것을 도량에 앉는다고 한다."

所以緣起是道場 所見一塵一色 便合無邊理性. 擧足下足 不離道場 道場者 無所得也. 我向你道 祇無所得 名爲坐道場.

■■■ 부처님 도량 안에서 인연이 일어나지, 도량을 여의고 또 다른 곳에서 일어나는 법은 없다.

그러므로 어리석음이든 진실이든, 또 색깔이 있든 없든 간에 모든 것들이 이 자리를 떠나 다른 곳에서 만들어지고 변하며 없어지지 않는다.

그런데 만들어진 모습에 끄달려 집착하면 고통에 빠지게 되며, 한생각을 돌이켜서 그것이 환이고 거짓임을 꿰뚫어보고, 나아가 그 거짓 속에 진실이 있음을 스스로 볼 때, 비로소 '안목이 열렸다'거나 '진실을 맛봤다'라고 할 수 있다.

행주좌와 어묵동정 중에 생각하고 행동하는 모든 인연에서부터, 일체 모든 꿈틀거리는 생물이나 우리 눈에 보이지 않는 모습에 이르기까지 이 도량을 여의지 않았다.

도량은 어디에서 가져오거나 만들어지는 것이 아니라, 과거 현재 미래에 관계없이 늘 자리하고 있으며, 일체 모든 것을 여읠 수도 없지만 이루지 못하는 것도 없다.

그래서 무명의 실성實性이 성품의 참 모습이라고 말한다.

물었다.

"무명이란 밝음입니까, 어두움입니까?"

대사가 말했다.

"밝음도 아니고, 어두움도 아니다. 밝음과 어두움이란 서로 교차하는 법이다. 무명은 또 밝은 것도 아니고, 어두운 것도 아니다. 밝지 않음이 곧 본래의 밝음인 바, 밝지도 않고 어둡지도 않다는 이 한마디 말이 천하 사람의 눈을 어지럽게 만들었다.

云無明者 爲明 爲暗. 師云非明非暗. 明暗是代謝之法. 無明且不明 亦不暗. 不明 祇是本明 不明不暗 祇這一句子 亂卻天下人眼.

━━ '무명'의 실상은 밝음도, 어둠도 아니다.

불법을 실제로 눈뜨지 못하고 말만 배워서는 무명에 대한 입장을 정리할 수가 없다. 불법을 체험할 수 있도록 해주는 수행법이 그래서 소중한 것이다.

마찬가지로 진정 밝은 것은 밝음이 아니어서 '밝다' '어둡다' 하는 상대적 개념이 아니다. 일체 모든 것을 다 밝게 알고 있기 때문에 어쩔 수 없이 밝음이란 말을 쓰지만, 그 실상은 어둠과 상대하는 밝음이 아닌 것이다.

　근본실상은 형상을 여의었기에 무한대와 같다. 어디서 어디까지는 있고, 어디서 어디까지는 없고 하는 그런 모습이 아니다. 그것을 밝히면 모든 시비가 끊어진다.

그러므로 말씀하시기를, '비록 온 세상 사람들이 모두 사리불과 같아서 모두 함께 생각하고 사량할지라도 부처님의 지혜는 측량할 수 없다'고 했다. 그 걸림 없는 지혜는 허공을 넘어서니, 그대들의 말로써는 따져볼 곳이 없다.

所以道 假使滿世間 皆如舍利佛. 盡思共度量 不能測佛智. 其無礙慧 出過虛空 無你語論處.

━━ 《법화경》에서 말한 바와 같이, 사리불같이 뛰어난 이들이 함께 모여서 혜량한다 하더라도 부처님의 지혜를 측정할 수는 없다. 형상 있는 세계와 형상을 여읜 세계의 차이만큼이나 크다는 것이다. 그래서 '털끝만큼한 차이가 나도 천지로 벌어진다[毫釐有差 天地懸隔]'는 말을 하는 것이다.

그렇지만 한계를 지닐 수밖에 없는 모습을 가지고 있더라도, 부처님께서 깨달으신 실상을 헤아릴 수 있는 길이 있어야 할 것 아닌가?

부처님께서 세상에 출현하셔서 무명을 타파하고 지혜로움으로 거듭날 수 있는 가르침을 여셨고, 이렇게 조사선祖師禪을 통해 우리도 깨달을 수 있는 길이 열린 것은 다행스러운 일이다. 불조께서 베푸신 인연 공덕에 한량 없이 감사할 뿐이다.

석가모니 부처님의 한량 없음은 삼천대천세계와 같다. 갑자기 어떤 보살이 출현하여 한번 걸터앉으매 모든 삼천대천세계를 걸터앉는다 해도, 보현보살의 한 털구멍을 벗어나지 못한다. 그런데 그대는 지금 무슨 재주로 그것을 배우겠는가?"

釋迦量等三千大千世界. 忽有一菩薩出來一跨 跨却三千大千世界 不出普賢一毛孔. 你如今 把什麼本領擬學他.

━━ 손오공이 제 아무리 날고뛰어도 부처님 손바닥을 벗어날 수 없듯이, 부처님 오른쪽에 계시는 보현보살의 털구멍조차도 벗어나지 못하는데, 말할 것이 뭐 있겠는가!

부처님의 깨달음은 그만큼 위대한 것이다. 모든 언어와 생각이 끊어진 곳이라서, 그 어떤 재주로도 미칠 수가 없다.

말했다.

"이미 배워서 얻을 수 없는 것이라면, 무엇 때문에 '본원으로 돌아가면 성품에는 둘이 없지만, 방편에는 여러 문들이 있다'고 말씀하십니까?"

云 旣是學不得 爲什麼 道歸源性無二. 方便有多門 如之何.

━━ 본래 둘이 없어서 배워서 얻을 것이 없다면, 공부는 왜 해야 하며 무엇 때문에 많은 방편문이 있는 것일까?

석가모니 부처님께서 세상에 출현한 사건이야말로 인류사에 일대 전환점을 마련했다고 해도 과언이 아니다.

그리고 깨달은 자만이 지혜를 눈뜰 수 있는 가치근거를 제시할 수 있다는 것을 알게 된 것이다.

부처님 가르침을 믿고 배우는 데 그치지 말고, 실질적인 수행을 통해 근본성품을 증명할 수 있어야 할 것이다.

대사가 말했다.

"본원으로 돌아가면 성품에는 둘이 없다는 것은 바로 무명의 실성實性이 곧 모든 불성이라는 말이다. 또 방편에는 여러 문이 있다는 것은 이렇다. 즉 성문은 무명이 생겨남과 사라짐을 본다. 연각은 다만 무명이 사라지는 것을 보되 무명이 생기는 것은 보지 않아서, 생각마다 적멸을 증득한다. 모든 부처님께서는 중생들이 종일 생겨나나 생겨남이 없고, 사라지나 사라짐이 없음을 보신다. 생겨남도 없고 사라짐도 없는 것이 곧 대승의 열매[果]다. 그러므로 말하기를, '열매가 가득 차니 깨달음이 원만하고, 꽃이 피니 세계가 일어난다'고 하였다.

師云 歸源性無二者 無明實性 卽諸佛性. 方便有多門者. 聲聞人 見無明生見無明滅. 緣覺人 但見無明滅 不見無明生 念念證寂滅. 諸佛 見衆生 終日生而無生 終日滅而無滅. 無生無滅 卽大乘果. 所以道 果滿菩提圓 華開世界起.

━━ 근본 성품은 둘이 없어서, 무명의 실성이 곧 불성이다. 또한 성문은 무명의 생멸을 관찰하여 무상을 증득하는 것을 공부로 삼는다. 연각은 무명이 생겨나는 것은 멀리하고 없어

지는 쪽에만 생각을 기울여서, 적멸을 낙으로 삼으므로 그것도 고품다.

부처님은 일어나고 변하고 없어지는 일체 모든 것이 환이며, 인과가 본래 없음을 분명하게 깨달았기 때문에 인과에 떨어지지 않는다.

그래서 생멸이 본래 없으므로, '무명의 실성이 참 성품이다'라는 말을 하는 것이다.

서천 27조 반야다라 존자가 보리달마에게 내린 전법게가 있다. 본문의 인용은 여기서 온 것이다.

심지에서 온갖 종자가 생겨나고心地生諸種

현상으로 인해 다시 이치가 생겨나네因事復生理

열매가 가득 차니 깨달음이 원만하고果滿菩提圓

꽃이 활짝 피니 세계가 일어나는구나華開世界起

발을 들면 곧 부처요, 발을 내리면 곧 중생이다. 모든 부처님을 양족존兩足尊이라 부르는 것은 이理도 구족하시고 사事도 구족하시며, 나아가 중생도 구족하시고 생사도 구족하셔서 모든 것에 다 구족하시기 때문이다. 구족하시므로 구하지 않는다.

擧足卽佛 下足卽衆生. 諸佛兩足尊者 卽理足事足 衆生足 生死足 一切等足. 足故不求.

▬▬ 근본자리는 완벽하여 남거나 모자람이 없고, 시간과 공간이 나누어지기 이전이다.

이 일단의 일을 설명할 길이 없어서, 할 수 없이 '원만구족하다'고 하는 것이다. 이것이 열반의 실상이다.

이렇게 교리적인 이해로 설명하고 또 이치를 들어서 설득하지만, 말의 한계는 어쩔 수 없다. 직접 체험해서 깨달을 수 있는 근거와 길을 열어 보이신 부처님의 위대하심을 우리는 결코 잊지 말아야 한다.

그대들이 지금 매 순간 부처는 배우려 하면서 중생을 싫어하니, 만약 중생을 싫어하면 이것이야말로 저 시방의 모든 부처님을 비방하는 것이다.

是你如今 念念學佛 卽嫌著衆生. 若嫌著衆生 卽是謗他十方諸佛.

━━ 무명은 번뇌 망상의 집합이다. 누구나 버리려 하고, 성품은 맑고 고요하고 깨끗한 자리이므로 가까이하려 한다.

하지만 선과 악을 비롯한 모든 것은 이 자리를 여의지 않고 출현했다. 선을 만든 모습이 따로 있고, 악을 만든 모습이 따로 있는 것처럼 오해하고 착각하면 안 된다. 인연 따라서 나타났을 뿐이다.

그러므로 부처를 좋아하고 중생을 싫어하는 것은 삼세의 부처를 비방하는 어리석은 짓이다.

그러므로 부처님께서 세상에 나투셔서, 똥 그릇을 들고 희론
戲論의 똥을 치우신 것이다. 다만 지금까지 배우려던 그대들
의 마음과 보려던 그대들의 마음을 없애주려는 것이다. 다
없앤즉 희론에 떨어지지 않으니, 또한 똥을 내다버린 것이라
고 한다.

所以佛出世來 執除糞器 钁除戲論之糞. 祇教你除却從來學心
見心. 除得盡 卽不隨戲論 亦云搬糞出.

━━ 알고 보면 출현했다 하는 말 자체가 어리석은 말이지
만, 중생이 있으므로 출현했다고 하는 것이다.

　똥 치는 그릇을 들고 희론의 똥을 제거하셨다는 말은 이런
저런 잡다하고 어리석은 생각들을 싹 쓸어서 자취를 끊어버
렸다는 말이다. 어떤 말을 해도 근본 중도실상에서 여의지
않는 것이 곧 똥을 내다버렸다는 것이다.

다만 그대들로 하여금 마음을 내지 않도록 가르치시니, 만일 마음이 일어나지 않으면 저절로 큰 지혜가 완성된다. 결코 부처니 중생이니 하는 분별을 내지 마라. 끝내 일체를 분별치 않아야만 비로소 우리 조계의 문하에 들어오게 된다.

祇教你不生心 心若不生 自然成大智者. 決定不分別佛與衆生. 一切盡不分別 始得入我曹溪門下.

▬▬ 마음을 내지 않는다는 것은 하루 종일 시끄러운 소리를 들어도, 전혀 싫어하거나 귀찮아하는 기색조차 없이 다 받아들인다는 말이다. 좋아하는 것도 싫어하는 것도 다 이 속의 일이기 때문이다. 마치 맑은 거울에 비추면 비치는 대로 드러날 뿐이다.

알고 보면 허상과 실상이 따로 있는 것이 아니다. 허상을 없애려고 하지만, 여기에 무슨 허니 실이니 하는 모습이 따로 있을 수 있겠는가?

그러므로 예부터 성인들께서 말씀하시기를, '행함이 적은 것이 나의 법문이다'라고 하셨다. 행함 없음[無行]이 나의 법문이어서, 오로지 이 일심의 문뿐이다. 모든 사람이 이 문에 이르러서는, 모두 감히 들어오지 못한다. 그러나 전무하다고는 말하지 마라. 다만 얻은 사람이 적을 뿐이니, 얻은 자는 곧 부처다. 그만 물러가라."

故自古先聖云 少行我法門. 所以無行爲 我法門 祇是一心門. 一切人到這裏 盡不敢入. 不道全無 祇是少人得 得者 卽是佛. 珍重.

━━ 행함이 적다는 것은 행하되 행하지 않는다는 말이다. 행함과 행함이 없음이 둘이 아니어서, 하루 종일 새가 허공을 날아도 허공에는 흔적이 없는 것과 같다. 그 허공에는 무명은 물론 깨달음도 없다. 애써 문으로 들어가려고 하지만, 들어가보면 사실은 문도 없고 들어간 사람도 없다. 들어갔어도 들어간 적이 없는 것이다.

부처가 다른 곳에 있는 것이 아니라, 스스로의 마음을 돌이켜보면 알 수 있는 것이다.

44 계급에 떨어지지 않으려면

여쭈었다.

"어떻게 해야 계급에 떨어지지 않겠습니까?"

대사가 말했다.

"종일토록 밥을 먹되 일찍이 한 톨의 쌀알도 씹은 바가 없으며, 종일토록 걸어도 일찍이 한 조각의 땅도 밟은 바가 없다. 이러할 때, 나와 남 등의 상이 없다. 종일토록 갖가지 일을 하면서도 그 경계에 현혹되지 않아야 비로소 자유자재한 사람이라 할 수 있다.

問 如何得不落階級. 師云 終日喫飯 未曾咬著一粒米. 終日行 未曾踏著一片地. 與麼時 無人我等相. 終日不離一切事 不被諸境惑 方名自在人.

━━ 본래 수행에는 등급이 없다. 즉각 상相을 여읠 수 있는 돈오하는 시절인연을 만난 사람은 한 번 뛰어 여래지에 곧장 들어간다.

이와 같은 이는 쌀알을 씹되 씹은 바 없이 씹고, 걷되 걷는 바 없이 걷는다. 육신의 입은 쌀알을 씹지만, 육신을 떠난 또 다른 입은 움직이게 할 줄은 알아도 씹지는 않는다. 씹되 씹은 바가 없는 도리를 수용할 수 있어야 한다.

무엇이 입으로 하여금 씹게 하는 줄 알면 이 말뜻을 소화하겠지만, 모르기 때문에 깜깜한 절벽처럼 앞을 가로막는 것이다.

입이 씹는 것도 아니고, 내가 씹는 것도 아니며, 그렇다고 씹지 않는 것도 아니다. 이 일단의 일은 직접 깨달아야지, 사량 분별로 더듬으면 끝내 생사를 면치 못한다.

선禪은 세상을 떠나서 있는 것이 아니다. 지금 움직이는 그 속에 움직이지 않는 놈이 함께하는 줄 알아야 한다. 즉 '움직이면서도 움직이지 않는 것'을 함께 소화하라는 것이다.

일찍이 천 년 전에 다 말해놓았는데, 아직도 소화하지 못하고 있으면 참 부끄러운 일이다.

매 순간 일체의 상을 보지 않아서, 앞뒤의 삼제를 헤아리지 마라. 과거는 감이 없고, 현재는 머무름이 없으며, 미래는 옴이 없다. 편안하고 태연히 앉아 움직이는 대로 내맡겨 구속되지 않아야 비로소 해탈했다고 할 수 있다. 노력하고 또 노력하라. 이 문중의 천 사람 만 사람 가운데서 오로지 서너 명만이 얻었을 뿐이다. 만약 열심히 하지 않는다면, 재앙을 받을 날이 있으리라. 그러므로 이르기를, '힘을 다하여 모름지기 금생에 마칠 것이지, 뉘라서 남은 재앙을 누겁토록 받겠는가?' 하였다."

念念不見一切相 莫認前後三際. 前際無去 今際無住 後際無來. 安然端坐 任運不拘 方名解脫. 努力努力. 此門中 千人萬人 祇得三箇五箇. 若不將爲事 受殃有日在. 故云 著力今生須了却 誰能累劫受餘殃.

━━ "헤아리지 마라." 이렇게 말로 표현했지만, 본래 헤아린 적이 없었다는 사실을 증명해 보일 수 있어야 한다.

또 '편안하고 태연히' 앉으라고 하니, 늘 그런 모습을 보여야 되는 줄 알고 따라 하면 안 된다. 언제 어디서라도 보리좌菩提座를 벗어나지 않고 앉아 있다는 사실을 증명했으면,

그대로 믿고 자유롭게, 흐름에 맡겨 흘러가면서, 하되 하는 바 없이 살라는 것이다.

도를 닦는 것은 쉽지가 않아서 언제나 다수 중에 '한 개 반 개'만이 이 공부를 한다고 했다.

다행히 이번 생에 사람으로 태어났고, 불법을 만났으므로 여기에서 일대사인연을 해 마쳐야 할 것이다.

대사께서는 당唐 대중大中 연간에 본산에서 세연을 마치셨
다. 선종宣宗 황제가 단제 선사斷際禪師라고 시호를 내리고, 탑
호는 광업廣業이라 하였다.

師於唐大中年中終於本山. 宣宗敕謚斷際禪師 塔曰廣業.

━━ 당나라 불법사태(842~847)가 끝나고 난 뒤에 선종이
즉위하여 연호를 대중大中이라 하였는데, 황벽 스님은 그 기
간 중에 고안현 황벽산에서 원적에 드셨다.

　지금 황벽산 대나무 숲 속에 단제 선사 황벽 스님의 사리탑
이 모셔져 있다.